beck'sche reihe

b<sup>sr</sup>

Dieses Buch porträtiert zwanzig berühmte Bauten des 20. Jahrhunderts – vom großen Aufbruch zu Beginn desselben über die Neue Sachlichkeit und die sozialistischen Prachtbauten bis zur radikalen Vielfalt in der westlichen Welt der Nachkriegszeit. Gemeinsam ist ihnen, daß sie nicht nur ästhetisch innovativ waren, sondern sozialen Visionen Gestalt verliehen und einem besseren Leben als Hülle dienen sollten. Wie Loos' «Haus ohne Augenbrauen» in Wien, so erregten sie alle großes Aufsehen in ihrer Zeit und wirkten prägend für die Zukunft. Das Buch läßt die Bauherren und Architekten mit ihren Ideen und Hoffnungen auftreten, erläutert ihre Neuerungen und schildert die oft gespaltene Reaktion der Zeitgenossen.

*Ursula Muscheler* ist promovierte und freiberuflich tätige Architektin in Düsseldorf. Bei C. H. Beck ist von ihr erschienen: Die Nutzlosigkeit des Eiffelturms. Eine etwas andere Architekturgeschichte (2. Aufl., 2005).

Ursula Muscheler

# Haus ohne Augenbrauen

## Architekturgeschichten
## aus dem 20. Jahrhundert

Verlag C.H.Beck

Mit 25 Abbildungen

Für hilfreiche Hinweise und freundliche Unterstützung danke ich
Christa Deuter, Uta Joeressen, Karin Krause, Karlheinz Muscheler,
Margret und Albert Staiger.

Originalausgabe

© Verlag C.H. Beck oHG, München 2007
Satz: Fotosatz Amann, Aichstetten
Druck und Bindung: Druckerei C.H. Beck, Nördlingen
Umschlagentwurf: +malsy, Willich
Umschlagabbildung: Adolf Loos, Haus am Michaelerplatz
in Wien (das sog. «Haus ohne Augenbrauen»),
auf der Grundlage der Abb. von S. 46.
Printed in Germany
ISBN 978 3 406 54801 7

*www.beck.de*

# Inhalt

«Im Menschen ist Freiheit zur Entscheidung am Werke, die uns das Finden neuer Lebensgestaltungen als immer wieder neue Aufgabe stellt.»

*Adolf Portmann*

# Einleitung

Das 20. Jahrhundert war für die Architektur das Jahrhundert ständigen Neubeginnens und radikaler Neugestaltung; das Jahrhundert wissenschaftlicher, technischer und gesellschaftlicher Experimente, die sämtliche Lebensbereiche erfaßten; das Jahrhundert der zunehmenden Ökonomisierung des Lebens, die Massenproduktion und Standardisierung zu ihren Leitbildern erhob und zu einer völligen Verschiebung der Werte führte: der ästhetischen durch die Abkehr von Dekoration und den Stilformen der Vergangenheit hin zu zweckmäßiger und zeitgerechter Gestaltung, der ethischen durch die Abkehr von demonstrativer Verschwendung hin zu rationalisierter Sparsamkeit.

Es war das Jahrhundert der Fortschrittsideen, die auf der Überzeugung beruhten, durch ein Neues Bauen die Gesellschaft verändern und den Menschen erziehen und kultivieren zu können. Das Ziel des Fortschritts – Teilhabe aller am Wohlstand durch Konsum und ein menschenwürdiges Wohnen und Leben für jedermann – hoffte man durch Rationalisierung des Lebens, Industrialisierung der Produktion und Neues Bauen erreichen zu können. Und das Neue Bauen entwickelte viel Neues und Fortschrittliches: Gartenstädte, Glasfabriken, Arbeitersiedlungen, Konsumhallen, Kollektivhäuser. Doch jeder Fortschritt hat seine Kehrseite: Der Konsum für alle wurde durch Massenproduktion erkauft, die Wohnung für jedermann durch Standardisierung, das menschenwürdige Wohnen in der Gartenstadt durch Zersiedelung der Landschaft.

Das 20. Jahrhundert war aber auch das Jahrhundert der Gegenentwürfe zu einem sich allein dem technisch-naturwissenschaftlichen Fortschritt verschreibenden Leben und Bauen. Ein anderes Leben und Bauen sollte der Vielfalt der Traditionen, Lebensformen und Bauweisen entsprechen und auf kultureller Selbstbestimmung und schöpferischer Kreativität beruhen. Ein Bauen, dem man zwar nicht mehr zutraute, die Gesellschaft verändern, aber doch die Umwelt dem Wesen des Menschen gemäßer gestalten zu können.

Und am Ende des Jahrhunderts haben wir vielleicht den Beginn einer weiteren radikalen Neugestaltung erlebt, die das Haus, nachdem es mechanisiert und elektrifiziert wurde, digitalisieren könnte. Die Digitalisierung der Produktwelt ist bereits weit fortgeschritten. Sie hat das Leben in hohem Maß verändert und könnte zu einer einschneidenden Veränderung auch der gebauten Lebenswelt führen.

Es wäre ein allzu gewagtes Unterfangen, die Architekturgeschichte eines ganzen und dazu von Extremen geprägten Jahrhunderts durch die Abfolge einzelner Geschichten erhellen zu wollen. So erzählt das Buch in lockerer, wenn auch chronologischer Folge nur von solchen Bauten, die im sozialen und kulturellen Kontext ihrer Zeit in besonderem Maß als Ausdruck «fortschrittlicher» Gesinnung und «neuer» Ideen gelten können.

Viele dieser Bauten sind bis heute bekannt, weil sie Aufsehen erregt und Einfluß ausgeübt haben. Sie sind gebaute Manifeste, da sie die Ideen, die ihnen zugrunde liegen, «handgreiflich» machen. An ihnen läßt sich, da sie im Unterschied zu Utopien verortet und im Unterschied zu «geschauten» Visionen gebaut sind, die Idealität des Anspruchs an der Realität der Erfüllung messen.

Auch wenn die Erfüllung real oft enttäuschte und der Anspruch selbst nicht immer ideal war, haben doch viele dieser gebauten Manifeste die Welt verändert. Und sie haben gezeigt, daß erst in der Entscheidung für immer wieder neue Formen der Lebensgestaltung, im Nachdenken über die Welt und die Möglichkeit, sie zu verändern, sich die Freiheit des Menschen verwirklicht.

## Die große Erneuerung

«Aus dem ölglatten Geist der zwei letzten Jahrzehnte des neun-
zehnten Jahrhunderts», schrieb Robert Musil in seinem Roman
*Der Mann ohne Eigenschaften*, «hatte sich plötzlich in ganz Europa ein beflügelndes Fieber erhoben. Niemand wußte genau, was
im Werden war; niemand vermochte zu sagen, ob es eine neue
Kunst, ein neuer Mensch, eine neue Moral oder vielleicht eine
Umschichtung der Gesellschaft sein solle. Darum sagte jeder davon, was ihm paßte. Aber überall standen Menschen auf, um gegen das Alte zu kämpfen.»[1]

Kunst, Mensch, Moral und Gesellschaft – alles, um mit Musil
zu sprechen, sollte am Ende des 19. Jahrhunderts neu werden, und
der Kampf gegen das Alte war als erster Schritt hin zu einer allgemeinen Erneuerung gedacht. Das Alte in Form von Traditionen
und Konventionen schien überlebt und zum Unnützen und Un-
zweckmäßigen geworden zu sein, zu Lüge und Schein. Um das
wahre Nützliche und Zweckmäßige zu finden, suchte man nach
einer neuen Weltidee, die zur Grundlage einer neuen Kultur und
Gesellschaftsordnung taugen könnte, und nach einer neuen Moral
der Wahrhaftigkeit.

Einige glaubten, diese Idee in der gesellschaftlichen Gleichheit
aller Menschen und ihrer Teilhabe am allgemeinen Wohlstand zu
finden, andere in der Freiheit des Individuums als notwendiger
Grundlage einer demokratischen Gesellschaft, wieder andere im
solidarischen Prinzip genossenschaftlicher Kooperation, da nur
durch gemeinsame Anstrengung die gesellschaftlich Benachteiligten ihre berechtigten Ansprüche durchsetzen könnten. Doch alle
strebten sie, wenn auch mit unterschiedlichen Mitteln, nach einer
Befreiung des Menschen aus den alten, als unwürdig empfunde-
nen Lebensverhältnissen.

Kleidung, Ernährung, Erziehung, die Einrichtung der Häuser,
ja die Häuser selbst, alles sollte erneuert werden, damit das Leben

des Menschen besser und er selbst wahrhaftiger würde. Doch die radikale Erneuerung, von ihren Protagonisten mit großem Elan und leidenschaftlichem Engagement vorangetrieben, wurde von den meisten Zeitgenossen noch vehement abgelehnt. Nur ungern wollten sie sich darauf einlassen, den «nackten» Tatsachen, die ihnen die zahlreichen Reformbewegungen nach und nach offenbarten, ins Auge zu sehen. Unverputzte Mauern, schnörkellose Möbel, korsettlose Hängekleider, Freikörperkulturen und naturbelassene Vollwertkost empfanden sie weniger als neue Chance denn als trostlose Dürftigkeit, gegen die sie ihr Recht auf Tradition, historischen Stil, unnützes Ornament und demonstrative Verschwendung verteidigten.

Doch der Prozeß der Erneuerung war mehr als ein Kampf gegen verstaubte Konventionen und Traditionen und nicht aufzuhalten. Er war Teil einer sich immer stärker durchsetzenden Veränderung, die nach und nach alle Bereiche des Lebens erfaßte und als Prozeß der Rationalisierung bezeichnet werden kann. Rationalisierung setzt auf vernünftiges Denken und Handeln, welches das Verhältnis zwischen Aufwand und Ergebnis zu optimieren und alle Arbeits- und Lebensabläufe zweckmäßig zu gestalten sucht. Vernünftiges Handeln vermeidet Zeitvergeudung, Materialverschwendung, Energieverlust und will den Menschen vom Ballast überflüssiger Dinge und unnützer Arbeit befreien.

Nur durch die Beschränkung auf das Notwendige und Zweckmäßige, auf das, was einer sauberen und soliden Bequemlichkeit nützlich ist, kann, so glaubten die kämpferischen Neuerer, eine neue Kultur entstehen, die den Menschen auf eine höhere Stufe seiner Entwicklung zu heben vermag. Ihre neuen, von allem Ballast und Dekor gereinigten Häuser und ihre sauberen, durchgrünten Städte wollten sie als gebaute Gedanken verstanden wissen, als steinerne Predigten, die die Menschen zur Wahrhaftigkeit erziehen sollten.

«Und abermals vergaß ich meine Umgebung, ich weiß nicht für wie lange,
und bewegte mich im Geiste wieder in jener lebendigen Traumwelt, in
der herrlichen Stadt mit ihren einfachen, aber behaglichen Wohnhäusern
und ihren prächtigen öffentlichen Palästen. Ich sah mich wieder von
Gesichtern umringt, die nicht entstellt waren durch Hochmut und Unter-
würfigkeit, durch Neid oder Habsucht, durch ängstliche Sorge oder
fieberhafte Streberei.»

*Edward Bellamy, Looking Backward*

## Die nackte Mauer – Die Börse in Amsterdam
Hendrik Petrus Berlage | 1896–1903

Für Hendrik Petrus Berlage (1856–1934) war das 19. Jahrhundert das Jahrhundert der Häßlichkeit. «Unsere Großeltern, unsere
Eltern, und wir selbst», schrieb er 1904 in seinem Aufsatz *Gedanken über Stil in der Baukunst*, «haben gelebt und leben in einer
Umgebung so häßlich als keine früher gewesen.»[2] Geradezu Ekel
empfand er vor der gräßlichen Massenproduktion, die nicht nur
in künstlerischer, sondern auch in geistiger Hinsicht häßlich sei,
da der gemeinschaftliche Lebenszweck fehle: das Zusammenwirken aller auf ein Ziel hin. Die Menschheit habe kein Ideal mehr,
und an die Stelle der gemeinschaftlichen geistigen Interessen sei
das persönliche materielle Interesse getreten, das Geld.

Die Herrschaft des Geldes habe zwangsläufig zur Lüge geführt,
da nun der Schein wichtiger als das Sein und protziges Zur-Schau-
Stellen neuen Reichtums zur Norm geworden sei. Nachahmung
teurer Materialien beispielsweise und konstruktive Lügen, wenn
«massive Granitsäulen» weder tragen noch wirklich aus Granit
sind, seien die Folge gewesen. Um von der Lüge, die in der Architektur zur Regel geworden sei, wieder zur Wahrheit zu gelangen,
rief Berlage die Architekten auf zum «Kampf gegen die Scheinkunst, gegen die Kunst des leeren Reichtums, der Lüge und der
abgeschmackten Formen».[3]

Das Gefühl, in einer Zeit der Lüge und der abgeschmackten Formen zu leben, war Ende des 19. Jahrhunderts keine vereinzelte Erfahrung. Für Thorstein Veblen, den großen amerikanischen Soziologen und Nationalökonomen, war die höhere Befriedigung, die Betrachtung und Gebrauch teurer und angeblich schöner Dinge verschaffen, nichts anderes als die Befriedigung der menschlichen Vorliebe für das Kostspielige, dem wir die Maske der Schönheit umhängen. Der Wunsch nach demonstrativer Verschwendung, die unser Prestige durch neidvolle Vergleiche zu erhöhen vermag, beherrsche unseren Geschmack und Schönheitssinn, und das Streben nach Prestige und nach Schönheit sei, so schrieb er 1899 in seinem Buch *Theorie der feinen Leute*, unentwirrbar miteinander verknüpft.

Demonstrative Verschwendung zeigte sich für Veblen vor allem in der Architektur. «Es dürfte ziemlich schwierig sein, ein zivilisiertes modernes Wohnhaus oder ein öffentliches Gebäude zu finden, das in den Augen eines Menschen, der die ästhetischen Elemente von jenen der ehrenvollen Verschwendung zu trennen weiß, Anspruch auf etwas Besseres als auf verhältnismäßige Harmlosigkeit erheben kann. Die endlosen Reihen von Fassaden, welche die besseren Wohn- und Mietshäuser unserer Städte zieren, gleichen endlosen Reihen architektonischer Unglücksfälle, die zeigen, wie man am besten teuer und unbequem wohnen kann.»[4]

Lobend erwähnt Veblen allein die seitlichen und rückwärtigen Brandwände, die von den Künstlern unberührt geblieben und daher – als nackte Mauern – ästhetisch am besten gelungen seien. Bereits Schinkel hatte, als er 1826 nach Manchester kam und die neu gebauten Fabriken sah, die nackten Mauern wohl bemerkt. «Die ungeheuren Baumassen, blos von einem Werkmeister, ohne alle Architektur und nur für das nackteste Bedürfnis allein aus rothem Backstein ausgeführt, machen einen unheimlichen Eindruck.»[5] Was Schinkel noch erschreckt hatte, wurde Ende des Jahrhunderts um der Ehrlichkeit und damit Schönheit willen bereits positiv vermerkt, wenn auch nur im Nutzbau verwendet. Hendrik Petrus Berlage sollte die nackte Mauer als einer der ersten konsequent bei einem wichtigen öffentlichen Gebäude verwirklichen. 1884 schrieb die Stadt Amsterdam einen Wettbe-

Börse Amsterdam, erster Entwurf

werb für den Bau einer neuen Börse aus, da das bestehende Gebäude von 1848 aufgrund von Bodensetzungen bereits baufällig geworden war und auch den Anforderungen des aufstrebenden Handels nicht mehr genügte. Bei diesem Wettbewerb gewann Berlage zusammen mit seinem Kompagnon Theodor Sanders den vierten Preis und wurde mit vier weiteren Teilnehmern aufgefordert, seine Pläne zu überarbeiten; doch keiner der Entwürfe kam zur Ausführung.

Zwölf Jahre später wurde Berlage – diesmal ohne Wettbewerb – direkt beauftragt. Es war sein erster großer Bau, und mit ihm verwirklichte Berlage, was er kurz zuvor in *Baukunst und Impressionismus* als Bild beschrieben hatte: «Da steht graurot hochgezogen die große Mauerfläche gegen das bunte Straßengewühl, nach oben dunkler, mit kantiger, einfach schöner Kontur aus der Luft geschnitten; ein prächtiger, natürlich durchgearbeiteter, tausendfarbiger, aber stiller Grund, befleckt mit dunklen Flächen, nur wenige mit reichem plastischen Rahmen, vornehme Verzierung eines im übrigen schlichten Kleides.»[6]

Der neue Entwurf von 1896 ähnelte dem alten Wettbewerbsprojekt, das im gängigen Stil der Renaissance gehalten war, kaum mehr. Die Massenwirkung war ruhiger, und die Fassaden zeigten erstmals große Mauerflächen mit Gruppen kleiner Fenster. In der

Börse Amsterdam, ausgeführter Entwurf

weiteren Bearbeitung – insgesamt drei Entwürfe hat Berlage für
die Börse angefertigt – wurden Struktur und Fassaden noch einfacher, und nach zwei Jahren mühsamen Ringens gelang ihm der
Durchbruch zu einer neuen Architektur.

Den ursprünglich vor die Fassade tretenden Bau des Haupteing-
gangs nahm Berlage zuerst in die Fassade zurück und zog ihn
dann ins Innere ein. Den Turm bildete er beherrschender und die
Fassaden massiver aus. Die 140 Meter lange westliche Seitenfas-
sade, lediglich durch das dreigliedrige Seitenportal und die Rundbogenfenster des Restaurants gegliedert, rhythmisierte er durch
die Fensterpaarungen und die vertikalen Fallrohre aus Zink. Die
Fenster legte er, wie es der Innenraum erforderte; das Mittelfen-
ster über dem westlichen Seiteneingang beispielsweise liegt höher
und entspricht einer Podiumsanlage im Inneren.

Die Außenwände sind aus mattrotem holländischem Backstein
gemauert, blaugrauer Naturstein akzentuiert den Fassadenver-
band an seinen wichtigsten Stellen als Balustrade, Basis und Kapitel, als Schlußstein, Eckskulptur, Torfries und Fenstersturz. Die

Wände der großen Halle bestehen ebenfalls aus mattroten, weiß-verfugten Backsteinen; in sie eingelassen ist an manchen Stellen ein kaum hervortretendes Muster von dunkleren Ziegeln. Das Ganze wird überspannt von den gelben Eisenträgern einer Glas-kuppel.

Berlages Börse erregte in Amsterdam großes Aufsehen. Nicht wenige Zeitgenossen bezeichneten sie als Schlachthaus, Stall oder Gefängnis und diffamierten ihn selbst als Pfuscher und Verderber der Stadt. Während die einen das Gebäude als «brutalen Ziegel-schuppen» verurteilten, der durch seinen doktrinären Purita-nismus verstimme, behaupteten die anderen, Berlage habe, statt neue Formen zu erfinden, die historischen lediglich ihrer Stil-formen entkleidet. Die Börse sei daher nicht mehr als ein «Zie-gelrohbau», der zu der nicht gerade schmeichelhaften Vermutung Anlaß geben könne, Geldmangel habe die Fertigstellung des Gebäudes verhindert.

Die Börse, so die Kritiker, sei nichts als eine «Mauer mit Lö-chern». Sie verwische endgültig die Grenze zwischen der Arbeit des Ingenieurs und der des Baukünstlers und dokumentiere den Tod der Architektur als Kunst. Zudem sei die von Berlage prakti-zierte Einfachheit nicht ökonomisch bedingt, wie man vermuten könnte, sondern lediglich eine subjektive ästhetische Zielsetzung. Denn Berlage habe den Eindruck von Einfachheit teuer erkauft, indem er den Verzicht auf künstlerischen Dekor durch großen materiellen Aufwand bei der Konstruktion zu kompensieren suchte. Als Beleg verwiesen die Kritiker auf die technisch sehr aufwendige Dachkonstruktion des großen Börsensaals, auf den hohen Turm und auf die durch keinen Gebrauchszweck begründe-ten, unverhältnismäßig schweren Balustraden der Außentreppen.[7]

Die Zeitgenossen sahen in der Börse offensichtlich einen Auf-wand an anspruchsvoller Konstruktion, sorgfältiger Ausführung und gediegenem Material verwirklicht, der für ihr Verständnis weit größer war als für den Zweck erforderlich. Da diese Art von Verschwendung aber keine prunkvolle war, die man bei einem öf-fentlichen Gebäude für geboten hielt, ließ sie in den Augen der Kritiker das erforderliche Gefühl für das Schickliche und Anstän-dige vermissen.

Daß die Amsterdamer sich so stark engagierten, verwundert nicht, war doch die Börse eines der wichtigsten Gebäude der Stadt. Ihr Raumprogramm umfaßte nicht nur Börsensäle, Post-, Telefon- und Telegrafenamt, repräsentative Räume für die Handelskammer, den Börsenverein und die Gesellschaft für den Getreidehandel, ein Café-Restaurant, Büroräume in den Obergeschossen und Stahlkammern im Souterrain; der große Börsensaal diente auch den politischen Parteien, Vereinen und dem Amsterdamer Magistrat als repräsentativer Veranstaltungs- und Empfangssaal. Daß die Amsterdamer so stark reagierten, verwundert ebensowenig, da die Börse sie mit etwas radikal Neuem konfrontierte: dem Anspruch eines Gebäudes, Ausdruck nicht nur einer neuen Baukunst zu sein, sondern auch einer neuen Moral.

Der neue moralische Anspruch materialisierte sich für Berlage in der nackten Mauer, die er ohne Verputz in all ihrer schlichten, natürlichen Schönheit zeigte. Die Ziegel sind sorgfältig ausgesucht und verarbeitet. Die Mauer ist flach gehalten, um nicht durch eine zu starke Gliederung ihren Charakter eines stillen Grundes zu verlieren. Aus der Mauerfläche treten nur Bauteile wie Stürze, Wasserspeier, Rinnen und Gesimse hervor, deren Funktion dies erfordert. Die konstruktiven Knotenpunkte, die wie die Kapitelle beispielsweise besonders herausgearbeitet sind, bleiben in der Wandebene und ordnen sich der Flächenwirkung unter.

Der künstlerische Dekor, den Berlage durchaus zuläßt, ist ebenfalls flach gehalten und auf Weniges beschränkt. Auch die Natur sei, so meinte er, in ihren Schöpfungen sparsam in der Wahl ihrer Motive, und der eigentliche Dekor der Mauer seien neben der Schönheit ihres natürlichen Materials die Einschnitte der Fenster. Fenster sollten daher sorgsam gesetzt und nur da angebracht werden, wo sie nötig sind, und nur in der erforderlichen Größe. Alles liegt bei der Börse offen vor Augen: die unterschiedlichen Materialien und Konstruktionen ebenso wie ihr ökonomischer Einsatz, der vermittelt, daß hier die maximale Leistung bei minimalem Aufwand erreicht wurde. Kein Putz verdeckt irgendwelche Ungereimtheiten, keine Tünche Mißtöniges. Hier ist keine Tapete mehr nötig, um, wie Berlages Zeitgenosse Henry van de

Velde ihre Aufgabe noch positiv beschrieb, «die nackte, kalte Wand zu verkleiden, ihr den drohenden Charakter zu nehmen, der etwas von einem Gefängnis hat.»[8] Der ganze Bau der Börse strahlt Wahrhaftigkeit aus und ist nicht, wie Nietzsche es nannte, Kunst als guter Wille zum Scheine.[9]

Wahrhaftigkeit strahlte auch Berlage selbst aus, er wurde von seinen Zeitgenossen als kleingewachsener Mann mit asketisch wirkendem Charakterkopf geschildert, der leidenschaftlichen Ernst und unbedingte Wahrheitsliebe ausgestrahlt habe. Sein Landsmann und Kollege J.J.P. Oud schrieb 1919 in der Zeitschrift *Kunst und Kunsthandwerk*, daß er beim ersten Anschauen des Börsengebäudes den künstlerischen Wert zwar geahnt, aber doch nur einen nüchternen Eindruck erhalten habe. Erst später sei ihm klar geworden, daß dem sogenannten Puritanismus des Gebäudes ein leidenschaftlicher Künstlergeist innewohne. Denn wie sich selbst habe Berlage, der eher eine reizbare, temperamentvolle Persönlichkeit gewesen sei, auch seinem Werk eine gewaltsam straffe Beherrschung auferlegt, die als Beschränkung, Vereinfachung und Verallgemeinerung darin eingegangen sei.[10]

Die Nüchternheit der Baukunst Berlages sei zwar beinahe sprichwörtlich gewesen, schrieb Oud 1926 in *Holländische Architektur*, doch ihm selbst sei diese Baukunst weniger nüchtern als vielmehr romantisch und leidenschaftlich erschienen. Denn es liege «oft in der Enthaltung ebensoviel Passion wie in der Entfaltung; nicht das Ziel, das sich der Künstler stellt, sondern die Art, wie er es anstrebt, bestimmt die Natur eines Kunstwerks.»[11] Wie Oud schrieben viele Zeitgenossen, die Berlage kannten, seinen bedeutenden Einfluß, der weit über seine Zeit und sein Land hinausreichte, nicht nur seinem Werk, sondern auch seiner Person und moralischen Haltung zu. Nie halbherzig und verbindlich, sondern immer konsequent und kompromißlos habe er sein baukünstlerisches Ziel mit strenger geistiger Wahrhaftigkeit verfolgt.

Die Börse Berlages, schrieb Bruno Taut 1929 in *Die neue Baukunst in Europa und Amerika*, sei das epochemachende Werk am Beginn einer neuen Baukunst gewesen, dessen kristalline Reinheit und Wahrhaftigkeit einprägsam geblieben sei, und er verwies auf «das Streben Berlages nach sachlicher Nacktheit und Wahrheit, sein Suchen nach einem neuen, die Gesamtheit verbindenden Gesetz».[12] Auch der Hamburger Stadtbaudirektor Fritz Schumacher hielt 1936 in *Rundblicke* den Bau für den Beginn der modernen Architektur und Berlage für einen Mann, der seine asketische Lehre mit seinem ganzen persönlichen Dasein in Einklang gebracht habe.[13]

Fast immer wird Berlages Haltung als asketisch und puritanisch bezeichnet, als streng und wahrhaftig, und eine spätere Bauherrin, die Industriellengattin und Kunstsammlerin Helene Kröller-Müller, bezeichnete ihn als ernsten und verschlossenen «holländischen Calvinisten», der einem Mauern aufzwinge.[14] Berlage war offensichtlich ein typischer Vertreter des Protestantismus, der, so definiert Max Weber den Typus, in seiner ganzen Haltung asketisch geprägt ist und eine innerweltliche Rationalisierung der Lebensführung anstrebt. Grundmotive asketischer Lebensführung sind demnach Tat und Entsagung: Handeln «nach dem unzweideutig geoffenbarten Willen Gottes zur Mehrung seines Ruhms» statt Muße und Beschränkung des Konsums auf «notwendige und praktisch nützliche Dinge» statt demonstrativer Verschwendung.

Aus Askese und Arbeitsethik hat sich nach Max Weber der Geist des Kapitalismus gespeist. Vielleicht aber auch, betrachtet man Berlages Haltung und Werk, der Geist, der sich vom Kapitalismus und der Herrschaft des Geldes abzuwenden suchte. Für Berlage war Askese nur der folgerichtige Ausdruck einer neuen sozialen Gesinnung, deren Grundidee – nicht mehr religiös, sondern politisch bestimmt – die gesellschaftliche Gleichheit aller Menschen war, die keine demonstrative Verschwendung weniger mehr erlaubte, sondern einen auf das Notwendige beschränkten Konsum aller erforderte.

In der neuen von Berlage erhofften Gesellschaft sollten sich die Menschen nicht mehr in hervor- und zurücktretende Elemente aufgliedern, sondern wie die Steine in den Mauern der Börse gleichmäßig in den Verband einreihen. Wie die Ziegelsteine, durch Fugen getrennt und gleichzeitig verbunden, in der Mauer zusammengehalten werden, sollten die eigenständigen Individuen als verbundene Teile in die Gemeinschaft integriert sein. Die Mauer wird so zur Metapher und antizipiert die ideale Gemeinschaft als zukünftige gesellschaftliche Realität, und Antizipation gehört für Berlage zu den wichtigen Aufgaben des Architekten. «Ein Künstler», so schrieb er 1907 in *Grundlagen und Entwicklung der Architektur*, «ist ein Mensch, der das Leben seiner Zeit inniger lebt als andere Menschen und dadurch das Leben anderer im voraus lebt.»[15]

Eine auf das Vorausleben für andere gerichtete Baukunst hat nicht nur den Anforderungen des momentanen Gebrauchs zu entsprechen, sondern auch eine kommunikative Mission zu erfüllen. Sie muß Inhalte vermitteln, die über Konstruktion, Funktion und Form hinausgehen, indem sie eine zukünftige Kultur und Gesellschaftsordnung symbolisch darstellt. Diesem symbolischen Ausdruck hat auch der künstlerische Dekor zu dienen, den Berlage stark reduziert, aber nicht ganz abschafft. Im Vestibül der Börse beispielsweise finden sich drei keramische Wandbilder von Jan Toorop, die Vergangenheit, Gegenwart und Zukunft darstellen. Wird die Vergangenheit als Sklavenhaltergesellschaft und die Gegenwart als industrialisierte Klassengesellschaft dargestellt, so zeigt das Zukunftsbild eine Gesellschaft, die diese Gegensätze überwunden hat zugunsten einer Gemeinschaft freier und gleichberechtigter Bürger. Auch die Rolle der Frau entwickelt sich: zuerst Sklavin und Tauschobjekt, dann in den industriellen Arbeitsprozeß eingegliederte Maschinenarbeiterin, schließlich freie und gleichberechtigte Partnerin des Mannes.

Erst wenn die Grundidee der gesellschaftlichen Gleichheit der Menschen sich durchgesetzt haben wird, so die symbolische Botschaft von Mauer und Dekor, kann eine neue wahrhafte Kultur entstehen. Träger dieser Kultur wird, so glaubte Berlage, die Arbeiterklasse sein. Ihr allein könne es gelingen, wenn sie einmal, der historischen Notwendigkeit folgend, den Sieg errungen haben wird, den vernichtenden Einfluß des auf demonstrativer Verschwendung und Scheinkunst beruhenden bürgerlichen Geistes auf die Kultur zu hemmen.[16] Folgerichtig wurde Berlage, der schon früh der radikalliberalen Bewegung nahestand, in späteren Jahren Mitglied der kommunistischen Partei der Niederlande, um den Vollzug jener Notwendigkeit nicht nur architektonisch, sondern auch politisch zu unterstützen.

Wie viele seiner Zeitgenossen war Berlage stark beeindruckt von dem 1887 in den USA erschienen utopischen Roman *Looking Backward* von Edward Bellamy, der die Erlebnisse eines jungen Bostoner Kapitalisten im Jahr 2000 schildert. Dieser erwacht aus einem 113jährigen magnetischen Dauerschlaf in einer vollentwikkelten sozialistischen Gesellschaft und erkennt, alle Einrichtungen des öffentlichen und privaten Lebens von einst und jetzt vergleichend, deren Vorteile. Er sieht eine Gesellschaft, die auf dem Gleichheitsprinzip beruht: Alle Menschen besitzen den Wert und die Würde des Individuums. Der Staat, dem die Gütererzeugung und Güterverteilung obliegt, verpflichtet jeden Bürger für die Dauer von 24 Jahren zum Dienst im nationalen Arbeitsheer und teilt allen, von der Leistung unabhängig, einen gleich großen Anteil an den produzierten Gütern zu. Solidarität, das Zusammenwirken aller Kräfte auf ein Ziel hin, hat das vom Instinkt der Selbstsucht beherrschte Konkurrenzdenken abgelöst. Die Gesellschaft ist zu einer Art Bruderschaft geworden, die alle Menschen umfaßt.

Schilderungen sozialistischer Baulichkeiten allerdings sind im Roman nur spärlich zu finden, und wo immer Bellamy sich darüber ausläßt, begegnen wir konventionellen Elementen der damals herrschenden Architektursprache. Über allen Eingängen zu öffentlichen Gebäuden sind Skulpturengruppen angebracht, der Eintretende findet herrliche Treppen, breite Korridore, Höfe mit plätschernden Springbrunnen und Hallen mit Glaskuppeln. Pracht und Großzügigkeit im öffentlichen Leben, Einfachheit und Bequemlichkeit im alltäglichen bestimmen das Bild der neuen Gesellschaft. «Unsere Behaglichkeit und Bequemlichkeit finden wir zu Hause, den Glanz des Daseins dagegen, an dem alle gleichen Anteil haben, den suchen wir in unserem öffentlichen, in unserem geselligen Leben.»[17] Doch wie Pracht und Großzügigkeit, wie Einfachheit und Bequemlichkeit aussehen sollen, läßt Bellamy offen, und es sollte den Architekten überlassen bleiben, für eine neue Gesellschaft eine neue Baukunst zu entwickeln.

Berlage erwartete weder das eine noch das andere selbst erleben zu dürfen, doch er hoffte, daß auch durch sein Werk der Anfang zu einer Erneuerung gemacht sei und nichts mehr diese Bewegung aufhalten könne. Er hoffte darüber hinaus, «daß die Architektur die Kunst des zwanzigsten Jahrhunderts sein wird (...) denn mit dem Wachstum der Arbeiterbewegung wächst auch jene Kunst, die der Mensch, das ganze Volk zusammengenommen, am wenigsten entbehren kann, die ihm am nächsten liegt, und das ist die Baukunst.»[18]

Berlage stand am Anfang einer Erneuerung, die in der Tat nicht mehr aufzuhalten war. Wurde seine Börse auch vereinzelt unterschätzt als Etappe auf dem Weg zum modernen Zweckbau, so war ihr Einfluß doch groß. Noch größer allerdings war vermutlich der Einfluß ihres Erbauers. Seine Person, seine geistigen Prinzipien, sein soziales Engagement und seine asketische Haltung im Werk wie im Leben sollten vielen seiner Nachfolger als Vorbild dienen.

«Nicht laß ich ab vom geistigen Kampf,
Noch ruh mein Schwert in meiner Hand,
Bis wir Jerusalem gebaut
In Englands freundlich grünem Land.»
*William Blake, Aus dem prophetischen Buch Milton*

## Gartenstadt – Letchworth City in England
### Ebenezer Howard | ab 1903

Eng, finster, überfüllt und schmutzig, ratternd, surrend, qualmend und stinkend – so erschien vielen Augenzeugen das Leben in London, neben Paris im 19. Jahrhundert *die* Großstadt Europas. Die Straßen, lesen wir in Charles Dickens *Oliver Twist* von 1837, waren morastig, die Luft erfüllt von ekelhaften Gerüchen. In den Straßen drängten sich die proletarisierten Handwerker und zugezogenen Landarbeiter mit den Betrunkenen und Kriminellen auf engstem Raum. Das eigentliche Wesen Londons, so Theodor Fontane, der Mitte des 19. Jahrhunderts mehrere Jahre in London lebte, sei die Massenhaftigkeit: das unendliche Häusermeer und der unerschöpfliche Menschenstrom der Citystraßen. «Überall ist es die Zahl, die Menge, die uns Staunen abzwingt.» [19]

Bereits 1828 berichtete Heinrich Heine in seinen *Englischen Fragmenten*, er habe das Merkwürdigste gesehen, was die Welt dem Geist zeigen könne. «Noch immer starrt in meinem Gedächtnisse dieser steinerne Wald von Häusern und dazwischen der drängende Strom lebendiger Menschengesichter mit all ihren bunten Leidenschaften, mit all ihrer grauenhaften Hast der Liebe, des Hungers und des Hasses – ich spreche von London.» Diese Stadt der kolossalen Einförmigkeit, der maschinenhaften Bewegung erdrücke die Phantasie und zerreiße das Herz. Hier spüre man den Pulsschlag der Welt, blicke man auf die tosende Straße, «wo ein buntscheckiger Knäul von Männern, Weibern, Kindern, Pferden,

Postkutschen, darunter auch ein Leichenzug, sich brausend, schreiend, ächzend und knarrend dahinwälzte.»[20]

London zählte bereits 1851 zwei Millionen Einwohner und 1901 sechseinhalb Millionen. Immer mehr Menschen drängten im Zuge der Industrialisierung in die Stadt, die Bodenpreise stiegen und damit die Verdichtung der Bebauung und die Höhe der Mieten. Die am Stadtrand gelegenen Dörfer wurden nach und nach einverleibt, die Stadt wuchs, und ihre Größe wurde zur Ursache immer neuen Wachstums. Die Illustrationen Gustave Dorés zeigen uns das London von 1872 als eine überfüllte Stadt der Arbeit, der Armut, der verrufenen Quartiere, der Docks, der Salons und der Rennen.

Wer es sich leisten konnte, verließ das Zentrum und siedelte, unterstützt durch den Ausbau der *underground*, in die Vorstädte um, die ab 1875 entlang der neuen U-Bahn-Strecken entstanden. Bereits zur Jahrhundertwende wohnten die meisten Angehörigen der Mittelschicht in den *suburbs*, während der *mob* nach wie vor zusammengepfercht in der City lebte, da er darauf angewiesen war – die Fahrpreise waren hoch –, zu Fuß zur Arbeit zu kommen. 1888 lebte ein knappes Drittel der Einwohner Londons mehr oder weniger in Wohnungsnot.

In den beengten Verhältnissen der Londoner City war Ebenezer Howard (1850–1928) als Sohn eines Ladenbesitzers aufgewachsen. Er beschloss 1872, ein früher alternativer Aussteiger, mit zwei Freunden nach Amerika auszuwandern und sich als Landwirt niederzulassen. Da alle drei wenig von Ackerbau und Viehzucht verstanden, scheiterten sie bald. Howard wurde Stenograph, zuerst in Amerika, wo er sich fünf Jahre lang aufhielt, dann in England, wo er Mitarbeiter einer Firma wurde, die für die Protokollierung der Parlamentsdebatten zuständig war.

Als Howard im Verlauf seiner Parlamentstätigkeit erkannte, wie schwer sich die Parteien jeglicher Couleur taten, Lösungen für die dringendsten Probleme der Zeit zu finden, begann er, wie viele seiner Zeitgenossen angeregt durch die Lektüre des utopischen Romans *Looking Backward* von Edward Bellamy, selbst nachzudenken. Da er das dringendste Problem in der Wohnungsnot der Großstädte sah, entwickelte er ein alternatives Stadtmodell, das er

1898 in dem Buch *Tomorrow. A Peaceful Path to Social Reform* veröffentlichte. Es war schnell vergriffen und wurde 1902 unter dem Titel *Garden Cities of Tomorrow* neu aufgelegt.

Die Hauptursache der Wohnungsnot – und damit vieler anderer Probleme wie Alkoholismus und Epidemien, Streß und Armut – liege darin, so glaubte Howard, daß die Menschen immer weiter in die schon übervölkerten Städte strömten und die ländlichen Distrikte mehr und mehr entvölkerten. Diese Tendenz könne nur gestoppt oder gar umgekehrt werden, wenn es gelinge, ein Modell zu entwickeln, das größere Anziehungskräfte als die Großstadt besitze, indem es die Vorteile des Land- und des Stadtlebens miteinander verbinde: geselligen Verkehr, gute Arbeitsmöglichkeiten, kulturelles Leben und zugleich frische Luft, Grün und Wasser. Sein neues Stadtmodell nannte Howard «Gartenstadt».

Die Gartenstadt sollte kein Vorort, sondern eine eigenständige Stadt mitten im Grünen sein und Wohnhäuser, Arbeitsstätten und kulturelle Einrichtungen beherbergen. Howard stellte sich ein Gelände von etwa 2400 Hektar vor, dessen Kaufsumme durch die Aufnahme von Hypotheken mit einer maximalen Verzinsung von vier Prozent aufgebracht und auf den Namen von vier Personen mit untadeligem Ruf eingetragen wird. Sie fungieren als Vorsteher einer Bodengesellschaft und verwalten als Trust-Kollegium den Grundbesitz und die Bodenrenten, die von den zukünftigen Bewohnern eingezahlt werden. Der Boden bleibt Eigentum der Gesellschaft und wird nur in Erbpacht verliehen; die Höhe der Pacht errechnet sich aus dem jährlichen Ertragswert des jeweiligen Grundstücks. Der nach Abzug von Zinsen und Amortisation der Hypothekendarlehen verbleibende Überschuß wird von der Gesellschaft zum Bau öffentlicher Anlagen wie Schulen, Parks und Straßen verwendet.

Howards Modell der Vergesellschaftung der Bodenrente war den Ideen des amerikanischen Boden- und Sozialreformers Henry George und seinem aufsehenerregenden Buch *Fortschritt und Armut* von 1879 verpflichtet. Wie Howard wurde auch Henry George durch ein Großstadterlebnis – er hatte in den 1860er Jahren New York besucht und grauenhaftes Elend gesehen – so erschüttert, daß er versuchte, die Ursachen dieses Elends zu ergründen.

Er fragte sich, warum aller Fortschritt, warum Dampf, Elektrizität und neue Maschinen, die die Produktion von Gütern in bislang unvorstellbarem Maß erhöht hatten, nicht zu einer Verringerung der Armut geführt und den Arbeitern keine Erleichterung ihrer Mühsal und keinen materiellen Wohlstand gebracht hatten. Da all die neuen Entwicklungen das Armutsproblem offensichtlich nicht lösen konnten, stellten sie, so meinte George, keinen wirklichen Fortschritt dar. «Solange sich die ganze Zunahme der Gütererzeugung, die der moderne Fortschritt mit sich bringt, darauf beschränkt, große Vermögen aufzubauen, den Luxus zu vermehren und den Gegensatz zwischen Palast und Hütte zu verschärfen, ist der Fortschritt nicht echt.»[21]

Für George war klar, daß weder das starke Bevölkerungswachstum noch der freie Wettbewerb – die gängigsten Erklärungen für den Gegensatz zwischen arm und reich – an der Armut schuld waren, sondern einzig und allein der durch das Monopol des privaten Bodeneigentums verzerrte Wettbewerb. «Das Bodenrecht», betonte George, «ist der große, grundlegende Faktor, der letzten Endes die soziale, die politische und folglich auch die geistige und sittliche Verfassung eines Volkes bestimmt.»[22]

Eine Enteignung von Grund und Bodens allerdings lehnte George ab. Eine so rigorose Maßnahme würde die Denkgewohnheiten der Menschen zu sehr erschüttern und das Gesetz des sozialen Fortschritts, nach dem große Veränderungen am besten unter alten Formen verwirklicht werden, mißachten. Zudem würde der Einfluß des Staates zu groß und damit die Freiheit des Einzelnen gefährden.

Vielmehr müsse die Bodenrente durch Besteuerung in den Besitz der Allgemeinheit gebracht und zugleich alle anderen Steuern abgeschafft werden, so daß die Finanzierung der öffentlichen Aufgaben auf der Grundlage der Bodensteuer als *single tax* erfolge. Da der Boden und seine Rohstoffe Gaben der Natur an alle Menschen seien und nicht durch Arbeit erzeugt würden, dürfe ihre Nutznießung nicht nur einzelnen, sondern müsse allen zugute kommen.

Die eigentliche Gartenstadt sollte ein Areal von 400 Hektar einnehmen, kreisförmig angelegt sein und etwas über einen Kilometer vom Mittelpunkt bis zur Peripherie messen. Sechs prächtige, 36 Meter breite Boulevards sollten die Stadt radial durchschneiden und in sechs gleiche Bezirke teilen. In der Mitte war ein kreisrunder, etwa zweieinhalb Hektar großer Platz geplant mit Grün und Wasserspielen. Um den Platz sollten sich die öffentlichen Gebäude gruppieren, jedes von üppigen Grünanlagen umgeben. An die öffentlichen Gebäude schloß sich ein von allen Bewohnern leicht zu erreichender öffentlicher Park von 58 Hektar mit Spiel- und Erholungsflächen an. Um diesen *Central Park* lag eine breite Glashalle, der *Crystal Palace*, die sich zur Parkseite hin öffnen ließ und als zentrale Ladenpassage dienen sollte.

Um den *Crystal Palace* sollten sich mehrere, von baumbestandenen Avenuen erschlossene Wohnringe legen. Eine ringförmige, etwa 130 Meter breite und 5 Kilometer lange *Grand Avenue*, die allein aufgrund ihrer Größe und Bepflanzung einen zweiten Park von 46 Hektar bildete, der auch für den entferntesten Bewohner nur vier Minuten entfernt war, sollte die Abfolge unterbrechen. Im Außenbereich schließlich sollten Fabriken, Lagerhäuser, Meiereien und Märkte angeordnet sein, deren Grundstücke an einer ringförmig verlaufenden, die ganze Stadt umkreisenden und mit der Hauptlinie verbundenen Eisenbahn lagen. Daran sollten sich die Garten- und Ackerbauflächen anschließen, auf denen auch die Abfallstoffe der Stadt Verwendung finden könnten.

Die Produkte der Industrie und Landwirtschaft sollten nach Belieben in der Stadt selbst oder außerhalb verkauft werden können, denn Ziel sei, so Howard, nicht, «die Rechte der Individuen zu beschränken, sondern den Spielraum für ihr Wünschen und Streben zu erweitern.»[23] Für die hilfsbedürftigen Individuen plante Howard die Einrichtung wohltätiger Anstalten, damit auch ihnen «der Segen eines Experimentes zuteil wird, das die ganze Menschheit beglücken soll.»[24]

Howards Stadtmodell war auf etwa 32000 Einwohner begrenzt. Das Terrain sollte in 5500 Bauplätze, 6 Meter breit und 40 Meter tief, aufgeteilt werden und eine gesunde Bauweise ermöglichen. Die Häuser sollten in Bauart und Zweckbestimmung mannigfaltig sein und dem individuellen Geschmack und Bedürfnis genügend Spielraum lassen. Von diesen Städten sollten viele, über das ganze Land verstreut, entstehen, untereinander durch Straßen und Eisenbahnlinien verbunden und durch Grüngürtel voneinander getrennt. Sechs Städte mit 32000 Einwohnern sollten sich jeweils um eine größere Stadt mit 58000 Einwohnern anordnen und so Stadtgruppen mit 250000 Einwohnern entstehen lassen. Schließlich sollte auch London in eine Gruppe von Gartenstädten aufgelöst werden.

Howards Idee war nur eine von vielen in einer reformfreudigen Zeit, und es stand zu erwarten, daß auch sie Idee bliebe. George Bernard Shaw zumindest, der 1899 einen Vortrag von Howard hörte, bemerkte etwas abfällig, daß ihm während seiner langen politischen Karriere ähnliche Pläne so etwa alle sieben Jahre bekannt geworden seien.[25] Doch Howard entfaltete rege Aktivitäten, hielt zahlreiche Vorträge und gründete, um die Propaganda auf eine breitere Basis zu stellen, eine Gesellschaft, die *Garden City Association*, der zahlreiche Fabrikanten, Genossenschafter, Architekten, Gemäßigte und Sozialisten, Radikale und Konservative beitraten. Die Gesellschaft wuchs rasch an, und es gelang, das Projekt dem großen Publikum bekannt zu machen.

So konnte Howard bereits sechs Jahre nach der Veröffentlichung des Buchs die erste Gartenstadt verwirklichen. Er gründete mit seinen Mitstreitern die *Garden City Pioneer Company*, die 1903 bei Letchworth, 50 Kilometer nördlich von London, ein 1600 Hektar großes Gelände kaufte. Das Gelände, deutlich kleiner als das seiner Modellstadt, wurde einer neu gegründeten Aktiengesellschaft, der *Garden City Limited*, übertragen, die es erschloß und Straßen, Kanäle sowie ein Gas-, Wasser- und Elektrizitätswerk baute. Die Gesellschaft gab Aktien aus, deren Dividende auf fünf Prozent beschränkt war. Der darüber hinausgehende Gewinn verblieb zum Nutzen des weiteren Ausbaus in der Gesellschaft. Die Gesellschaft sollte, sobald der Ausbau und die Schuldentilgung abgeschlossen sein würden, samt ihrem Besitz an Grund und Boden sowie Infrastruktur in die Hände der Gemeinde übergehen.

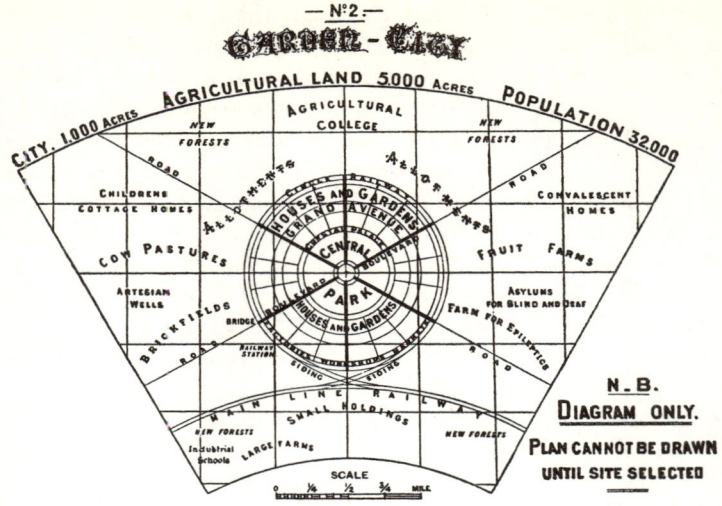

Howards Diagramm der Gartenstadt

Für den Bebauungsplan wurde 1903 ein landesweiter Wettbewerb ausgeschrieben, den die Architekten Barry Parker und Raymond Unwin gewannen. Ihre Planung wich in vielen Punkten vom Grundrißschema Howards ab. War Howards Schema rund, bestehend aus konzentrischen Kreisen, und damit regelmäßig und geometrisch, so ist der Plan von Unwin und Parker betont unregelmäßig: krumme Straßen, frei stehende Häuser in unaufdringlicher Ordnung und Gruppierung. Die Fabriken liegen nicht rings um die Stadt, sondern im Osten konzentriert, damit der herrschende Wind den Rauch von der Stadt wegtreibt, und sind durch einen breiten Grüngürtel von der Wohnstadt getrennt. In der Mitte der Stadt liegt ein größerer Platz, um den sich die öffentlichen Gebäude gruppieren. Von ihm führt eine breite Geschäftsstraße zum Bahnhof. Im Inneren der Stadt sind die Häuser zu kleinen Gruppen zusammengefaßt oder an Straßen aufgereiht. Die Landhäuser mit größeren Gärten liegen im Außenbereich. Um die Stadt legt sich eine große baufreie Zone, die landwirtschaftlichen Zwecken dient.

Der Bau der Häuser erfolgte durch Privatpersonen und Bauge-
nossenschaften wie die *Garden City Tenants*, die bereits 1907
etwa 220 Häuser errichtet und den Bau von weiteren 300 sowie
den Bau eines Versammlungshauses für die Mitglieder der Genossenschaft vorbereitet hatte. Um auch den einfachen Arbeitern, die
bis dahin noch im Umland von Letchworth wohnen mußten, be-
zahlbare Wohnungen in der Stadt selbst zu verschaffen, wurde
eine Aktiengesellschaft ins Leben gerufen, die preiswerte Kleinhäuser baute. Die Kleinhäuser bestanden aus einem Wohnraum
mit Aufwaschküche und Badevorrichtung im Erdgeschoß und
drei Schlafräumen im Obergeschoß.

1910 kam es zur Gründung einer Zentralhaushaltungsgenos-
senschaft, die rings um einen Gartenhof Einfamilienhäuser in ge-
schlossener Bauweise errichtete. Das kooperative Wohnmodell –
Kochen, Waschen und andere Haushaltungsarbeiten erfolgten
durch eine Zentrale – sollte der relativen Beengtheit der Einzel-
häuser abhelfen und allen Bewohnern einen wenn auch kleinen
Anteil an dem sonst der Oberschicht vorbehaltenen Komfort und
Luxus verschaffen. Howard, der selbst eine Zeitlang in der genossenschaftlichen Anlage, genannt *Homesgarth House*, lebte, schilderte das Projekt:

«In der Küche werden alle wichtigen Mahlzeiten für die Bewohner der 48 Wohnungen von einem erfahrenen Koch mit seinen
Küchengehilfinnen zubereitet; vom angrenzenden Anrichteraum
aus werden die fertigen Mahlzeiten in eigens dafür hergestellten
Körben oder gegebenenfalls in Warmhaltebehältern an die Mieter
durch die Wirtschafterin und ihre Gehilfinnen ausgegeben und
von den Mietern zu ihren eigenen Wohnungen gebracht und dort
serviert. Die Wohnungen haben nur Einrichtungen für die Zube-
reitung ganz kleiner Mahlzeiten und die Säuberung des kleinen
Geschirrs; das große Geschirr wird wieder in der Hauptküche ab-
gewaschen, die mit arbeitssparenden Gerätschaften bestens ausgestattet ist. Seitlich der Häuserflügel ist eine Kinderkrippe in einem
großen sonnigen Raum angegliedert. Dort waltet eine mütterliche
Pflegerin, und Zugang besteht zu einem günstig im Freien angeordneten Kinderspielplatz. Ferner gibt es, ebenfalls günstig angeordnet, ein Waschhaus mit allen erdenklichen Einrichtungen.»[26]

Von *Homesgarth House* konnte nur ein Teil, insgesamt 48 Wohnungen, verwirklicht werden, da die meisten Wohnungssuchenden dem genossenschaftlichen Modell einen zwar weniger komfortablen, doch individuelleren Lebensstil vorzogen. Howard allerdings hielt die Zeit für gekommen, neue Formen des sozialen Lebens zu erproben. Nur durch Experimente, die das Gemeinschaftliche mit dem Individuellen verbinden würden, könne die Gesellschaft erneuert und verbessert werden.

Einem Orchester vergleichbar, das sich aus Leuten zusammensetze, die gemeinsam spielten, aber getrennt übten, werde «sich auch die Gesellschaft als die gesündeste und kräftigste erweisen, in der sowohl den Bestrebungen Einzelner wie auch denen der Gesamtheit Gelegenheit zur vollsten freiesten Entfaltung geboten wird.»[27] Das zukunftsfähigste Gesellschaftsmodell sei daher die Genossenschaft als demokratisch organisierte Selbsthilfeorganisation, zu der sich all jene zusammenschließen könnten, deren Interessen von den politisch mächtigen Gruppierungen nicht vertreten würden. Nur durch gemeinsame Anstrengung werde es, davon war Howard überzeugt, den von der Industriegesellschaft Benachteiligten gelingen, den ihnen zustehenden Anteil am Wohlstand zu erkämpfen.

Howards Idee genossenschaftlicher Kooperation scheint dem Modell der freien Gemeinschaften verpflichtet, mit denen Pjotr Kropotkin, russischer Sozialist und Anarchist, den neuen Menschen einer neuen Gemeinschaft schaffen wollte. Kropotkin, den russischen Kerkern entflohen, hatte das Modell 1902 in England unter dem Titel *Gegenseitige Hilfe in der Entwicklung* propagiert. Es sah ein System wirtschaftlicher Kooperation von unten vor, das in vollständiger Gütergemeinschaft und ohne Zentralregierung eigenständig organisiert sein sollte, wobei die Trennung in intellektuell und manuell Arbeitende ebenso aufgehoben sein sollte wie der Gegensatz zwischen Stadt und Land.

Viele genossenschaftliche Modellversuche, das war Howard klar, waren bereits gescheitert, und ihr Scheitern ermunterte nicht dazu, neue zu wagen. Doch genossenschaftliche Experimente könnten durchaus erfolgreich verlaufen, wenn sie den Hauptfaktor solcher Unternehmungen, nämlich die menschliche Natur, besser

studieren und beachten würden. Der Mensch sei von Natur aus
von Gemeinsinn und Individualismus gleichermaßen geprägt.
Auch wenn er von individuellem Erwerbstrieb, schöpferischem
Schaffensdrang, persönlichem Ehrgeiz und Streben nach Unabhängigkeit beherrscht sei, würde sich der Mensch doch auch an
der Arbeit eines gemeinschaftlichen Werks beteiligen, wenn er
selbst leitend und regulierend mitwirken könne. Da er sich nicht
gern in große Organisationen zwängen lasse, deren Leitung über
seinen Kopf hinweg geschehe und in denen er nur ein Rädchen im
Getriebe sei, könnten letztlich nur solche Organisationsformen
erfolgreich sein, die wie die Gartenstadt dem Einzelnen keine unnötigen Beschränkungen auferlegten und ihn in führender Funktion am Gemeinschaftszweck beteiligten.

Für Howard war die in Letchworth realisierte Gartenstadt
Ausdruck für «das lange zurückgedämmte Streben nach einem
schöneren und edleren Leben, nicht im Himmel, sondern auf
Erden.»[28] Viele dachten wie er und wurden von diesem ungewöhn-
lichen Experiment angelockt. Vor allem Anhänger der verschiedensten Reformbewegungen, von denen es um 1900 nicht wenige
gab, denn Reformgesinnung herrschte auf fast allen Gebieten. Auf
der Suche nach einer naturgemäßen Lebensweise entwarf man
das Reformkleid, ein untailliertes Kleid, das das Korsett entbehr-
lich machte, entwickelte die Reformkost, die naturbelassene
Nahrungsmittel mit vollem Anteil an Ballaststoffen verwendete,
und erprobte die Reformpädagogik, die die Erziehung vom Kind
aus betrieb. Besonders die Antialkoholiker konnten in Letchworth einen großen Erfolg verzeichnen: Es gab keine Wirtshäuser
und Brauereien. Dreimal lehnte die Mehrheit der Einwohner
per Abstimmung die Vergabe entsprechender Konzessionen ab,
und laut Polizeibericht gab es in der Stadt keine Fälle von Trun-
kenheit.

1909 unternahmen über 200 Mitglieder der Deutschen Garten-
stadt-Gesellschaft eine Studienreise nach England, die in einem
opulent gestalteten Buch dokumentiert wurde. Sie besuchten Letchworth, und die Stadt wirkte auf sie wohl wie ein Evangelium, wie
die Botschaft vom Kommen eines Zukunftsreiches. Hans Kampffmeyer, einer der Vorsitzenden der Deutschen Gartenstadt-Gesell-

schaft, schrieb 1909: «Nur zehn Jahre sind seit dem Erscheinen von Howards Buch verstrichen, und schon sind seine Vorschläge, die die meisten erst als Utopien belächelten, in Letchworth verwirklicht. Die Bewegung, zu der sein Buch den Anstoß gab, hat sich die Sympathien weiter Bevölkerungskreise errungen und ist eine Macht im öffentlichen Leben geworden, die auf das Streben der einzelnen und die Tätigkeit der Genossenschaften, auf die Wohnungspolitik der Gemeinden und die Gesetzgebung des Staates einen stets wachsenden Einfluß gewinnt.»[29]

Doch Howards Hoffnung, die er auf das Modell der Gartenstadt und das realisierte Experiment Letchworth gesetzt hatte, erfüllte sich nicht. Nur eine weitere Gartenstadt wurde in England gegründet. Die Landflucht und das weitere Anwachsen der großen Städte konnten nicht gestoppt werden, und auch die Industrie zog nur in bedingtem Ausmaß aufs Land. Der Gartenstadtgedanke verbreitete sich zwar rasch in ganz Europa, doch entstanden nur Gartenvorstädte: Stadtteile mit viel Grün, geschwungenen Straßen und Einfamilienhausbebauung im ländlichen Stil. Howards eigentliche Idee, dezentral angelegte Städte mit eigener wirtschaftlicher Existenzfähigkeit sowie Grund und Boden in gemeinsamem Besitz, wurde nicht weiter verfolgt.

1928 starb Ebenezer Howard in seiner zweiten Gartenstadt Welwyn, hoch betagt und kurz zuvor in den Adelsstand erhoben. Er war Erfinder und Prediger in einer Person. Mittelgroß, stämmig und meistens schlecht gekleidet, habe er, meinte George Bernard Shaw, ausgesehen wie «irgendein unbedeutender älterer Herr, den die Börse als einen lächerlichen Projektemacher abgelehnt hätte.»[30] Doch sobald Howard redete, enthusiastisch und mit voller Stimme, beherrschte er jede Versammlung und vermochte immer wieder neue Anhänger zu mobilisieren. Für den amerikanischen Historiker Lewis Mumford waren die zwei wichtigsten Erfindungen des 20. Jahrhunderts das Flugzeug und die Gartenstadt. «Das Flugzeug gab dem Menschen Flügel, und die Gartenstadt versprach ihm eine bessere Heimstätte, wenn er wieder auf die Erde herunterkommen würde.»[31]

«Jeder Geist baut sich selbst seine Behausung auf, und jenseits seiner Behausung eine Welt und jenseits seiner Welt einen Himmel (...) Baue darum deine eigene Welt!»
*Ralph Waldo Emerson, Nature*

## Präriehäuser – Das Robie-Haus in Chicago
Frank Lloyd Wright | 1909–10

Die Lektüre des Romans *Notre-Dame de Paris* von Victor Hugo sollte bei dem jungen Frank Lloyd Wright (1869–1959) einen bleibenden Eindruck hinterlassen. Besonders das berühmte zweite Kapitel des fünften Buchs hatte es ihm angetan, in dem Hugo den Verfall der großen Mutterkunst Architektur beklagte. Kärglich, blutarm und nichtig sei sie geworden, nichts habe sie mehr auszusagen, als jämmerliche Bettlerin schleppe sie sich von Abklatsch zu Abklatsch. Nie mehr könne die Architektur Meisterin der Künste und die große Kunst der Gemeinschaft sein. Doch vielleicht, so Hugos leise Hoffnung, wolle es das Schicksal, daß im 20. Jahrhundert ein genialer Architekt auftrete und die Architektur wieder aufblühe.

Seit dieser Lektüre beklagte auch Wright den Verfall der Architektur, der sich in Beaux-Arts-Formalismus und travestieartiger Verwendung von Elementen französischer Châteaus und englischer Landhäuser ausdrücke, und noch in hohem Alter erinnerte er sich leidenschaftlich: «Mein Gefühl für das ganze Unglück hatte in mir bereits Haß gegen den Pfeiler, gegen die Säule als Selbstzweck, gegen den Giebel und den Erker erweckt, kurzum gegen alle architektonischen Paraphernalien der Renaissance.»[32]

Hugos schonungslose Kritik an der degenerierten Architektur seiner Zeit machte Wright klar: Architektur kann, will sie Kunst sein, keine Nachbildung, kein Abklatsch vergangener Formen sein. Aber Hugos Prophezeiung ließ ihn auch hoffen: Vielleicht war er selbst der vom Schicksal gesandte geniale Architekt, dem es gelingen könnte, die Architektur wieder zum Blühen zu bringen, und vielleicht war Amerika das neue Land, in dem die neue Blüte aufgehen konnte.

Frank Lloyd Wright entstammte einer ländlich und protestantisch geprägten Familie. Der Vater war Baptistenpfarrer und Musiklehrer, die Mutter, die früh beschlossen hatte – Wright meinte schon während ihrer Schwangerschaft –, daß ihr Sohn einmal ein berühmter Architekt werden sollte, war Lehrerin. Sie hatte ihn schon als Kind mit den Schriften von Walt Whitman, Henry David Thoreau und Ralph Waldo Emerson, den führenden Protagonisten der *American Renaissance,* bekannt gemacht, die ihn ein Leben lang begleiten sollten. Um Emerson hatte sich 1836 der Klub der Transzendentalisten gebildet, ein Kreis gleichgesinnter, befreundeter Männer und Frauen, die antiklerikal und antikalvinistisch dachten. Sie glaubten, daß sich die wahre Religion nicht in den Buchstaben der Vorschriften, sondern in den Herzen der Menschen finde, und waren Teil der liberalen Bewegung, die sich für die Befreiung der Frauen, der Kinder und der Schwarzen einsetzte.

Für Walt Whitman, Wrights Lieblingsdichter, der sich selbst in *Grashalme* den «Sänger der Persönlichkeit» nannte, war das amerikanische Ideal die Demokratie und mit ihr die Freiheit des Einzelmenschen. «Ich verkünde natürliche Menschen, die kommen werden, / Ich verkünde Triumph der Gerechtigkeit, / Ich verkünde unbestechliche Freiheit und Gleichheit.»[33] Er verkündete auch, daß ein freies Volk tätiger Menschen entstehen werde, das auf die Entstehung einer großen und unabhängigen Klasse kleiner Grundbesitzer hoffen ließ, für Whitman notwendige Grundlage jeder wirklichen Demokratie.

Wie Whitman hielt auch Wright die Freiheit des Einzelnen, sein eigenes Leben ohne Konformitätszwang und Normierung leben zu können, unabhängig und in frei gewählter Gemeinschaft, für zwingend erforderlich. Eine Gesellschaft, die ein würdiges Ganzes bilden will, schrieb er 1910 in *Über Architektur,* muss sich aus Einzelwesen zusammensetzen, «die nicht von außen durch ein Joch aneinander gefesselt sind, sondern von innen vereinigt sind, mit der Berechtigung, sich in Einheit zu bewegen, jedes in seinem eigenen Bereich, doch so, daß dieses Recht in höchstmöglichem Grade für alle bewahrt bleibt.»[34]

Alle Menschen hätten, so stehe es in der amerikanischen Unabhängigkeitserklärung, von ihrem Schöpfer unabdingbare Rechte mitbekommen: das Recht auf Leben, Freiheit und Glück. Aufgabe einer demokratischen Regierung sei es, jedem Bürger diese Rechte zu garantieren. Jeder Amerikaner habe somit Anspruch auf die Unabhängigkeit seines Heims, wo er, eine Art Pionier, seinem Charakter, seinem Geschmack und seinem Stil gemäß leben könne, ohne auf formale Traditionen oder nachbarliche Konventionen allzu viel Rücksicht nehmen zu müssen, allein seinen eigenen Ideen und der ihn umgebenden Natur verpflichtet. Jeder Mensch habe in Amerika das unveräußerliche Recht, in seinem eigenen Heim nach seiner eigenen Weise zu leben.

Dieses Recht sah Wright nun in ernster Gefahr. Zum einen durch die Nachahmung Europas in der Architektur, wie sie die Weltausstellung in Chicago 1893 wieder einmal gezeigt habe, zum anderen durch die zunehmend unkontrollierte Herrschaft der Maschine über das Leben des Menschen. Statt ihm Behagen und Hilfen für ein besseres Leben zu bringen, bedrohe die Maschine das menschliche Glück, da sie den Menschen durch die gleichförmige Arbeit an ihr selbst zur seelenlosen Maschine mache und ihre standardisierten Produkte ihn normierten.

Eine Rettung aus der Gefahr sei nur möglich, wenn man die Maschine richtig gebrauche und eine eigene amerikanische Kultur verwirkliche. Zum Retter sei, glaubte Wright, vor allem der Architekt berufen, der als schöpferischer Künstler zugleich Dompteur der Maschine und Retter der Kultur sein könne und so zum Befreier der Menschen tauge. Pflicht des Architekten sei es daher, gegen die standardisierte Verleumdung des freien Individuums zu kämpfen, und ihm allein, als kompetentem Interpreten seiner Zeit, sei es gegeben, die Gebäude für das naturgemäße und damit wahre Leben freier Menschen in einer freien Gesellschaft zu schaffen.

«Ich liebte Architektur als romantische und prophetische Wegweiserin zum wahren Leben; einem Leben, das heute wieder herrlich aufblüht wie einst in den großen antiken Kulturen. Wir waren jetzt freie Menschen? Nun, dann sollte sich der Architekt unter uns als von diesem Geist beseelt erweisen, als freier Führer freier Menschen in unserem neuen freien Land. Alle zu errichtenden Gebäude sollten der Befreiung der Menschheit dienen, sollten das Leben des Einzelmenschen befreien.»[35]

Dieser großen Aufgabe hat Wright sein frühes Werk gewidmet, und die Wohnhäuser, die er in den Vororten Chicagos wie Oak Park und Riverside baute, sind – eine Art «Protest in Ziegel und Mörtel» – die bauliche Manifestation dieses Befreiungsversuchs. Sie liegen in erreichbarer Entfernung zur City, bieten Ruhe vor dem Lärm der Großstadt und Nähe zur Natur. Sie wurden «Präriehäuser» genannt, da sie aussahen, als wären sie für die sanfte Hügellandschaft der Prärie des Mittleren Westens gebaut, vielleicht aber auch, weil Prärie für Wright wie für viele Amerikaner eine Metapher des Neuen war. Schon Walt Whitman hatte prophezeit, daß aus den Prärien des Westens ein neuer Mensch – der Adam Amerikas – hervorkommen und all das Neue, das man ersehne, schaffen werde.[36]

Das erste der Präriehäuser war das Winslow House, das 1894 entstand; aber das bekannteste und eines der berühmtesten Gebäude Amerikas überhaupt wurde das Robie-House, benannt nach seinem Bauherrn Frederick C. Robie. Mr. Robie, ein wohlhabender Fahrradfabrikant, war ein Bauherr, der genau wußte, was er wollte. Die Materialien seines Hauses sollten feuersicher sein, die Räume zusammenhängend in Form von langen Hallen mit schachtelartigen Unterteilungen, Eisenbahnabteilen vergleichbar, um möglichst wenig wertvolle Fläche zu verlieren, und vor allem: Innen und außen sollte nichts Überflüssiges am Haus sein. Mr. Robie war kein Freund von Staub und Staubfängern; er wollte keine dunklen Schränke, in denen sich Motten und Abfall sammelten, sondern offene Kleiderkabinette. Er wollte viel Licht im Winter und Schatten im Sommer, und er wollte, daß das Spielzimmer der Kinder im Erdgeschoß lag, um die Sturzgefahr durch ständiges Treppensteigen zu verringern.

Frederick C. Robie zeichnete seine Ideen auf sechs Blätter säuberlich auf und gab sie befreundeten Architekten zur Beurteilung. Sie dachten, erzählte er noch in hohem Alter, er sei verrückt geworden, und erklärten, daß sie so etwas nicht bauen würden.

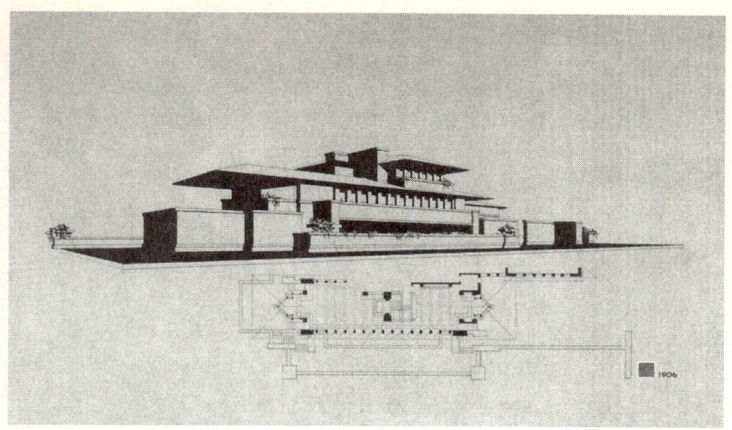

Robie-Haus Chicago, Grundriß und Isometrie

Doch Robie ließ nicht locker, es war schließlich sein Geld, und er wollte genau das haben, was er sich vorstellte. Er erkundigte sich nach den erfolgreichsten Architekten für Wohnhäuser, suchte mehrere von ihnen auf und traf schließlich Wright. «Und ich dachte, okay, wenn er ein Spinner ist und ich auch, dann kommen wir vielleicht ganz gut klar.»[37] Eine Vermutung, die sich als richtig herausstellen sollte.

Das Robie-Haus ist im Unterschied zu den meisten anderen Prähäusern ein Stadthaus, besitzt aber alle ihre Eigenschaften. Auf einem langen, schmalen Grundstück liegt ein langgezogenes Gebäude mit drei Stockwerken und flach geneigten Satteldächern. Es gibt ein Sockelgeschoß auf ebener Erde mit einem Spielzimmer für die Kinder, einem Billardzimmer, Hauswirtschaftsräumen und einer Garage, darüber das Hauptgeschoß mit einem offenen, nur durch den Kamin und die Treppe unterteilten Wohnraum, Küche und Räumen für die Angestellten und ein weiteres kleines Obergeschoß mit den Schlafräumen. Der Wohnraum ist dreiseitig verglast, ihm vorgelagert sind Terrassen und bepflanzte Balkonbänder. Der Bau ist eine Konstruktion aus Ziegel und Naturstein, mit rotem Ziegeldach, kupfernen Dachrinnen und Fenstern aus Eichenholz.

Alles ist auf die Horizontale ausgerichtet: der breit gelagerte Baukörper, die Fensterbänder, die flach geneigten Dächer mit ihrem großen Überstand, die niedrigen Geschoßhöhen, die horizontalen Mörtelfugen; der Mörtel steht in den vertikalen Fugen bündig und in den horizontalen zurückgesetzt. Alles ist auf das Fließen des Raums ausgerichtet: Die Räume gehen ineinander über und haben sich von der Konstruktion abgelöst. Die Außenmauern sind keine tragenden, überwiegend geschlossenen Flächen mehr, sondern gleichen Wandschirmen, die den Außenraum entweder einbeziehen oder ausschließen.

Das Robie-House zeigt wie fast alle Präriehäuser Wrights den Einfluß eines weiteren Heroen seiner Jugend: Henry David Thoreau. Thoreau, radikaler Nonkonformist und Individualist, predigte leidenschaftlich gegen die «schreiende Sünde des Zeitalters», den mangelnden Glauben an das Vorrecht des Individuums, und rief mehr oder weniger zum Aufstand des Einzelnen gegen den Staat auf. Zwei Jahre und zwei Monate lang lebte er als «Nachbar der Vögel» am Waldensee in der Nähe von Concord, Massachusetts in einem selbstgezimmerten Blockhaus, um in Erfahrung zu bringen, ob und wie die freie Entfaltung der Persönlichkeit mit dem geringsten materiellen Aufwand erreicht werden kann. Er schrieb über dieses Experiment eine Art Versuchsprotokoll: *Walden oder Leben in den Wäldern*, das 1854 erschien.

Um frei zu sein, stellte Thoreau fest, müsse der Mensch materielle Bindungen aufgeben, müsse sich frei machen von unaufhörlicher Sorge und sich vor allem seine ureigensten Lebensbedürfnisse wieder vor Augen führen, die primär aus Nahrung und sekundär aus Wohnung, Kleidung und Brennmaterial bestünden. Was darüber hinaus gehe, sei Luxus und Bequemlichkeit und «ein Hindernis für den Aufstieg des Menschengeschlechts.»[38]

Da der Mensch nicht mehr in Höhlen oder Wigwams leben könne, brauche er, so Thoreau, ein Haus, und Material hierfür sei in der Natur im Überfluß vorhanden: Holz, Lehm, Steine und Sand. Einen Keller soll das Haus haben, um die Vorräte zu lagern, ein Dach, um den Regen abzuhalten, und einen Kamin in der Mitte, der auf dem Boden stehend sich durch das Haus dem Himmel entgegen hebt. Räume sollen oben mit Balken bedeckt sein, damit am Abend flackernde Schatten um sie spielen und so ein natürliches Schauspiel bieten, das angenehmer sei als Freskomalerei oder kostspielige Einrichtung.[39]

In allen seinen Präriehäusern verwandte Wright bevorzugt natürliche Materialien, die er unkaschiert ließ. Wright mochte zwar keine Keller – die gehobene Mittelschicht Chicagos hatte wohl auch keine Vorräte einzulagern –, doch das Dach bildete er gleichsam überdeutlich als Symbol des Schutzes vor den Unbilden der Natur weit überstehend aus. Auch der Kamin in der Mitte fehlt in fast keinem der Häuser, und die Balken der Decken und Dächer ließ er meist sichtbar.

Alle Räume des Hauses wie Küche, Kammer und Wohnzimmer, so Thoreau, sollen in einem Raum vereint sein, denn so erscheine auch eine kleine Wohnung groß. Bisweilen träume er von einem großen Haus für viele Bewohner, das aus dauerhaftem Material und ohne «Lebkuchenverzierung» gebaut sei und nur aus einer weiten, rohen, festen, primitiven Halle bestehe. Er denke dabei an ein Haus, «wo die einen am Kamin, die andern in der Fensternische und wieder andere auf Sesseln, die einen am einen und die anderen am anderen Ende der Halle und wieder andere, wenn es ihnen Vergnügen macht, bei den Spinnen auf den Balken hausen können.» Ein solches Haus wäre ein gemütliches Heim, «in dem man wirklich ist, wenn man die Haustüre aufgemacht hat, womit alle Zeremonie abgetan ist; wo der müde Wanderer sich waschen, essen, sich unterhalten und schlafen kann, ohne daß er eine weitere Reise unternehmen muß; ein Obdach, wie man es in einer stürmischen Nacht freudig begrüßt, das alles Wesentliche eines Hauses enthält und nichts zum Haushalten.»[40]

Wright baute seine Präriehäuser nicht in erster Linie für Repräsentation und gesellschaftliche Anlässe, sondern als Heim der Familie und als Hintergrund und Rahmen für deren alltägliches Leben. Er gab ihnen mit der Wohnhalle einen Raum, der großzügig wirkte und die verschiedenen Funktionen des Wohnens in sich und alle Bewohner unter seinem Dach vereinte.

Das Haus, so Thoreau, müsse von innen nach außen gestaltet sein. Alles, was er jetzt an architektonischer Schönheit verwirklicht sehe, sei allmählich von innen heraus und damit aus den Bedürfnissen und Eigentümlichkeiten der Bewohner gewachsen, welche die eigentlichen Baumeister seien, «aus unbewußter Wahrheitsliebe und Vornehmheit heraus, ohne einen Gedanken an das Aussehen.»[41]

Wright nahm, auch wenn er die Präriehäuser für seine Auftraggeber bis ins Detail selbst gestaltete und auf das Aussehen großen Wert legte, durchaus Rücksicht auf deren Bedürfnisse. Er sah sich als einfühlsamen Psychologen, der recht eigentlich die Natur seines Auftraggebers verstand, und als erfahrenen Dolmetscher, dem es oblag, dem Bauherrn die aus seiner Natur resultierenden Bedürfnisse zu vermitteln. «Jeder Architekt ist verpflichtet, seinen Klienten, soweit seine Geschicklichkeit und seine Befähigung reichen, auf den Standpunkt zu bringen, den er als professioneller Ratgeber für den fundamental richtigen hält.»[42]

Vorbildlich seien, so Thoreau, die bescheidenen Blockhütten der Pioniere und die Häuschen der einfachen Leute. Da sie von ihnen selbst innen und außen der Wahrheit gemäß gebaut wurden, seien sie wohlgestaltet. Erst wenn das Leben des Vorstadtbewohners wieder einfach werde und er zu den Wurzeln des Pionierlebens zurückkehre, könne sein Haus ebenso schön und gemütlich werden.

Nun erinnern die Präriehäuser, die Wright seinen wohlhabenden Auftraggebern baute, kaum an die bescheidenen Blockhütten der Pioniere. Doch mit den ins Bürgerliche gewendeten Motiven von Halle und Kaminplatz versuchte er, an das einfache Leben und die intime Häuslichkeit der Pionierzeit anzuknüpfen. Das Heim sollte für den Einzelnen und die Familie wieder zu einer Zufluchtsstätte werden – nun allerdings weniger gegen die feindliche Natur als vielmehr gegen die reglementierte Außenwelt der sich industrialisierenden Gesellschaft.

Die Welt der Vorstädte, in denen Wright seine Präriehäuser baute, war selbst eine Zufluchtsstätte, eine Insel der Seligen inmitten einer expansiv wachsenden Stadt. Hatte Chicago 1850 noch 30000 Einwohner, so 1900 bereits 1,7 Millionen, von denen 75% nicht in den USA geboren waren. Chicago war zu dieser Zeit geistiges und wirtschaftliches Zentrum des Mittleren Westens, Eisenbahnknotenpunkt, bedeutendes Handelszentrum mit Schlacht-

höfen, Getreidesilos, Großmühlen, Maschinen- und Konsum-
güterfabriken, geprägt vom hektischen Rhythmus der Maschinen,
von zyklischen Wirtschaftskrisen, sozialen Verwerfungen, blu-
tigen Arbeitskämpfen und massiver Zuwanderung.

Chicago galt vielen als die amerikanische Stadt schlechthin, als
«Quintessenz des Amerikanismus» mit seinem Schneller, Höher,
Größer und seinem entschlossenen Unternehmertum, aber auch
mit seinen Schattenseiten: der Oberflächlichkeit, dem hastigen
Tempo, dem hemmungslosen Streben nach Wohlstand, der Nei-
gung zum Sensationellen, der Mechanisierung der Arbeit und des
Lebens, der Ausbeutung der Natur und des Menschen. Nicht ohne
Grund ließ Bertolt Brecht 1929 sein Schauspiel *Die heilige Jo-
hanna der Schlachthöfe*, das von den finsteren Zeiten verordneter
Unordnung, planmäßiger Willkür und entmenschter Menschheit
handelt, im kapitalistischen Sündenbabel Chicago spielen.

Während in die Großstädte eine neue Wildnis einzog, zivilisierten sich die Vorstädte, in denen Wright seine neuen Präriehäuser baute. Hier wohnte das freie Individuum, dessen Freiheit auf
dem sicheren Besitz von Grund und Boden beruhte, das ein Heim
im Grünen und, um den Arbeitsplatz in der City zu erreichen, ein
Auto sein eigen nennen konnte. Als freies Individuum kam daher
nur der wohlhabende Bürger der Mittelschicht in Frage, denn die
Demokratie, so hatte schon Whitman erklärt, «verlangt nach
Männern und Frauen, die einen Beruf haben und in guten Verhältnissen sind, nach Eigentümern von Haus und Grund, mit Geld auf
der Bank.»[43]

Wright schaute mißtrauisch auf die Armen und Erwerbslosen,
und der Mangel der niederen Klassen machte ihm Angst. «Jegliche
Armut betrachte ich mit tiefem Angstgefühl als eine Art Strafe,
die auf dem Mangel wuchert.»[44] Eine Einstellung, die nicht verwundert, bedenkt man das protestantische Milieu, in dem Wright
aufgewachsen war und das ihn wohl glauben ließ, daß der Mensch
auf Erden tätig und wohlhabend sein muß, um seines Gnadenstandes sicher zu sein. Da nur Arbeit der Mehrung von Gottes
Ruhm dient, wird sie Selbstzweck des Lebens überhaupt, und der
mit ihr erworbene Reichtum zeigt, wie weit es der Einzelne in
dieser Disziplin gebracht hat. Armut aber kommt als Strafe über

den, der untätig bleibt und seine Zeit vergeudet. Die Arbeitsunlust ist für den Protestanten, so Max Weber, «Symptom fehlenden Gnadenstandes.»[45]

Wright konnte die Fertigstellung des Robie-Hauses nicht mehr verfolgen. Während der Bauzeit ging er eine Liaison mit Mamah Borthwick Cheney ein, der Frau eines Klienten, und reiste mit ihr nach Europa. Er verbrachte ein Jahr in Florenz und betreute die Publikation seiner Bauten und Projekte durch den Berliner Wasmuth-Verlag. Das Buch, das 1910 erschien, und eine große Ausstellung seiner Bauten und Projekte in Berlin machten Wright und sein Werk in Europa schlagartig berühmt und beeinflußten die europäischen Architekten der nächsten Jahrzehnte nachhaltig. Viele sprachen noch im Rückblick ihres Lebens mit Bewunderung von Wrights unvergleichlichem Talent, von der Kühnheit seiner Entwürfe und der Unabhängigkeit seines Denkens. Sein Werk habe auf Europa gewirkt, als ob jemand in einem dunklen Raum die Läden geöffnet und den Raum mit Licht überflutet habe.

Begeistert vom Werk Frank Lloyd Wrights war auch Hendrik Petrus Berlage, der 1911 für zwei Monate in die Vereinigten Staaten gereist war und einige seiner Bauten besichtigt hatte. Er nannte Wright in einem Vortrag vor dem Zürcher Ingenieur- und Architektenverein einen Architekten, dessen Werk einen jeden mit Achtung erfüllen müsse. Seine Landhäuser besäßen eine ungemein große Anziehungskraft, man empfinde unwillkürlich den Eindruck des innigsten Wohlbehagens. Sie ließen erkennen, daß in Amerika eine neue Architektur heranwachse, die von großer Originalität und Erfindungskraft sei und für die Zukunft der Architektur insgesamt eine große Entwicklung verspreche. «Man kann in Bezug auf diese Landhäuser, äußerlich sowie innerlich, doch wohl von Originalität reden und daher von einer ursprünglichen amerikanischen Architektur, indem derartiges in Europa doch wohl nicht zu finden ist.»[46]

«Die Menschen suchen Ornamente, Verschnörkelungen, Zieraten (ein ekel-
erregendes Wort), weil sie zu ihren eigenen, in sie von Gott gelegten Para-
dieseeinfachheiten noch nicht vorgedrungen sind!»
*Peter Altenberg, Neues Altes*

## Haus ohne Augenbrauen – Das Haus am Michaelerplatz in Wien
Adolf Loos | 1909–11

Eines Tages, berichtet Adolf Loos (1870–1933) in *Mein erstes Haus*,
sei ihm die ehrenvolle Aufgabe zuteil geworden, in Montreux, am
schönen Ufer des Genfer Sees, ein Portierhäuschen zu errichten.
Er wollte es wie die alten Bewohner des Sees machen und es aus
den Steinen bauen, die am Ufer herumlagen. «Wer beschreibt daher mein erstaunen, als ich zur polizei vorgeladen und gefragt
wurde, wie ich, ein fremdling, ein solches attentat auf die schönheit des genfersees verüben könne. Das haus sei viel zu einfach.
Wo blieben die ornamente? Mein schüchterner einwand, daß der
see selbst ja bei windstille glatt und überhaupt ohne ornamente sei
und doch von manchen menschen für ganz passabel erklärt werde,
richtete nichts aus. Ich erhielt eine bescheinigung, daß die errichtung eines solchen bauwerkes wegen seiner einfachheit und daher
häßlichkeit verboten sei.»[47]
  Loos ging beglückt und selig nach Hause, da er fand, daß
niemand sein Künstlertum glaubwürdiger bestätigen könne
als die Polizei. Doch ihm war klar, daß er wohl kaum einen Bauherrn finden würde, der verrückt genug war, ein Haus bei ihm
zu bestellen und sich mit der Baupolizei anzulegen. Eines Tages,
er war immerhin schon 40 Jahre alt und hatte sich vorwiegend
mit Wohnungseinrichtungen, Vorträgen und Aufsätzen über
Wasser gehalten, trat jedoch das Unerwartete ein und ein Bauherr
in sein Leben. Leopold Goldmann, der zusammen mit Emanuel

Haus am Michaelerplatz, Photo mit Bleistifteintragungen

Aufricht in Wien das exklusive Schneider- und Modegeschäft
Goldmann & Salatsch betrieb, beauftragte Loos, nachdem ein
1909 ausgeschriebener Wettbewerb kein befriedigendes Ergebnis
gebracht hatte, mit dem Entwurf für ein neu zu errichtendes
Geschäftshaus am Michaelerplatz.

Alles ließ sich wider Erwarten gut an. Die Bauantragspläne
wurden von dem Architekten Ernst Epstein gezeichnet, dem Loos,
der selbst nicht zeichnen konnte, die Ausführung übertragen
hatte, und mit konventionellen Fassaden versehen eingereicht. Am
11. März 1910 wurde die Baugenehmigung erteilt und unverzüglich
mit dem Bau begonnen. Loos begab sich auf Reisen. Er reiste nach
Algier und Marokko, nach Griechenland und Italien, immer auf der
Suche nach geeigneten Marmorsorten für den Bau. Im Juli 1910
wechselte Epstein in Absprache mit dem Bauamt die Fassadenpläne
im Bauantrag aus. Die neuen Fassaden waren nun flächig ohne Um-
rahmungen und Gesimse, reine Lochfassaden ohne jeglichen Dekor. Lediglich horizontale Bänder, die zeigen sollten, wie die Fassaden eventuell dekoriert werden könnten, wurden eingezeichnet.

Doch als zwei Monate später die Obergeschosse glatt verputzt und die Gerüste abgebaut waren, wurde die Baustelle von der Baupolizei stillgelegt. Das Stadtbauamt forderte die Ausführung der in den Plänen eingezeichneten horizontalen Bänder, Loos lehnte ab. Er könne ein Haus, das unten auf Marmorsäulen stehe, nicht auch noch oben reich verzieren. Außerdem müsse er erst die Gesamtwirkung prüfen, bevor er eventuell da und dort noch ein Element hinzufügen könne. Er schlug vor, die Wirkung des Marmorsockels abzuwarten und erst dann über die Ausgestaltung der oberen Fassade zu entscheiden. Eine Kommission des Bauamts besichtigte die Baustelle und hob das Bauverbot auf.

Die Stillegung des Baus hatte mittlerweile die Öffentlichkeit mobilisiert. Es kam zu Massenansammlungen vor Ort, und die Presse berichtete ausführlich. Die glatten Fassaden in prominenter Lage gegenüber der Hofburg mitten in der barocken Wiener Innenstadt erregten die Gemüter vom einfachen Mann auf der Straße bis zur höchsten Spitze, dem 80jährigen Kaiser Franz-Joseph, der erklärte, er könne nicht mehr aus den Fenstern seiner Hofburg hinausschauen, weil ein gewisser Herr Loos ihm dieses Haus hingestellt habe. Hunderte mehr oder weniger qualifizierte Architekturkritiker traten auf den Plan und veröffentlichten ihre meist apodiktischen Urteile in der Presse.

Unwienerisch sei das Haus, bizarr und häßlich. Sie nannten es das «Kanalgitterhaus», «das Haus ohne Augenbrauen», «die Mistkiste», und die *Neue Freie Presse* schrieb: «In den öden Fensterhöhlen wohnt das Grauen».[48] Ebenfalls in der *Neuen Freien Presse* konnte man lesen: «So allgemeines Mißfallen hat selten ein Bauwerk hervorgerufen, nicht einmal das ‹Krautköpfl› der Sezession. Es ist aber auch von der untersten Schwelle bis zum Dachfirst nicht ein wienerischer Zug an dem neuen Hause zu entdecken. Erdgeschoß und Halbstock eitel Marmor (...) darüber aber eine kahle Mauer ohne den Schatten eines Ornaments, von ganz schmucklosen Fensterlöchern durchbrochen, eine trostlose Dürftigkeit über dieser Marmorpracht, unten hui und oben pfui, ein Armeleutestil auf einen Parvenustil aufgepfropft.»[49]

Rechthaberisch stehe das Haus da, pedantisch und schulmeisterlich, es verkünde missionarisch ein neues Schönheitsideal – die glatte Fläche der nackten Mauer. Das *Wiener Montags-Journal* schrieb, das Haus auf dem Michaelerplatz werde zeitlebens eine Ohrfeige für die Umgebung sein, und forderte Loos auf, in sich zu gehen, nicht eigensinnig an seinen Irrtümern festzuhalten und in Zukunft gesunde Ideen zu entwickeln.[50] In einem weiteren Beitrag nannte das Journal das Michaelerhaus ein «Gassenbubenstückchen der Architektur» und meinte: «Das Recht zur Kritik aber bleibt den Leuten, der Architekt hat zu schweigen, wenn er ein Künstler sein will. Und die kommen mehr zur Geltung, die über eine schlechte Kritik in den Tod gehen, als die sich mit einer rhetorischen Frechheit darüber hinwegsetzen.»[51] Eine geschmacklose Bezugnahme auf den Selbstmord des Architekten van der Nüll, der von der hämischen Kritik an seinem Neubau der Wiener Oper noch vor dessen Fertigstellung in den Tod getrieben worden war.

Loos dagegen behauptete, daß gerade er sich an den eigentlichen Baucharakter Wiens gehalten habe, da Wiener Bürger immer einfach gebaut hätten. Doch diesem Argument war, wie es scheint, wenig Erfolg beschieden, denn nun mischte sich auch die Politik in die Debatte ein. Der Gemeinderat Rykl bezeichnete in öffentlicher Sitzung das Haus als «ein Scheusal von einem Haus» und erklärte die Fassade zu einer Sache des Gemeinderats, die das Bauamt nicht allein entscheiden könne. Zwar unterstellten einige Rykl, der von Haus aus Kunststeinfabrikant war, er lehne die neue Baukunst und das Haus am Michaelerplatz nur deshalb ab, weil sie für sein Gewerbe geschäftsschädigend seien, doch mit seinem Antrag war die Sache der alleinigen Zuständigkeit des Stadtbauamtes entzogen. Der Bürgermeister erklärte die Fassade für provisorisch und setzte die Frist für die Fertigstellung auf Ende Januar 1911.

Ein Stadtrat, selbst Architekt, fertigte zusammen mit Ernst Epstein einen neuen Fassadenentwurf, den dieser im November 1910 beim Amt einreichte. Je zwei übereinander liegende Fenster wurden nun mit einer Umrandung zusammengefasst. Loos kündigte scheinbar resigniert an, daß das Haus im Sommer eine «schöne» Fassade bekommen werde, allerdings nicht von ihm. Der Stadtrat genehmigte die neue Fassade und legte fest, daß sie bis Ende Juni 1911 ausgeführt sein müsse, sonst würde sie die Gemeinde auf Kosten der Eigentümer selbst herstellen lassen.

Die Nutzungsgenehmigung wurde unter Auflage erteilt und 40000 Kronen als Sicherheit verlangt.

Der Streit um das Haus am Michaelerplatz war auch an der Fachwelt nicht spurlos vorbeigegangen. Die *Allgemeine Ingenieur-zeitung* schrieb im Oktober 1910: «Daß aber ein Gemeinderat seine subjektive Verkennung eines Kunstwerkes und seine Miß-achtung der künstlerischen Richtung und der Kunstprinzipien eines ernst strebenden Architekten in der rücksichtslosesten Form kundgibt und einen Bau öffentlich als scheußlich und kunstwidrig bezeichnet, dessen Bedeutung und städtebaulich-reformato-rischen Charakter er gar nicht erfaßt hat, das wird in unserer Stadt- und Kunstgeschichte immerdar als ein bleibendes Denkzeichen des niedrigen Standes unseres öffentlichen Kunstverständnisses dem Gedächtnis der Nachwelt erhalten bleiben.»[52] Der Grandsei-gneur der Wiener Architektenszene Otto Wagner verurteilte, vom *Neuen Wiener Journal* befragt, die Hetzkampagne. Er finde das Haus zwar nicht ganz einwandfrei, «aber eines kann ich Ihnen sagen: In den Adern seines Erbauers rollt mehr künstlerisches Blut als in denen der Erbauer manchen Palais, das man in Frieden gelassen, weil es so gar nichts zu sagen versteht.»[53]

Das Haus am Michaelerplatz war die konsequente bauliche Umsetzung der unorthodoxen These, die Loos 1908 in seinem so berühmt gewordenen Aufsatz *Ornament und Verbrechen* vertre-ten hatte. Die grassierende Ornamentseuche sei, behauptete er, eine Degenerationserscheinung und keineswegs auf der Höhe der Zeit. Denn das mache ja die Größe der Zeit aus, daß sie nicht imstande sei, ein neues Ornament hervorzubringen. «Wir haben das ornament überwunden, wir haben uns zur ornamentlosigkeit durchgerungen.»[54] Kein Ornament könne heute, da der dekora-tionswütige Indianerstandpunkt einmal überwunden sei, mehr geboren werden von einem, der auf der heute erreichten Kultur-stufe lebe, und Loos prophezeite im Ton eines Predigers aus der Wüste, daß die Straßen der Städte bald wie weiße Mauern glänzen würden.

Kämpfte Loos gegen das Ornament, so sein Freund und Mit-streiter Karl Kraus, der große Sprach-, Kultur- und Gesellschafts-kritiker, gegen die Phrase. Beide hatten sie den gleichen Feind, wenn auch in verschiedenen Erscheinungsformen. Wie für Loos das Ornament war für Karl Kraus die Phrase eine Degenerationserscheinung, Ausdruck der Verlotterung der Sprache und des Verfalls der Kultur. «Adolf Loos und ich, er wörtlich, ich sprachlich, haben nichts weiter getan als gezeigt, daß zwischen einer Urne und einem Nachttopf ein Unterschied ist und daß in diesem Unterschied erst die Kultur Spielraum hat. Die anderen aber, die Positiven, teilen sich in solche, die die Urne als Nachttopf und die den Nachttopf als Urne gebrauchen.»[55]

In seiner Zeitschrift *Die Fackel* verteidigte Karl Kraus Loos und sein Haus vehement. Loos habe auf dem Michaelerplatz den Wienern einen Gedanken hingebaut, die aber fühlten sich nur vor architektonischen Stimmungen wohl und hätten darum beschlossen, ihm die Hindernisse in den Weg zu legen, von denen er sie befreien wollte. «Die Mittelmäßigkeit revoltiert gegen die Zweckmäßigkeit. Die selbstlosen Hüter der Vergangenheit, die sich lieber unter dem Schutt baufälliger Häuser begraben sehen als in neuen leben möchten, sind nicht weniger empört, als die Kunstmaurer, die eine Gelegenheit schnackiger Einfälle versäumt sehen und zum erstenmal fühlen, wie sie das Leben als tabula rasa anstarre. Das hätten wir auch können! rufen sie, nachdem sie sich erholt haben, während er vor ihren Fassaden bekennen muß, daß er es nie vermocht hätte.»[56]

Loos habe erreicht, daß das Stehenbleiben der Wiener, nämlich vor dem Haus am Michaelerplatz, einmal einer Angelegenheit des Fortschritts gelte. Er habe Schluß gemacht mit dem Austapezieren des letzten Lebenswinkels, bei dem die Verschönerung der Wände die Verschlechterung des Betrachters zur Folge habe. Karl Kraus sah in den Angriffen gegen Loos eine Verschwörung gegen die Kunst überhaupt, die den Wienern ein Ärgernis sei, und den Versuch, eine Persönlichkeit, die ihre Begriffe übersteige, zu erdrücken. «Hier ist freilich auch eine Hetzarbeit geleistet worden, wie sie selbst in einem Milieu, dessen feiner Geschmack von einer ordinären Gesinnung noch unterstützt wird, nicht oft geleistet wurde.»[57] Kraus riet, die Fenster im Haus am Michaelerplatz fest verschlossen zu halten, damit die geistige Luft der Stadt nicht eindringen könne.

Die Luft drang nicht ein, und der Bauherr hielt fest zu seinem Architekten. Er bewies den Mut, sich als Inhaber eines exklusiven Schneidergeschäfts einem öffentlichen Skandal auszusetzen, und nahm die aus der Verweigerung der Nutzungsgenehmigung und der Forderung nach Sicherheiten drohenden finanziellen Einbußen in Kauf. Loos wußte ihm Dank dafür und erwähnte Leopold Goldmann in einem Vortrag öffentlich lobend: «Er stand, als ganz Wien über den Bau herzufallen schien, treu und unerschütterlich auf meiner Seite. Damals, als man meinte: Ganz Wien hat Geschmack und der Loos hat keinen.»[58]

Als der Termin für die Herstellung der «schönen» Fassade bedrohlich heranrückte – Loos befand sich gerade zur Erholung in Algier –, trat der Bauherr im Mai 1911 die Flucht nach vorn an und schrieb einen Wettbewerb zur Erlangung von Fassadenentwürfen aus. Dieser Wettbewerb wurde von der Fachpresse scharf kritisiert, und die Architektenverbände, die es für ein Unding hielten, die Arbeit eines lebenden Kollegen durch fremde Zutaten zu entstellen, forderten ihre Mitglieder zum Boykott auf. Das Ganze schien immer weniger eine Frage des künstlerischen Geschmacks als vielmehr des moralischen Anstands.

Der Wettbewerb scheiterte, und der Weg für Loos war frei. Er machte nun selbst einen neuen Fassadenvorschlag, immerhin war die Nutzungsgenehmigung noch nicht erteilt, und skizzenhafte Bleistifteintragungen auf einem Photo zeigen Blumentröge an den Fenstern der Obergeschosse. Der Vorschlag wurde der Presse vorgestellt und allgemein akzeptiert. Die *Reichspost* schrieb sogar anerkennend, der Architekt habe unter Beibehaltung der ursprünglichen Ideen eine geniale Versöhnung mit den vorgebrachten Bedenken herbeigeführt. Man war wohl der Ansicht, es sei an der Zeit, die ganze Sache zu beenden.

Loos, der wohl wußte, welch ein Affront sein Haus für die Wiener darstellte, hatte die Affäre anfangs mit Humor getragen und öffentlich erklärt, er wisse nicht, wie er dem Stadtbauamt für die Reklame danken solle, die es für ihn mit der Verweigerung der Nutzungsgenehmigung gemacht habe. Ein lang gehütetes Geheimnis sei dadurch ans Tageslicht gelangt: er baue ein Haus. Doch der Kampf kostete Kraft und Nerven. Im Juli 1911 mußte

Loos in ein Sanatorium gebracht werden, da durch die Aufregungen ein altes Magenleiden erneut ausgebrochen war. Er erholte sich nur langsam und wurde, so seine Frau Elsie Altmann in ihren Memoiren *Mein Leben mit Adolf Loos,* sein eigener Arzt. Er, der gute Küche durchaus zu schätzen wußte, habe nun jahrelang von Schinken und Schlagobers gelebt. In seiner Tasche trug er immer ein großes Stück Schinken, von dem er abbiß, wenn er Hunger hatte, und ein Fläschchen mit Obers, das er mehrmals täglich in der Milchhalle füllen ließ.

Allen Widrigkeiten zum Trotz kämpfte Loos weiter unermüdlich gegen das Ornament und alles Überflüssige, das er aus den Innenräumen und von den Fassaden der Häuser entfernen wollte, um die Menschen vom Ballast unnötiger Dinge und kunstgewerblicher Verhübschung der notwendigen Dinge zu befreien. Beides bedeutete für ihn Verschwendung, die unnötig Zeit, Kraft, Geld und Material koste. Sein Kampf galt vor allem späteren linken Kulturkritikern im Umkreis der Frankfurter Schule als repressiver Ausfluß bürgerlicher Arbeitsmoral, die alles unter den Gesichtspunkt der Rentabilität stelle und den Menschen nicht gebe, wessen sie bedürften. Doch Loos wandte sich mit seinen Entwürfen nur an die «Aristokraten», an die Menschen, die kulturell an der Spitze der Menschheit stehen. Für diese habe die Kunst das Ornament endgültig abgelöst. Den anderen aber, die diese Kulturstufe noch nicht erreicht hätten, gestand er durchaus Ornamente zu, da sie sie bräuchten und kein anderes Mittel hätten, um zu den Höhepunkten ihres Daseins zu kommen. Wer aber zur neunten Symphonie gehe und sich dann hinsetze, um ein Tapetenmuster zu entwerfen, sei entweder ein Hochstapler oder ein Degenerierter.[59]

Loos' Appell galt somit seinen meist bürgerlichen Bauherren, die er gut kannte und mit denen er nicht selten befreundet war. Sie wollte er auf eine höhere Stufe der Kultur heben, sie wollte er hinführen zur Wahrhaftigkeit eines Lebens, dem die maskenhafte Scheinexistenz abgelebter Ornamente unerträglich würde, sie stellte er vor die Wahl, «Senegalneger» oder ein «Mensch mit modernen Nerven» zu sein. Der Mensch mit den modernen Nerven, so Loos, verabscheue «instinktiv alles Unzweckmäßige, allen

Humbug, jeden unnötigen, mit unserer Lebensweise und unserem Lebenstempo unvereinbaren Schwindel. Der Mensch mit den modernen Nerven ist darum auch sparsam. Er wird es nicht ertragen, an irgendeine Sache mehr oder kostbareres Material, mehr Arbeitskraft, mehr Zeit gewendet zu sehen, als es dieser Sache entspricht.»[60]

Der Begriff der modernen Nervosität findet sich auch im Werk Sigmund Freuds. Wir wissen zwar nicht, ob Loos Sigmund Freud und sein Werk kannte, aber es ist doch anzunehmen. Beide lebten zur gleichen Zeit in der gleichen Stadt, beide waren Neuerer, die Aufsehen erregten. Sigmund Freud war zudem eine zeitlang mit Karl Kraus befreundet, zu dessen Kreis Loos gehörte, und Freuds Sohn Ernst war Schüler der Loosschen Architekturschule.

Freud vertrat in seinem Aufsatz *Die ‹kulturelle› Sexualmoral und die moderne Nervosität*, wie *Ornament und Verbrechen* 1908 erschienen, die These, die europäische Kultur sei ganz allgemein auf die Unterdrückung von Trieben und ihre Sublimierung, die die Triebe von sexuellen zu kulturellen Zielen umlenke, aufgebaut, und diese Triebunterdrückung habe im Lauf der Kulturentwicklung zugenommen. Wer die zunehmende Triebunterdrückung nicht mitmachen könne, stehe der Gesellschaft als «Verbrecher» gegenüber, sofern nicht seine Position und Fähigkeiten ihm gestatten würden, sich in ihr als großer Mann durchzusetzen.

Versteht man den Verzicht auf das Ornament, dessen Ursprung nach Loos erotisch ist, als Teil des kulturschaffenden Triebverzichts, wird klar, wie das Ornament in den Dunstkreis des Verbrechens geraten konnte, aber auch, wie ungern sich zumindest die hedonistischen Zeitgenossen von Loos belehren und zur Ornamentlosigkeit bekehren lassen wollten. Schon Freud vermutete, daß die in immer höherem Maße von der sich industrialisierenden Gesellschaft geforderte Sublimierungsleistung nur einer Minderheit gelingen könne, und auch dieser nur zeitweise, während die anderen zwangsläufig «nervös» würden. Da diese Nervosität, wenn sie chronisch werde, eine so große Belastung für das Individuum darstelle, daß sie die Kulturabsicht letztlich vereitle, müsse man sich die Frage stellen, «ob unsere ‹kulturelle› Sexualmoral der Opfer wert ist, welche sie uns auferlegt, zumal, wenn man sich vom Hedonismus nicht genug frei gemacht hat, um nicht ein gewisses Maß von individueller Glücksbefriedigung unter die Ziele unserer Kulturentwicklung aufzunehmen.»[61]

Bedenken dieser Art waren Loos fremd. Er war überzeugt, daß die kulturelle Moral jedes Opfer wert ist, und zu Konzessionen nicht bereit. Sein Kampf hatte, zumindest in den Augen seiner Zeitgenossen, einen Zug von Gewalttätigkeit und Fanatismus, der sich nur erklären läßt, wenn man sein Anliegen – die Hebung des Menschen auf eine höhere Stufe der Kultur – nicht nur als ein ästhetisches, sondern auch als ein moralisches versteht. Es scheint, als sei der Ornamentverzicht die Einlösung der Schillerschen Forderung, das Sinnliche müsse, um vernünftig zu werden, der Form unterworfen werden. Zu den wichtigsten Aufgaben der Kultur, so Schiller in *Über die ästhetische Erziehung des Menschen*, gehört es, den Menschen der Form zu unterwerfen, ihn ästhetisch zu machen, weil nur aus dem ästhetischen Zustand der moralische sich entwickeln kann. Ziel aller Kultur ist für ihn der vernunftbestimmte Mensch, und um dieses Ziel zu erreichen, muss der bereits kultivierte Mensch den noch von rohen, gesetzlosen Trieben beherrschten ästhetisch erziehen. «Es giebt keinen andern Weg, den sinnlichen Menschen vernünftig zu machen, als daß man denselben zuvor ästhetisch macht.»[62]

Loos wirkte im Schillerschen Sinne als ästhetischer Erzieher seiner Zeit, und keiner war hierzu geeigneter als er. Er war ein begnadeter Redner, ein hervorragender Stilist, scharf und witzig, und füllte riesige Säle. Wenn Loos, elastischen Schritts und immer gut, das heißt nach Maß gekleidet – er bevorzugte englische Stoffe und Schnitte –, einen Saal betrat, blieb niemand unberührt. Die Leute tobten, applaudierten oder protestierten. Am 18. März 1911 berichtete das *Prager Tagblatt*: «Die Ausführungen Loos, die von einem starken innerlichen Umstürzler-Pathos und dem Elan einer lebendigen Persönlichkeit getragen waren, fesselten die Hörer, in deren Reihen man meist Fachleute sah, in so hohem Maße, daß trotz vielfachen heimlichen Widerspruchs zum Schluß stürmischer Beifall erscholl.»[63]

Auch im Streit um das Haus ohne Augenbrauen trat Loos als Redner öffentlich auf. Am 11. Dezember 1911 hielt er im Sophiensaal in Wien einen Vortrag vor über 2000 Zuhörern, in dem er mit seinen Gegnern und Kritikern abrechnete. Wie die Zeitungen berichteten, sprach Loos mit leidenschaftlich erhobener Stimme und wurde oft vom Beifall seiner Anhänger unterbrochen. Nur ein paar Leute versuchten es wohl mit Pfuirufen und Pfeifen, doch der Protest ging in den Kundgebungen des Mitgefühls für den streitbaren Künstler unter.

Nach weiterem Hin und Her und letzten Befindlichkeiten seitens des Stadtrats wurde die Fassade mit den von Loos bereits ohne Genehmigung angebrachten Blumentrögen am 3. Mai 1912 schließlich genehmigt. Die Wiener hatten sich mit dem Haus ausgesöhnt und, wie einer Zeitungsnotiz zu entnehmen ist, bereits im Oktober 1911 den Eindruck, daß die Fassade niemanden mehr störe und daß es am besten wäre, damit nicht weiter herumzuexperimentieren.[64]

Drei Jahre vor seinem Tod – der Mann mit den modernen Nerven starb, so heißt es, an einem «Nervenleiden» – konnte Loos resümieren: «Aus dreißigjährigem kampfe bin ich als sieger hervorgegangen: ich habe die menschheit vom überflüssigen ornament befreit. ‹ornament› war einmal das epitheton für ‹schön›. Heute ist es dank meiner Lebensarbeit ein epitheton für ‹minderwertig›.»[65] Loos hoffte, daß ihm die Menschheit einst Dank wüßte, und wünschte sich einen schmucklosen Grabstein, auf dem stehen sollte: «Adolf Loos – der die Menschheit von überflüssiger Arbeit befreit hat.»[66]

## Die neue Sachlichkeit

«Eine Generation, die noch mit der Pferdebahn zur Schule gefahren war», schrieb Walter Benjamin in *Erfahrung und Armut*,
«stand unter freiem Himmel in einer Landschaft, in der nichts un-
verändert geblieben war als die Wolken, und in der Mitte, in einem
Kraftfeld zerstörender Ströme und Explosionen, der winzige
gebrechliche Menschenkörper.» Die ungeheure Entfaltung der
Technik während des Ersten Weltkriegs habe, fährt Benjamin fort,
zu äußerer und innerer Armut der Menschen geführt und damit
einen neuen Typus von Barbaren entstehen lassen. Kennzeichen
des neuen Barbaren sei seine Illusionslosigkeit bei gleichzeitigem
Bekenntnis zur Zeit und sein unbedingter Wille, «von vorn zu beginnen; von Neuem anzufangen; mit Wenigem auszukommen;
aus Wenigem heraus zu konstruieren und dabei weder rechts noch
links zu blicken.»[1]
  Der radikale Neuanfang des neuen Barbaren, der jede teilweise Erneuerung der bestehenden Verhältnisse ablehnte, da
ihm das Ganze fragwürdig geworden war, gründete auf Verzicht
und auf Einsicht: Verzicht auf die althergebrachte Kultur und
Einsicht in die Notwendigkeit unbedingter Sparsamkeit. Beide
standen im Dienste einer neuen Sachlichkeit, die sich den Zeitgenossen und ihren Bedürfnissen ohne Sentimentalitäten zu-
wandte. Sachlich sein hieß: Vorrang der Vernunft vor dem
Gefühl, Vorrang des Ökonomischen, Konstruktiven und Funktionalen vor dem Formalen und Künstlerischen. Als sachlich
galt alles, was wissenschaftlich erforscht oder zumindest rational
begründet und industriell produziert war. Die neuen Barbaren
liebten das radikale Experiment und prototypische Entwicklungen: das Fließband, das Massenprodukt und die Standard-
wohnung.
  Die schon vor dem Krieg von einigen wenigen propagierte
Sparsamkeit wurde zunehmend zur Obsession. Wege sollten ver-

kürzt, Bewegungen minimiert, Räume verkleinert, Material, Zeit und Arbeitskraft eingespart werden. Alles Lebendige, so brachte in den 20er Jahren der Botaniker und Naturphilosoph Raoul Francé die Ökonomie des Lebens auf ihren kurzen Nenner, strebe danach, Kräfte zu sparen. Diese biologische Erkenntnis nahm man zum Anlaß, auch beim Bauen im sparsamen Umgang mit den Ressourcen eine konstruktive wie wirtschaftliche Notwendigkeit zu sehen.

Da es nun erklärtes Ziel war, die Bedürfnisse möglichst aller Menschen, auch der Arbeiterschaft, die man zur vollen sozialen Macht heraufkommen sah, zu befriedigen, konnte nicht mehr der Einzelne Maßstab der Dinge sein, sondern nur noch die Masse. Da die Masse immer mehr Neigungen und Bedürfnisse erwarb, die bisher als verfeinert galten, und sich all der Dinge bedienen wollte, die früher nur Wenigen zur Verfügung standen, mußten die Güter des Konsums nun massenhaft und kostengünstig produziert werden. Kostengünstig ließen sich nur ‹sparsame›, also standardisierte und normierte Produkte herstellen, und massenhafte Produktion, schon im Ersten Weltkrieg in der Rüstungsindustrie erprobt, war nur in industrieller Form und am Fließband möglich.

Sparsamkeit und Rückführung der Bedürfnisse auf die Minimalform des kleinsten gemeinsamen und normierbaren Nenners waren somit nicht Selbstzweck, sondern sozial motiviert. Denn nur in der äußersten Reduktion schien es möglich, alle am allgemeinen Wohlstand teilhaben zu lassen und das große Ziel der Zeit, wie es das Programm der Sozialdemokratischen Partei Deutschlands von 1921 formulierte, zu erreichen: die «Hebung der leiblichen, geistigen und sittlichen Volksbildung».

Dieses Ziel erforderte neben unbedingter Sparsamkeit allerdings auch die Umerziehung des alten Adams, des, wie man glaubte, einzigen Störfaktors fortschreitender Entwicklung, zu einem neuen Menschen. Nüchtern, sparsam, ordentlich und vernünftig sollte er sein, wie die Produkte, die für ihn hergestellt wurden, und Sentimentalitäten durchaus abgeneigt. The one best way des Lebens und Arbeitens sollte ihm zur zweiten Natur werden und die Arbeit, das «Pathos der Zukunft», erstes Lebensbedürfnis, da nur durch sie die Produktion gesteigert und Wohlstand für alle möglich werden konnte.

Doch der alte Adam zeigte sich fast immer uneinsichtig und versuchte, sich der Erziehung zur neuen Sachlichkeit zu widersetzen. Der Zuwachs an Bildung, Komfort und Hygiene kam ihm zwar durchaus gelegen, doch die damit verbundenen Ideen, die das sachlich begründete Praktische und Nützliche auch zum Schönen und Guten erklärten, wollte er nicht in Kauf nehmen. Zu sehr kontrastierten die Monotonie und Glätte der neusachlichen Produkte seinem offensichtlich unstillbaren Bedürfnis nach allem, was nicht nüchtern, sparsam und vernünftig war. Zu sehr empfand er das Nicht-Nützliche als letzte Zuflucht seiner in rationalisierter Lebenswelt und industrialisiertem Arbeitsprozeß wie in ein stahlhartes Gehäuse eingeschlossenen Existenz.

Nur einer kleinen kulturellen Elite gelang es, der fast revolutionären Änderung der Lebenswelt im Sinne neuer Sachlichkeit nicht nur zu folgen, sondern ihr ein besonderes Moment der Befreiung abzugewinnen. Ihnen galten die neuen Räume aus Stahl und Glas als Ausdruck tiefer Geistigkeit, sozialer Gerechtigkeit und persönlicher Freiheit, ganz besonders geeignet für ein Leben auf einer höheren Stufe der Humanität.

## Schöne neue Arbeitswelt – Die Ford Motor Company in Detroit
Albert Kahn | ab 1910

Nicht in der Maximierung des Gewinns sah Henry Ford die Hauptaufgabe des Produzenten, sondern in der permanenten Steigerung der Produktion von Konsumgütern. Denn Verbrauch, schrieb er in *Mein Leben und Werk*, «ist positiv, aktiv, lebensspendend. Verbrauch ist lebendig. Verbrauch erhöht die Summe alles Guten.»[2] Durch Steigerung der Produktion könnten die Konsumgüter nicht nur in größerer Zahl, sondern auch, der Kaufkraft der Massen angemessen, preisgünstiger hergestellt werden, was insgesamt zu einer Demokratisierung des Konsums führen würde. Gesteigert werden könne die Produktion aber nur, wenn das Überflüssige eliminiert und das Notwendige vereinfacht werde und man zum Standardprodukt gelange.

Henry Ford (1863–1947), Sohn eines irischstämmigen Farmers aus Dearborn in Michigan, konstruierte 1892 in einer kleinen Werkstatt sein erstes Auto. 1903 gründete er die *Ford Motor Company* und 1909 entwickelte er das Modell T, einen einfachen vierzylindrigen Tourenwagen mit Selbstanlasser, der nur 950 Dollar kostete. Ford glaubte, daß aufgrund des niedrigen Preises sich jeder, der ein anständiges Gehalt verdiente, dieses Auto kaufen werde, um mit seiner Familie am Sonntag ins Grüne zu fahren, und sein Glaube ging in Erfüllung. 1910 hatte er schon 18664 Autos verkauft und 1927, als die Produktion auf das Modell A umgestellt wurde, bereits 15 Millionen.

Für die Produktion des T-Modells baute Ford 1910 eine neue Fabrik, die *Ford Motor Company Plant* in Highland Park, einem

Vorort von Detroit. Sie war viergeschossig und mit 22 Metern Breite und 262 Metern Länge die damals größte Fabrik der Welt. Gebaut als Skelettkonstruktion aus Stahlbeton mit einer Spannweite von sechs Metern, bestand sie aus großen, hellen und luftigen Hallen mit großen Fensterfronten, die vom Boden bis zur Decke reichten. Ford war überzeugt: «Die absolute Voraussetzung für hohe Leistungsfähigkeit und ein humanes Produktionsverfahren sind saubere, helle und gut gelüftete Fabrikräume.»[3] Es gab keine inneren Wände, und die Vertikalerschließungen, Aufzüge und Treppen, waren als kleine Ziegeltürme, die auch die dienenden Räume wie Umkleiden, Duschen und Toiletten enthielten, vor die Außenwände gesetzt. Der unverstellte Raum bot alle Möglichkeiten wechselnder Nutzung und Maschinenaufstellung.

Gebaut wurde Highland Park von Albert Kahn, der, 1869 in Deutschland als Sohn eines Rabbiners geboren, im Alter von 11 Jahren mit seinen Eltern nach Amerika ausgewandert war. Da er schon früh arbeiten und zum Familienunterhalt beitragen mußte, begann er 1884 als Lehrling in einem Architekturbüro. Durch unermüdliches Selbststudium gelang es ihm mit 21 Jahren, ein Stipendium für einen Studienaufenthalt in Europa zu bekommen. Er reiste ein Jahr lang durch England, Frankreich, Belgien, Deutschland und vor allem Italien und kehrte mit reich gefüllten Zeichenmappen nach Detroit zurück. Zuerst Chefdesigner des Büros, in dem er gelernt hatte, eröffnete er 1895 mit zwei Kollegen ein eigenes Büro und bekam zahlreiche Aufträge von der in Detroit angesiedelten und stark wachsenden Automobilindustrie.

Kahn war wie sein Auftraggeber Ford ein Selfmademan, der sich durch Selbststudium heraufgearbeitet hatte. Beide paarten sie Mut mit Eigeninitiative und Arbeitsdisziplin, und beide hatten dieselbe Vision, die den einen das Auto als Massenprodukt, den anderen die dafür geeigneten Produktionsstätten hervorbringen ließ. Zwischen beiden Männern entwickelte sich im Lauf der Zeit ein freundschaftliches Verhältnis, das erstaunlicherweise auch Fords antisemitische Kampagne in den 20er Jahren überstand.

Bei der Entwicklung der für die neuen Industriebauten wie Highland Park erforderlichen neuen Material- und Konstruktionstechniken arbeitete Albert Kahn mit seinem jüngeren Bruder

Julius zusammen, der als Ingenieur ein neues Stahlbeton-Konstruktionssystem erfunden hatte, das er zum Patent anmeldete und vertrieb: das *Kahn System of Reinforced Concrete*. Mit dem Kahnsystem konnten große Flächen nahezu stützenfrei überdacht werden, und die Stützenfreiheit ermöglichte eine flexible Organisation der Produktion.

1913 führte Ford in Highland Park die ersten Fließbänder für Magnetapparate, Motoren und Schaltgetriebe ein. Das Fließband war zwar nicht seine eigene Erfindung – es war Mitte des 19. Jahrhunderts in Chicago in den Großschlachtereien entwickelt worden –, doch er perfektionierte es und setzte es erstmals in der Automobilproduktion ein. Nach zahlreichen Experimenten gelang es ihm, die Herstellung des Motors aus 84 einzelnen Handgriffen zusammenzusetzen, das Chassis auf Schienen zu stellen und an den einzelnen Arbeitern vorbeizuführen.

Der Einsatz des Fließbands erforderte eine Rationalisierung des Betriebsablaufs, und Grundlage hierfür war das von Frederick Winslow Taylor 1911 entwickelte *Scientific Management*. Die wissenschaftliche Betriebsführung gliederte den Ablauf in kleinste Schritte und Handgriffe auf und suchte nach dem jeweils schnellsten Weg, diese Schritte und Handgriffe zu verrichten. Alle falschen, da zeitraubenden und nutzlosen Bewegungen wurden ausgemerzt und die Arbeiter auf die neuen Bewegungen eingestellt. Mit Hilfe der Stopuhr bestimmte Taylor auf die Sekunde genau die erforderliche Dauer eines Arbeitsschritts, wobei er Abweichungen von 20 bis 30 Prozent gestattete, um beispielsweise ein heruntergefallenes Werkstück aufzuheben oder sich die Nase zu putzen.

Zum *Scientific Management* gesellte sich die Psychotechnik, und auch sie stellte das wissenschaftliche Experiment in den Dienst des Wirtschaftslebens. Der in Harvard Psychologie lehrende Hugo Münsterberg beispielsweise entwickelte Tests, mit denen für jede Tätigkeit der passende Arbeiter und für jeden Arbeiter die passende Arbeit gefunden werden konnte. Mehr Arbeitsfreude, innere Befriedigung und harmonische Entfaltung des Arbeiters hieß: mehr Leistung und damit Gewinn für die Firma.

Keine Zeit durfte im Produktionsprozeß mehr verschwendet werden, denn Zeit war Geld. Zeitökonomie wurde zur Obsession der fortschreitenden Industrialisierung, und der einzige Störfaktor blieb, zumindest solange Zeitersparnis ihm noch nicht zur zweiten Natur geworden war, der Arbeiter. So war es nur folgerichtig, daß bereits Ende der 20er Jahre Unternehmer sich fragten, ob nicht einzelne Teile ganz ohne Menschen hergestellt werden könnten. Das Fließband und die einfachen, immer gleichen Handgriffe sowie die fehlende Arbeitsdisziplin der Arbeiter ließen eine solche Entwicklung möglich und sinnvoll erscheinen.

1920 verkaufte Ford bereits 1 250 000 Autos. Der Kaufpreis war von 950 auf 355 Dollar gesunken, und der sinkende Kaufpreis kurbelte den Verkauf weiter an. Der Anteil der *Ford Company* am amerikanischen Automobilmarkt lag 1921 bei 55 Prozent, und für die rasant steigende Produktion baute Ford von 1922 bis 1926 eine neue Fabrik am River Rouge, an der Stadtgrenze von Detroit gelegen. Er baute sie wieder mit Albert Kahn, und sie löste Highland Park als Herz der Fordproduktion ab. Es wurde eine riesige Fabrikanlage mit einer Fläche von fünf Quadratkilometern, mit Sägewerk, Kraftwerk, Kokerei, Gießerei, einer Zementfabrik, einem Stahlwerk, einem Montagegebäude für Motoren sowie einem Verwaltungs- und Laboratoriumsgebäude.

Am bekanntesten, auch durch Publikation in Europa, wurde die Glasfabrik von 1924. Sie diente der Herstellung von Flachglas und bestand aus vier großen Schmelzöfen, an die sich ein langgestreckter Stahlbau anschloß. Hier befanden sich die Fließbänder, auf denen das Glas erkaltete, das anschließend geschliffen und poliert wurde. Die Besonderheit des Baus war die symmetrische Anordnung der Sheds, deren Verglasung sich großflächig öffnen ließ, um die Hitze abzuführen.

In River Rouge perfektionierten Ford und Kahn die Zeit- und Raumökonomie und schufen einen permanenten Fluß von Rohmaterial und Produktionsgütern durch die gesamte Produktionsanlage. Herzstück der Anlage war die *high lane*, eine Stahlbetonkonstruktion von 12 Metern Höhe mit fünf Gleisanlagen und zwei

Ford-Werke Dearborn, Michigan, Ansicht der Glasfabrik

Fußgängerstegen, die das Fabrikgelände durchquerte und das
Rohmaterial von der Anlieferung zu den einzelnen Produktionsstätten brachte.

Die Suche nach der größtmöglichen Flexibilität hatte zwangsläufig zur Eingeschossigkeit der Gebäude geführt und zur Verwendung von industriell hergestellten und standardisierten
Konstruktionsteilen, die die Montagezeit verkürzten und große
Spannweiten für das Dach ermöglichten. Das Endergebnis war
eine Gebäudehülle, die den Produktingenieuren, die für die Organisation des Produktionsablaufs verantwortlich waren, den
größtmöglichen Spielraum ließ.

Letztlich sei Ford, wurde Kahn nicht müde zu betonen, für die
Weiterentwicklung des Industriebaus die eigentlich treibende
Kraft gewesen. Ford habe sich um alles gekümmert und alles
bestimmt. «Er war es, der als erster darauf bestand, praktisch
alle Abteilungen unter einem Dach zu haben, ohne Höfe irgend-
welcher Art und ohne trennende Wände – es war seine Überzeugung, daß die Aufsicht dadurch vereinfacht wurde und die
Produktionsökonomie erhöht (...) Er war es auch, der, nachdem
er Hunderte von Quadratmetern Fläche in mehrgeschossigen
Gebäuden gebaut hatte, erkannte, daß der Transport des Materials zu den oberen Stockwerken durch Aufzüge eine ökonomische
Verschwendung war, aufgrund der dazu benötigten Zeit und der
Transportkosten.»[4]

Sobald Ford die ökonomischen Vorteile erkannte, habe er sich nicht gescheut, die Konsequenzen zu ziehen und die Produktion nach und nach in eingeschossige Produktionsanlagen umzusetzen. Doch die Kosten der Fabrikhallen hatten niedrig zu sein, das Geld sollte in die Verbesserung der Produktion oder in die Verbilligung der Produkte fließen, nicht in die Produktionsstätten. «Wir denken nicht daran, prunkhafte Baulichkeiten als Symbol unserer Erfolge aufzuführen. Die Bau- und Erhaltungszinsen würden nur eine unnütze Belastung unserer Produkte bedeuten – derartige Denkmäler des Erfolges enden gar zu oft als Grabmonumente. Wir ziehen es vor, durch unsere Produkte statt durch die Baulichkeiten, in denen sie hergestellt werden, bekannt zu werden.»[5]

Kahn hatte mit dieser Einstellung seines Auftraggebers kein Problem. Ein gutes Erscheinungsbild, wichtig für das Firmenimage und die Produktivität der Arbeiter, lasse sich bei Industriebauten, davon war er überzeugt, auch ohne Mehrkosten erreichen. Das beste Resultat lasse sich oft mit den einfachsten Mitteln erzielen, beispielsweise mit einer sauberen Konstruktion, der Akzentuierung der Strukturlinien, einer guten Proportionierung der offenen und geschlossenen Flächen sowie der Gebäudekontur selbst.

Kahn war nicht grundsätzlich gegen dekorativen Mehraufwand, doch er glaubte an eine Hierarchie der Gebäudetypen. Auf der untersten Stufe standen für ihn die Industriebauten, die funktional und einfach gebaut sein sollten, dann kamen die Wohnhäuser, die er meist im kolonialen Stil baute, und an höchster Stelle die öffentlichen Gebäude, deren Formensprache er gern bedeutenden historischen Quellen entnahm. Die Einfachheit der Industriebauten – *more business and less art* – war bei Kahn somit nicht ästhetisch motiviert, sondern lediglich am Profit orientierter Verzicht.

Auch Ford hatte privat nichts gegen dekorativen Mehraufwand. Für sein Wohnhaus hatte er zuerst Frank Lloyd Wright mit dem Entwurf beauftragt, offensichtlich wollte er sich ein ausgewiesenes Meisterwerk bauen lassen, doch da der Meister gerade mit der Frau eines Klienten nach Europa gefahren war und die Entwürfe, die ein junger Mitarbeiter des Büros gemacht hatte, ihm nicht gefielen, beauftragte er einen Innenarchitekten. Ein Verlust für die Architekturgeschichte, denn was er sich schließlich von diesem bauen ließ, war wohl nicht nur teuer, sondern auch fürchterlich.

Das Fließband, das Ford erstmals in großem Maßstab einsetzte, ermöglichte nicht nur einen exakt kalkulierbaren Fluß von Energie und Material, sondern diktierte auch das Tempo der Arbeit. Die Arbeiter arbeiteten schneller, als sie es aus eigenem Antrieb getan hätten, und die Leistung des einzelnen Arbeiters erhöhte sich auf das Vierfache des bisher üblichen. Ford rechtfertigte das neue Antreibersystem, indem er behauptete, die Arbeitsorganisation durch das Fließband komme den meisten Arbeitern entgegen, da sie am liebsten eine genau vorgeschriebene Leistung erbringen würden, ohne sich körperlich oder geistig anstrengen zu müssen. Versuche hätten gezeigt, daß die meisten, wenn sie wählen könnten, dort blieben, wo sie hingestellt würden. Die Mehrheit will, so Ford, «daß man in jeder Beziehung für sie handelt und ihr die Verantwortung abnimmt.»[6]

Die auf einfache Handgriffe zurückgeführte Arbeit, widersprach Ford einer weiteren weit verbreiteten Ansicht, sei auch nicht gesundheitsschädlich. Versuche hätten im Gegenteil gezeigt, daß es den Heilungsprozeß sogar beschleunige, wenn die Kranken zeitig wieder in den Arbeitsprozeß eingegliedert würden. Und im Lichte dieser selbstverständlich wissenschaftlichen Erkenntnis ließ Ford die Bettlägrigen, die aufrecht sitzen durften, auf einer Schutzfolie über der Bettdecke Schrauben auf kleine Bolzen befestigen.

Doch unbestritten blieb, daß die Arbeit am Band gleichförmig und ermüdend war, und nicht ohne Grund gab es in den Fordwerken eine hohe Fluktuation. Die Arbeiter wechselten so häufig und schnell, daß man tausend Arbeitskräfte einstellen mußte, wenn man hundert brauchte. Erst als Ford 1914 beschloß, den Mindestlohn für die achtstündige Arbeitszeit auf fünf Dollar täglich zu erhöhen – er war damit 15 Prozent höher als der marktübliche Lohn –, drängten sich die Arbeitsuchenden wieder vor den Fabriktoren. Eingestellt wurde jeder, der arbeiten wollte, ob er nun aus Harvard kam oder aus Sing-Sing, da jedem, der sich bewarb, so glaubte man, bekannt war, daß in den Fordwerken wirklich gearbeitet wurde.

Trotz Einführung des Acht-Stunden-Tags und der Fünf-Tage-Woche, trotz hoher Löhne und Fabrikräumen, die hell, gut gelüftet, gleichmäßig temperiert und natürlich belichtet waren: die Arbeit in den Fordwerken war hart und die Disziplin streng. Gab einer nicht sein Bestes, drohte ihm unbarmherzig sofortige Entlassung. «Wir erwarten von den Leuten, daß sie tun, was ihnen gesagt wird. Unsere Organisation ist so bis ins einzelne durchgeführt und die verschiedenen Abteilungen greifen so ineinander ein, daß es völlig ausgeschlossen ist, den Leuten auch nur vorübergehend ihren Willen zu lassen. Ohne die strengste Disziplin würde völliges Chaos herrschen.»[7]

Ford entwickelte 1914 einen Gewinnbeteiligungsplan, bei dem einzelnen Arbeitern über die fünf Dollar hinaus ein gewisser, jährlich neu berechneter Gewinnanteil bezahlt wurde. Da er allerdings an eine bestimmte Lebensführung geknüpft war, handelte es sich wohl eher um eine Lebensführungsprämie. Wer sie bekommen wollte, mußte mindestens ein halbes Jahr bei Ford angestellt sein und einem bestimmten Standard von Sauberkeit – ohne Sauberkeit keine Moral, glaubte Ford – genügen. Fünfzig Inspizienten der Abteilung für soziale Fürsorge überprüften die Einhaltung der Forderungen. Sie hatten darauf zu achten, daß alle verheirateten Leute bei ihren Familien wohnten und für sie sorgten, daß sie keine fremden Mieter und Kostgänger in den Haushalt aufnahmen, daß die Ledigen ihre Angehörigen unterstützten und einen anständigen Lebenswandel führten. Nicht nur die Disziplin am Arbeitsplatz, hatte Ford erkannt, muß intensiviert werden, der Einzelne muß auch lernen, seine privaten Lebensbedingungen neu zu gestalten, damit sein Leben insgesamt effizienter und produktiver wird und er seiner Arbeitspflicht langfristig nachkommen und eine höhere Leistung dauerhaft erbringen kann.

Da die Wirtschaft in den 20er Jahren florierte – die amerikanische Wirtschaft wies ab 1921 ein jährliches Wachstum von 5 Prozent auf, und die Produktivität wuchs um 35 Prozent –, stiegen die Löhne. Dies ermöglichte in Kombination mit günstigen Preisen, Verbraucherkrediten und Ratenzahlungen auch den Arbeitern, am Konsum teilzuhaben, der immer mehr zum Maßstab individueller Freiheit wurde. Zwischen 1920 und 1930 beispielsweise stieg die Zahl der Autos in den USA von 8 auf 20 Millionen, allein im Jahr 1929 wurden 5 Millionen Autos verkauft. Das Auto wurde bereits zum unerläßlichen Gebrauchsgegenstand des *American way of life*. Es ermöglichte auch dem einfachen Mann den Umzug in die Vororte und die Trennung von Arbeit und Wohnen. Es wurde zum Kultobjekt und Statussymbol, aber auch zum Symbol des Sieges über Armut und Ungleichheit.

Nach dem Ersten Weltkrieg waren die USA zum produktivsten Land der Welt und zum großen Vorbild geworden. Es galt weltweit als Land der Erfindungen, der Rationalisierung und der Massenproduktion, kurz als Land der Zukunft. Sowohl die Westeuropäer als auch die Sowjets hofften, mit der Übernahme des amerikanischen Systems von wissenschaftlicher Betriebsführung und Fließbandproduktion die eigene Entwicklung ebenfalls vorantreiben zu können. Besonders die Fordfabriken waren, weil sie den fortgeschrittenen Stand der Produktivkräfte so anschaulich zeigten, ein beliebtes Reiseziel, und es gab regelrechte Pilgerfahrten nach Detroit, dem Heiligtum der Massenproduktion. «Keine Symphonie, keine Eroica reicht in Tiefe, Inhalt und Kraft an die Musik heran», schrieb beispielsweise ein deutscher Ingenieur über Highland Park, «die auf uns einstürmte und hämmerte, als wir durch die Fabrikhallen von Ford wanderten, überwältigt von diesem kühnen Ausdruck des menschlichen Geistes.»[8]

Doch es gab auch kritische Reisende wie den rasenden Reporter Egon Erwin Kisch, der 1928 Detroit und die Fordwerke besichtigte. Wer nicht imstande sei zu arbeiten, schrieb er in seiner Reportage, bekomme keinen Lohn und keine Krankenunterstützung. Das schlimmste sei das *lay off*, die strafweise Aussperrung bei ge-ringsten Fehlern und Vergehen auf einen Tag oder länger, bis zu vierzehn Tagen. Unmenschlich hart seien auch die Arbeitsbedingungen in den Fabrikhallen. «Hart an hart stehen die Arbeiter, so daß sie unter dem Arm des Nachbarn nach dem heranrollenden Bestandteil greifen, knapp vor dem Gesicht des linken Nachbars die Behandlung des Stückes in Angriff nehmen, unmittelbar vor dem Gesicht des rechten Nachbars vollenden müssen.» Entfernung sei Zeitverlust und Zeit Arbeitslohn. Tag und Nacht rolle das Band, an das die Menschen geflochten seien, und in allem zeige sich, «daß das Fließband das Tempo der Arbeit bestimmt, nicht aber die Arbeit das Tempo des Bandes.» Die ganze Fabrik strotze vor Reinheit und bilde so einen Kontrast zur Stadt Detroit, in der es mehr Verbrecher gebe als in Chicago, mehr Morde, Totschläge und Raubüberfälle als in irgendeiner anderen Stadt des Erdballs. [9]

In seinem Roman *Reise ans Ende der Nacht* von 1932 beschreibt Louis-Ferdinand Céline, wie sein Held Bardamu Arbeit sucht und nach Detroit geschickt wird, wo man angeblich leicht gutbezahlte und nicht allzu anstrengende Arbeit finden kann. Er kommt an und sieht niedere, weiträumige, verglaste Gebäude vor sich, «die Insektarien glichen, und in diesen sah man Menschen, die sich bewegten, aber nur schwach; als kämpften sie nur rein mechanisch gegen irgend etwas Fürchterliches an. Das waren also die Fordwerke? Und ringsum stieg das schwere, vielstimmige harte und dumpfe Brausen der Maschinen wie aus vielen Strömen gen Himmel; hartnäckig drehen sich die Räder, immer weiter, sie rollen, stöhnen, sind immer am Zerbrechen und zerbrechen niemals.»

Auf einer Schiefertafel steht, daß Arbeiter angestellt werden, und viele warten, geduldig ausharrend, fast keiner spricht englisch. Ein Mitwartender erklärt ihm, daß bei Ford jeder Arbeit finde, doch müsse man sich in acht nehmen. Man dürfe das Maul nicht zu weit aufreißen, sonst fliege man raus und komme nur schwer wieder rein. Dann, bei der Einstellungsprozedur, müssen die Arbeitssuchenden sich ausziehen, die ärztliche Untersuchung findet in einem Labor statt, und die Bewerber werden in einer Reihe an einem Arzt vorbeigeführt. Jeder wird genommen, auch wenn er krank ist, da für die Arbeit in der Fabrik die körperliche Verfassung offenbar keine Rolle spielt. Wieder angekleidet, werden die Untersuchten den einzelnen Maschinen zugeführt.

«In diesem Riesenbau zitterte alles, und man wurde selbst von Kopf bis Fuß von dem Zittern ergriffen; aus dem Fußboden, den Fensterscheiben und dem Eisenwerk drangen die Erschütterungen, die sich nach oben fortpflanzten. Man wurde mit seinem ganzen bebenden Fleisch selber zur Maschine in dem Toben dieses ungeheuren Lärms, der einem im Kopfe dröhnte und weiter unten in den Eingeweiden wühlte und mit hastigem, unermüdlichem, niemals endendem Klopfen in die Augen emporstieg.»

Die Arbeiter, ängstlich bemüht, den Maschinen zu genügen, füttern sie mit gesenkten Köpfen wieder und wieder mit Bolzen und Schlagbolzen, und auch Bardamu werden die paar Handgriffe gezeigt, die er von jetzt an auszuführen hat. «Niemand sprach zu mir. Man schwankte ständig zwischen Stumpfsinn und Raserei. Nichts war wichtig als die ohrenzerreißende, unaufhaltsame Tätigkeit der Tausende von Werkzeugen, die die Menschen beherrschen. Wenn um sechs Uhr alles stehenblieb, hatte ich genügend Lärm und Ölgeruch für die ganze Nacht im Kopf; als hätte man mir für alle Ewigkeit ein anderes Gehirn und eine andere Nase eingesetzt.»[10]

In seinem Film *Modern Times* von 1936 stellt auch Charlie Chaplin den Menschen im Griff des Fließbands dar. Der Film schildert die Geschichte eines Mannes, der acht Stunden lang Tag für Tag dieselben Bewegungen des Schraubenanziehens zu machen hat, darüber zeitweise verrückt wird, an den falschen Schrauben dreht, damit die Geschwindigkeit des Fließbands ins Irrsinnige steigert und den Untergang der Fabrik bewirkt.

War für Ford und seine fortschrittsgläubigen Anhänger die Massenproduktion eine Errungenschaft des kühnen menschlichen Erfindergeistes und ein nützliches Mittel für einen nützlichen Zweck, den demokratischen Massenkonsum, zeigten Film und Literatur schon früh ihre dunkle Kehrseite: die Unterwerfung des Menschen unter den Lärm und Rhythmus der Produktionsmittel und seine Degradierung zum fast mechanisch funktionierenden und ersetzbaren Rädchen im Maschinengetriebe des Produktionsprozesses.

«Die Tuis von Mu–sin waren große Baumeister. Sie besaßen einen großen Schatz von Wissen und Erfahrung und (…) hatten dabei ein Ohr für alles Neue und Fortschrittliche, wie das die Zeit verlangte. So entdeckten sie als erste die Schönheit der Maschine. Warum, schrieben sie in ihren Büchern, ist die Maschine so schön, warum ist sie das Schönste und dem Auge Wohlgefälligste, was man heute sehen kann? Weil sie durch und durch nützlich ist (…) Von dieser Erkenntnis überwältigt, begannen sie ihre Häuser, ja sogar ihre Möbel nach dem Vorbild der Maschine zu bauen, schmucklos, einfach und praktisch.»

*Bertolt Brecht, Schön ist, was nützlich ist (Tui-Geschichten)*

## Die Schönheit der Maschine – Die Bauhaus-bauten in Dessau

Walter Gropius | 1925–28

Die traumatischen Erfahrungen des Ersten Weltkriegs und sein für Deutschland apokalyptisches Ende hatten zu einer Politisierung bislang unpolitischer Kreise geführt. Nach dem ersten «totalen» Krieg, der zum bedingungslosen Einsatz von «Menschenmaterial» und Technik wie Panzern, Flugschiffen und Unterseebooten geführt hatte, wollten viele reinen Tisch machen, von Neuem anfangen und das Neue, das man allenthalben groß schrieb, sollte dem allgemeinen Fortschritt dienen. «Nach jener brutalen Unterbrechung», schrieb Walter Gropius (1883–1969), «verspürte jeder denkende Mensch die Notwendigkeit eines intellektuellen Frontwechsels. Auf seinem eigenen besonderen Tätigkeitsgebiet versuchte jeder dazu beizutragen, den Abgrund zwischen Wirklichkeit und Idealismus zu überbrücken.»[11] Männer wie Gropius, Frontkämpfer und Träger des Eisernen Kreuzes, hatte die Kriegserfahrung kämpferisch, sozialistisch oder zumindest antibürgerlich werden lassen, und im März 1919 berichtete er seiner Mutter, er sei durch das Leiden des Krieges vom Saulus zum Paulus geworden. «Ich weiß heute genau, daß es nur dadurch möglich war, daß ich mich innerlich völlig umgewandelt und auf das Neue, was unheimlich stark heraufsteigt, umgestellt habe.»[12]

Bereits während des Krieges war Gropius als Direktor der Großherzoglich Sächsischen Kunstgewerbeschule in Weimar vorgeschlagen worden, und er schrieb seiner Mutter: «Ich war erst entschlossen nein zu sagen, habe dann aber doch nach langem Überlegen gefunden, daß ich ein solches Angebot nicht fallen lassen darf, denn es gibt einem natürlich ein solcher Posten starkes Relief und die Möglichkeit zu großen Aufträgen.»[13] Nach dem Krieg nahm er das erneuerte Angebot an und wurde Direktor des Staatlichen Bauhauses in Weimar, einer Zusammenlegung der Kunstgewerbeschule mit der Hochschule für Bildende Kunst. «Ich habe», meldete er seiner Mutter den Erfolg, «10000,– M, freie Ateliers und sogar Zusicherung von Staatsaufträgen, auf die es mir besonders ankam.»[14]

Von eigenem Relief und zugesicherten Staatsaufträgen einmal abgesehen, sah Gropius im Bauhaus die Möglichkeit, ein großes soziales und künstlerisches Experiment durchzuführen. Eine Gemeinschaft fortschrittlicher und auf ihrem Gebiet führender Künstler sollte die schöpferische Spontaneität ihrer Schüler freisetzen, sie zu neuen Menschen heranbilden, um so den neuen Bau der Zukunft zu errichten. Doch bereits 1924 gaben Gropius und die Meister die Auflösung ihrer Schule bekannt.

Die neue rechte Regierung Thüringens habe zugelassen, schrieben sie, daß die sachliche und stets unpolitische Kulturarbeit des Bauhauses durch parteipolitische Machenschaften gestört worden sei. Zu diesem Zeitpunkt war das Bauhaus in Deutschland und im Ausland bereits weithin bekannt. Von Konservativen, Kommunisten und Nationalsozialisten heftig als undeutsch bekämpft, galt es in liberalen Kreisen als modernste Kunstschule des Kontinents, und viele fortschrittlich regierte Städte wie Darmstadt, Hagen, Mannheim und Frankfurt am Main waren bereit, das Bauhaus aufzunehmen. Doch das beste Angebot kam aus Dessau, einer Stadt mit 70000 Einwohnern, aufstrebendes Zentrum des mitteldeutschen Braunkohlereviers.

Mit dem Umzug nach Dessau kam für Gropius – die Währungsstabilisierung hatte allgemein zu einer Belebung der Bautätigkeit geführt – nach der Zeit der Manifeste die Zeit der großen Projekte. Schon bald verlegte er sein privates Architekturbüro, in das auch Schüler des Bauhauses aufgenommen wurden, von Weimar nach Dessau. Im Auftrag der Stadt baute er – das Bauhaus hatte noch keine eigene Architekturabteilung – für die Schule ein neues Gebäude, da er bereits bei seinem ersten Besuch in Dessau festgestellt hatte, daß die vorhandenen, konventionellen Unterrichtsräume für die experimentelle Lehre des Bauhauses nicht geeignet waren.

Der Dessauer Bürgermeister Fritz Hesse drängte auf schnelle Planung und Durchführung, da er auch in Dessau mit wachsendem Widerstand der Bevölkerung rechnete, und bereits nach einem Jahr waren die Bauarbeiten beendet. Die feierliche Eröffnung wurde ein Medienereignis. Über hundert Presseleute berichteten, über tausend Besucher kamen aus aller Herren Länder. Von 1927 bis 1930 besichtigten mehr als 20000 Personen das Dessauer Bauhaus. Das Bild des Neubaus, besonders des weithin sichtbaren gläsernen Werkstattgebäudes, von dem es unzählige Aufnahmen gibt, ging durch die gesamte europäische Presse.

Das Bauhaus besteht – die einzelnen Funktionen sind deutlich sichtbar voneinander getrennt – aus dem Werkstattgebäude, einem Wohn- und Atelierhaus für die Studenten und einem Unterrichtsgebäude für die Technischen Lehranstalten der Stadt. Diese drei in Volumen und Höhe differenzierten Gebäude sind über einen zweigeschossigen Brückenbau, der die Verwaltungs- und Direktionsräume enthält, und einen eingeschossigen Trakt mit Aula, Bühne und Kantine miteinander verbunden.

Mit ihren lichtdurchfluteten Räumen, ihren kubisch geformten Baukörpern, ihrem asymmetrischen Aufbau und der Vorhangfassade aus Glas wirkte die Architektur des Bauhauses auf viele wie der Anfang eines neuen Zeitalters. Das absolut Neue, noch nie Gesehene rief als Stein oder vielmehr Glas gewordener Triumph der Sachlichkeit Bewunderung hervor. Als er sich dem Bauhaus genähert habe, schrieb der russische Schriftsteller Ilja Ehrenburg, habe er ein Bauwerk erblickt, «das ganz aus einem Stück gegossen zu sein scheint wie ein beharrlicher Gedanke, und seine Glaswände, die einen durchsichtigen Winkel bilden, mit der Luft ver-

Bauhaus Dessau, Glasfassade

fließend und doch von ihr getrennt durch einen exakten Willen – da blieb ich unwillkürlich stehen. Das war kein Staunen angesichts einer sinnreichen Erfindung, nein, es war einfach Bewunderung.»[15]

Rudolf Arnheim, damals Kulturredakteur der *Weltbühne*, später berühmter Gestaltpsychologe, beschrieb die Bauhausgebäude als zwei in grüner Ebene stehende, blendend weiße Riesenquader, der eine aufrecht, der andere liegend. «Ein paar rote Balkontüren und große Glasfenster teilen die Flächen auf, sonst ist das Ganze kahl und glatt und ordnet sich auf keine Weise dem Begriff Haus unter. Sondern es ist eher, als sollte an einem übersichtlichen Ausstellungsmodell demonstriert werden, wie viel 32 cbm umbauten Raums sind. Ein Hohlmaß für ein bestimmtes Quantum Menschen und Arbeitsmaterial.»[16] Der Wille zu Sauberkeit, Klarheit und Großzügigkeit habe hier einen Sieg errungen, und man könne durch die großen Fenster schon von außen den arbeitenden Menschen auf die Finger und den ruhenden in ihr Privatleben sehen. Man sei, fährt Arnheim fort, sehr versucht, diese Ehrlichkeit und Offenheit auch moralisch zu werten.

Doch die Ehrlichkeit, zumindest die baukonstruktive, war im einzelnen oft trügerisch. Mit Hilfe der Farbe beispielsweise wurde verschleiert, was an der konstruktiven Gestalt nicht ganz paßte. Die Wandabschnitte zwischen den Fenstern vor der Mensa wurden schwarz gestrichen, um Fensterbänder vorzutäuschen, und die Stirnseiten der Bodenplatten hinter der großen Glasfassade des Werkstattbaus ebenfalls, damit durch die Betonbänder der Eindruck einer zusammenhängenden transparenten Fläche nicht beeinträchtigt wurde.

Zeitgleich zur Schule baute Gropius – wiederum ein Projekt seines privaten Architekturbüros – die Dienstwohnungen der Lehrer als großzügige Doppelhäuser mit hellen Atelierräumen und sein eigenes Haus als freistehende Direktorenvilla mit Gästewohnung, Hausmeisterräumen und Mädchenzimmern im Souterrain. Mit ihrer Gestaltung im Stil der neuen Sachlichkeit wurden die Häuser zu Demonstrationsobjekten eines gehobenen Lebens- und Wohnstils in neuem Gewand. Wie gehoben, läßt sich aus einem Brief Schlemmers an seine Frau im Oktober 1925 entnehmen: «Ich bin erschrocken, wie ich die Häuser, das erste ist hoch, gesehen habe! Hatte die Vorstellung, hier stehen eines Tages die Wohnungslosen, während sich die Herren Künstler auf dem Dach ihrer Villa sonnen.»[17]

Doch Gropius nahm sich auch der Wohnungslosen an. In der Siedlung Törten errichtete er zwischen 1926 und 1928 insgesamt 316 Eigenheime in drei Bauabschnitten. Die Reihenhäuser waren klein, nur 5,90 Meter breit, und wurden mit billigen Materialien und in industrialisierter Bauausführung errichtet, um die Kosten niedrig zu halten. Die üblichen Kosten sollten um 15 Prozent unterschritten werden. Die 4-Raum-Häuser hatten 57 Quadratmeter Wohnfläche, die 5-Raum-Häuser 70 oder 74 Quadratmeter. Alle Häuser besaßen einen gartenseitigen Stallanbau mit Trockenklosett, dessen Fäkalien zur Gartendüngung verwendet werden sollten, einen Hühnerauslauf und eine offene Küche mit Sitzbadewanne, was als unpraktisch empfunden und bei den späteren Typen geändert wurde. Die lose stehende Badewanne konnte nun

Siedlung Dessau-Törten, kurz nach der Erbauung

in einem sehr niedrigen Kellerraum, dem sogenannten Wirtschafts-
raum, aufgestellt werden.

Die Siedlung war bewusst ländlich gehalten, und ein großer
Nutzgarten mit 400 Quadratmetern Fläche sollte der teilweisen
Selbstversorgung dienen. Doch die ländlich wirkende Umgebung
ließ den industriellen Charakter der Häuser selbst noch stärker
hervortreten. Die Reihenhäuser wiesen in Material und Detail-
ausbildung bislang dem Industriebau vorbehaltene Eigenheiten
auf, die offensichtlich für Wirtschaftlichkeit und Sachlichkeit
standen: Fensterrahmen aus Stahl, Glasbausteine, hoch liegende
Fensterbrüstungen – sie lagen auf 1,45 Meter – und nach außen
öffnende Fenster und Türen, um die Nutzung der kleinen Räume
nicht einzuschränken.

Der oft erhobene Vorwurf, die Arbeiterwohnungen seien im
wesentlichen Nachbildungen der kleinbürgerlichen Wohnform
auf kleinster Fläche gewesen, trifft zumindest auf die Siedlung
Törten nicht zu. Keinem Bürger wäre es je eingefallen, sein Bedürfnis im Ziegenstall zu verrichten und in der Küche zu baden. Gropius dachte hier – die Siedlung war für die Arbeiter der IG Farben
bei Bitterfeld bestimmt – offensichtlich vom Standpunkt des
Arbeiters aus, der nicht zum Kleinbürger veredelt werden sollte.

75

Die Arbeiterschaft hatte nach dem Ersten Weltkrieg und erst recht nach der russischen Oktoberrevolution an gesellschaftlicher Bedeutung gewonnen, und auch in Deutschland hatte nach Kriegsende kurzzeitig die Gefahr einer Diktatur des Proletariats bestanden. Die herrschenden Kreise waren daher – man hoffte durch Reformen zukünftige revolutionäre Exzesse verhindern zu können – bestrebt, den Arbeitern das Leben zu erleichtern und ihnen zumindest das zu geben, was sie unter streng wissenschaftlichen Gesichtspunkten für die Minimalbefriedigung ihrer Bedürfnisse hielten.

Dieses Minimum bestimmte sich durch das Minimum an Licht, Luft und Wärme, das der Mensch biologisch braucht, um nicht in seinen Lebensfunktionen beeinträchtigt zu werden. Nicht so wichtig dagegen erschien mehr Raum, und Gropius beispielsweise hielt es für unnötig, «das heil in einer vergrößerung der räume zu erblicken, vielmehr lautet das gebot: vergrößert die fenster, spart an wohnraum.»[18] Einzig der Wunsch nach Privatheit – jedem Erwachsenen sein eigenes, wenn auch kleinstes Zimmer, war die Devise – bestimmte, wenn auch nicht die Größe, so doch die Anzahl der Räume.

Gropius verglich die auf der Grundlage der Minimalbedürfnisse entwickelte Mindestwohnung mit einem gut eingeteilten Reisekoffer, einem Serienprodukt mit wenig Fläche und einfacher Konstruktion. «wer sich heute ein automobil kauft, wird nicht daran denken, sich eines ‹nach maß› bauen zu lassen. hier ist es eklatant, daß erst die serienweise herstellung, also die durchführung des typus unter zugrundelegung zahlreicher normteile, ermöglicht hat, ein verhältnismäßig vollendetes instrument zu schaffen. es ist nicht einzusehen, warum nicht unsere wohnhäuser nach gleichen rationellen grundsätzen hergestellt werden sollen.»[19]

Für Gropius, von dem ein Historiker schreibt, sein Ehrgeiz sei es gewesen, ein Henry Ford des Wohnungswesens zu werden,[20] waren Wohnhäuser Maschinen zum Wohnen, die mit Hilfe von Maschinen nach denselben Grundsätzen wie Autos, Schiffe, Eisenbahnwagen und Flugzeuge gebaut werden sollten. Da die Mehrzahl der Individuen gleichartige Lebensbedürfnisse habe, sei es nur logisch und wirtschaftlich sinnvoll, sie einheitlich und gleichartig zu befriedigen. Die Herausbildung von Typenlösungen sei eine Voraussetzung für maschinelle Herstellung und damit für sozialen Fortschritt, ein Zeichen gesellschaftlicher Ordnung und kulturellen Hochstands. Um die, wie Gropius anerkennt, berechtigten Forderungen des Individuums nach eigenem Ausdruck zu berücksichtigen, sollten nicht die ganzen Häuser, sondern nur ihre Teile typisiert werden, um aus ihnen verschiedenartige Häuser zusammensetzen zu können.

Damit auch der Arbeiter Kulturmensch werden und in seinem Wohnzimmer Zeitung lesen und Besucher empfangen konnte, entwarf man am Bauhaus einfache und preiswerte Serienmöbel. Doch die Resonanz war, wie Frau Gropius in einem Brief an Erna Meyer, Deutschlands bekannteste Hauswirtschaftsexpertin, 1927 schrieb, enttäuschend: «die beeinflussung der arbeiterschaft scheint unglaublich schwierig zu sein; was wir jetzt wieder in der siedlung törten erlebten. trotzdem der hiesige hausfrauenverein sehr viel für uns wirbt und ausserdem die politische linke immer für das bauhaus kämpft, ist es nicht gelungen, die leute zum ankauf der vom bauhaus hergestellten möbel zu bewegen. meinung und erkenntnis der führer sind da ganz unmaßgeblich.» [21]

Was die Individuen der Siedlung Törten davon hielten, typisiert zu wohnen, wissen wir nicht. Doch die Bauhaus-Meister und ihre Frauen hielten sich mit Äußerungen über den Wohnwert ihrer eigenen Häuser nicht zurück. Nina Kandinsky beispielsweise schrieb in ihren Erinnerungen: «Besonders glücklich fühlten Kandinsky und ich uns in der Architektur von Gropius nicht. Es gab Mängel, die das Wohnen nicht sehr behaglich machten.» [22] Vor allem die großen Glasflächen störten sie, denn die Kandinskys liebten ihre Privatsphäre. Gropius – den Nina Kandinsky für amusisch hielt – habe es außerdem abgelehnt, berichtete sie weiter, seine Architektur farbig zu behandeln. Doch Kandinsky habe, wie auch die meisten anderen Meister, seine Innenräume streichen lassen, das Speisezimmer beispielsweise schwarz-weiß, den Wohnraum hellrosa und einige Flächen goldfarben.

Indirekt übten aber auch die Bewohner der Siedlung Törten Kritik, indem sie in den folgenden Jahren ihre Häuser stark veränderten. Neben den Anpassungen des Grundrisses an eigene Wohnbedürfnisse betrafen die Veränderungen vor allem und am sichtbarsten die Fassaden. Die Stahlfenster wurden durch Holzfenster ersetzt, die Fensterbänder durch Einzelfenster, teilweise mit Fensterläden, die Fensterbrüstungen wurden heruntergezogen, die Glasbausteine der Treppenhäuser entfernt, die Öffnungen entweder zugemauert oder als konventionelle Fenster ausgeführt. Die glatten Fassaden wurden teilweise mit Vorbauten versehen, die weiß verputzten Außenwände farbig gestrichen, verklinkert oder sonstwie verpackt. Kurz, die Gleichheit der Fassaden, Ausdruck der Normierung und Typisierung, wurde von den Bewohnern, die sich wenigstens ästhetisch behaupten wollten, durch individualisierende Gestaltung versuchsweise aufgelöst.

Kritik an den Wohnungen und Siedlungen der neuen Sachlichkeit übten aber nicht nur ihre Bewohner sowie rechte und konservative Zeitgenossen, sondern, was schwerer wog, auch einige der linken und fortschrittlichen Kulturträger. In *Logik und Lyrik* von 1935 beispielsweise warf Bertolt Brecht den fortschrittlichen Architekten, die eine neue sachliche Baukunst propagierten, vor, sie hätten übersehen, daß die Arbeiter, für die sie ihre Häuser bauten, diese im großen und ganzen ablehnten, sie Kasernen oder Zuchthäuser nannten und keineswegs schön fänden. «Die Architekten, von denen viele, weil sie eben fortgeschritten sind, sich gerne an die Arbeiter wenden, als die fortgeschrittenste, wichtigste Klasse, vergessen, was eine Wohnung für den Arbeiter bedeutet. Sie ist nämlich keineswegs nur ein Unterschlupf für ihn, eine Maschinerie, bei der es nur darauf ankommt, daß sie alle ihre Obliegenheiten möglichst praktisch vollzieht.»[23]

Die Architekten der neuen Sachlichkeit hätten zwar als Intellektuelle unter dem Druck der wirtschaftlichen Verhältnisse eine fast revolutionäre Entwicklung genommen, seien jedoch letztlich nicht imstande, ihre Arbeit und ihr Verhältnis zu den Produktionsmitteln und den Arbeitern völlig neu zu überdenken. Was für die Kulturavantgarde noch als eigenwillige Privatsache durchgehen konnte – Brecht kannte die neusachliche Wohnung, die Gropius für Erwin Piscator am Kurfürstendamm eingerichtet hatte, und die vielleicht Anlaß war für die satirische Kurzgeschichte *Nordseekrabben*, die er der Bauhauswohnung gewidmet hat –, war für Brecht untragbar, wenn es die Wohnungen der Arbeiter betraf.

In *Was ist schön?* im *Buch der Wendungen* erzählt Brecht vom großen Architekten Len-tii, der ein neues Schönheitsideal aufstellte, indem er das Nützliche für schön erklärte. Er baute Häuser ohne jeden Zierrat, in welchen für alle Bedürfnisse gesorgt war: Wohnungen für Arbeiter, «die nützlichsten Wohnungen für die nützlichsten Menschen». Aber die Arbeiter, die einzogen, waren unzufrieden und erklärten ihm: «In den Fabriken, in denen wir arbeiten, ist alles praktisch, es gibt dort nichts Unnützliches. Wir selber werden nur soweit gebraucht, als wir nützlich sind. Wir haben einen Abscheu vor dem nur Nützlichen. Die Maschine, welche unser Leben frißt, ist aus Metall und Glas gebaut und da baust du uns auch noch unsere Möbel aus Metall und Glas. Geradesogut könntest du einem Kuli, der beim Kahnschleppen mit Lederpeitschen gepeitscht wird, Stühle anbieten, deren Sitze aus Lederriemen geflochten sind. Vielleicht ist wirklich schön, was nützlich ist. Aber dann sind unsere Maschinen nicht schön, denn sie sind für uns nicht nützlich.»[24]

Auch Hendrik Petrus Berlage kritisierte die Bauten der neuen Sachlichkeit vom Standpunkt der Arbeiter aus. In seinem Vortrag *Internationale Architektur* von 1928 warnte er vor dem entwurzelnden Internationalismus, dem entseelenden Intellektualismus, der kunstfeindlichen Sachlichkeit und dem dogmatischen Beton-Stahl-Glas-Materialismus, kurz vor allem, was seiner Ansicht nach am Bauhaus gelehrt wurde. 1932 erklärte er in einem Interview mit dem sozialistischen *Vooruit*, für ihn sei die neue Sachlichkeit nicht der Anfang einer neuen, sondern das Ende der alten bürgerlichen Gesellschaft, nichts als eine Verfallserscheinung. Da sie sich ausschließlich an technischen Überlegungen orientiere und das Gefühl unbefriedigt lasse, schließe sie sich vollkommen der auf Rationalisierung bedachten Zeit an. «Wie die rationalisierte Produktion, so wird auch die neue Sachlichkeit von dem einen Gedanken beherrscht: so schnell wie möglich und so billig wie möglich (...) Die Arbeiterbewegung kann einen Stil, in dem das Gefühlselement fehlt, unmöglich als ihren Stil anerkennen. Denn sie kann nicht auf das Gefühl verzichten.»[25]

Ein Kritiker der neuen Sachlichkeit war auch Adolf Loos, der große Kämpfer gegen das Ornament. Seine letzte Definition des Ornaments scheint direkt gegen die Architektur des Bauhauses gerichtet zu sein, da sie deren behauptete Sachlichkeit als letztlich unsachlich entlarvt. «Wenn ein Gebrauchsgegenstand in erster Linie nach ästhetischen Gesichtspunkten geschaffen wird, ist er ein Ornament, mag er auch noch so glatt sein.»[26] Ornamente im Sinne dieser Definition waren für Loos beispielsweise überflüssige Konstruktionen, die nur den konstruktiven Charakter des Baus assoziativ zu betonen hatten, und unnötig große Fenster, die Transparenz visualisieren sollten. Beides gehörte in seinen Augen zu den typischen Ingredienzien der Bauhausschule.

Über den Leiter der Bauhausschule, Walter Gropius, waren die Meinungen der Zeitgenossen geteilt. Gropius sei, schrieb Oskar Schlemmer im Juni 1923 in sein Tagebuch, «beweglich, auf kein Dogma eingeschworen, mit dem Spürsinn nach allem Neuen, Aktuellen, das sich in der Welt regt, und mit dem guten Willen, es zu assimilieren. Auch mit dem guten Willen, dieses große Ganze zu stabilisieren, es auf einen Generalnenner zu bringen, einen Kodex zu schaffen.»[27] Klingt hier auch unterschwellig in Spürsinn, Assimilierung und dem guten Willen der Vorwurf des nicht selbst Schöpferischen an, wird Gropius doch ungeteilt das Lob zuteil, generalisierend und stabilisierend mit der Bauhausschule eine neue Organisation und einen neuen Kodex geschaffen zu haben. Als Gropius im Februar 1928 seinen Rücktritt verkündete, um sich in Zukunft ausschließlich den Bauaufgaben seines privaten Architekturbüros zu widmen, wurde er, so Schlemmer, bejubelt und betrauert, verwünscht und gehaßt.[28]

Gropius selbst hatte erkannt, daß die chronische Unterfinanzierung der Bauhausschule, die Indifferenz der Regierung und der Industrie sowie die zunehmenden Angriffe gegen seine Person eine günstige Entwicklung des Bauhauses und seiner eigenen Tätigkeit als Architekt nicht mehr erwarten ließen. Er beschloß daher, seine beträchtlichen organisatorischen Kräfte neuen Zielen zu widmen, und begann im Sommer 1928, sich für das Hochhaus als neue zukunftsträchtige Wohnform einzusetzen.

## Eine Wohnung für Jedermann – Die Siedlung Praunheim in Frankfurt
### Ernst May | 1926–30

Aus Stube, Kammer, Küche bestand noch 1914 die normale Behausung der Arbeiterfamilien, und auch diese mußten sie oft, um überhaupt die Miete bezahlen zu können, mit Untermietern, sogenannten Schlafgängern, teilen. Zur Überbelegung kam der Mangel an Luft, Licht und sanitären Einrichtungen, der zu hohen Sterblichkeitsraten bei Kindern und Säuglingen führte und die Ausbreitung von Infektionskrankheiten begünstigte. Der gesetzlich fixierte Mindestwohnraum bestand aus zehn Kubikmetern Luftraum pro erwachsener Person und fünf Kubikmetern pro Kind unter zehn Jahren. Enge und Mangel waren zumindest für die Minderbemittelten, wie man sie gern nannte, der gesetzlich erlaubte Normalfall.

Nach Kriegsende – die Statistik konstatierte einen Fehlbestand von eineinhalb Millionen Wohnungen – wurde der Wohnungsbau für die breite Masse erstmals zur Aufgabe des Staates erklärt. Artikel 155 der Weimarer Verfassung setzte als Ziel sozialer Fürsorge fest, «jedem Deutschen eine gesunde Wohnung und allen deutschen Familien, besonders den kinderreichen, eine ihren Bedürfnissen entsprechende Wohn- und Wirtschaftsheimstätte zu sichern.» Dies war die Geburtsstunde des Sozialen Wohnungsbaus, und es wurden, obwohl die Realität leider hinter dem Verfassungsanspruch zurück blieb, zwischen 1919 und 1930 immerhin mehr als zwei Millionen Wohnungen für neun Millionen Menschen neu gebaut und die meisten davon mit öffentlichen Mitteln subventioniert.

Eine Vorreiterrolle bei der Entwicklung des Sozialen Wohnungsbaus übernahm neben Berlin die Stadt Frankfurt am Main, die zu Beginn des 20. Jahrhunderts zu einem Industriezentrum geworden war und nach dem Weltkrieg besonders stark unter der

Wohnungsnot litt. Motor war der damalige Oberbürgermeister Ludwig Landmann, Mitglied der Deutschen Demokratischen Partei, der mit dem neuen Wohnungsbau mehr als nur die Wohnungsnot lindern wollte. Ein neuer Wohn- und Lebensstil sollte in die alte Stadt einziehen und den Menschen Möglichkeiten zu freier und gesunder Entfaltung bieten. Ein neuer Geist sollte sich bilden und mithelfen, die entwurzelte Großstadtbevölkerung zu einer engagierten Bürgerschaft umzuformen.

Zur Verwirklichung seiner Pläne holte sich Landmann zwei neue Männer in die Verwaltung: den Sozialdemokraten Bruno Asch als Kämmerer und Ernst May, einen engagierten Städteplaner und Sohn einer Frankfurter Fabrikantenfamilie, als Baudezernenten. May war für das gesamte Hochbauwesen zuständig und sollte mit Hilfe der finanziellen Unterstützung des Kämmerers in wenigen Jahren ein Zehntel der Einwohner Frankfurts aus der dicht bevölkerten Altstadt in neue Quartiere umsiedeln.

Ernst May (1886–1970) war ein Schüler von Raymond Unwin, dem Architekten von Letchworth, und hatte bei ihm in England gelernt, die übliche einseitig ästhetische Orientierung des Städtebaus durch soziale Aspekte zu ergänzen. Städtebau habe, so glaubte May, in erster Linie dem Menschen zu dienen, um «sein Leben fruchtbarer, reicher, sorgenfreier zu gestalten. Und zwar nicht nur das Leben einer bevorzugten Klasse, wie dies in der Vergangenheit häufig geschah, sondern das Dasein aller Schichten der Bevölkerung.»[29]

May entwarf einen halbkreisförmigen Kranz von in sich abgeschlossenen Trabanten-Siedlungen, die sich um das Frankfurter Stadtzentrum legten und von Grün- und Erholungsflächen umgeben waren. Finanziert wurden die neuen Trabanten mit Hilfe der über den Dawes-Plan fließenden amerikanischen Kredite und der Hauszinssteuer, die zweckgebunden vom Reich erhoben und an die Kommunen vergeben wurde. Die Hauszinssteuer war 1924 durch Gesetz eingeführt worden, um einen Ausgleich zwischen dem von Krieg und Inflation verschonten und dem verlorenen Immobilienbesitz zu schaffen.

Die erste Siedlung errichtete May westlich des alten Dorfs Praunheim im Nordwesten des Niddabogens. Er erwarb 35 Hektar

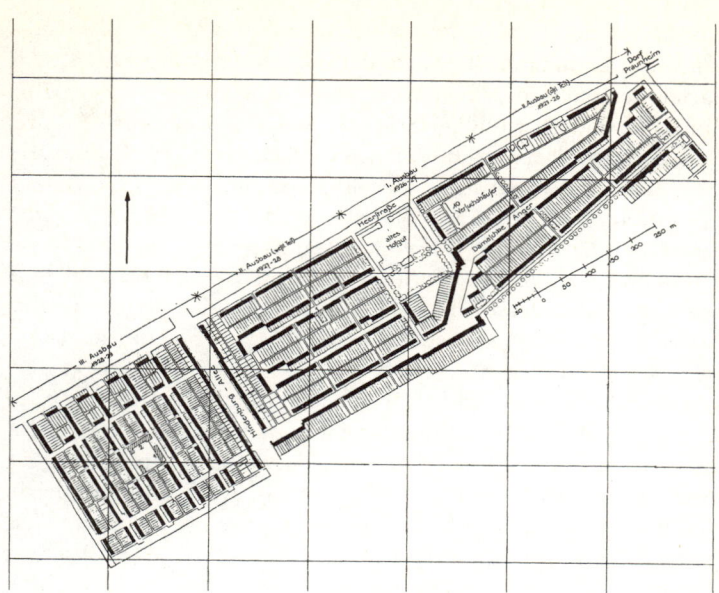

Siedlung Praunheim Frankfurt, Gesamtlageplan

Boden für ein Viertel des Marktwerts, eine Art Enteignung, die nach May allerdings unvermeidlich war. «Bei aller Härte, die jede Enteignung als Eingriff in das freie Eigentum nun einmal darstellt, kann doch kein Zweifel bestehen, daß eine moderne Großstadt, die planmäßig Städtebau betreiben will, ohne Enteignung nicht zum Ziele kommen kann.»[30]

Die geringen Grundstückkosten machten es – zumindest im ersten Bauabschnitt – möglich, in Praunheim überwiegend Reihenhäuser zu bauen und nur wenige drei- bis viergeschossige Häuser mit Etagenwohnungen. May hielt das Reihenhaus für die ideale Wohnform der Familie, für die sich in den 20er Jahren allmählich ein neues Reproduktionsmuster herausbildete: Die Kleinfamilie mit zwei Kindern wurde zur durchschnittlichen Realität. Das Reihenhaus sichere, glaubte May, der Familie die häusliche Ruhe und Zurückgezogenheit, derer sie gerade in einer stark kollektivistischen Epoche bedürfe. «Nie wird die Wohnung im vielgeschossigen Mietshaus der Familie und vor allem dem Kinde die gesunden Lebensbedingungen ersetzen können, die das Einfamilienhaus bietet.»[31]

Die Siedlung Praunheim wurde von 1926 bis 1929 in drei Bauabschnitten erbaut und umfaßte insgesamt 1441 Wohnungen, darunter 600 Reihenhäuser, die von der Stadt Frankfurt als Reichsheimstätten verkauft wurden. Sie hatten drei bis vier Zimmer und eine Wohnfläche von 68 bis 76 Quadratmetern. Ein Teil der Häuser wurde mit Einliegerwohnungen versehen, die an Alleinstehende vermietet oder bei Bedarf der Wohnung zugeschlagen werden konnten. Alle Häuser hatten kleine Gärten, die Einliegerwohnungen Dachterrassen.

Die Häuser sind statt in der üblichen Blockbauweise in Zeilen errichtet, um allen Wohnungen den gleichen Anteil an Luft, Licht und Ausblick ins Grüne zu geben, den, wie man glaubte, wichtigsten Bedingungen eines gesunden Lebens. Auch die Grundrisse der Wohnungen tragen dem Streben nach Hygiene durch Trennung der Funktionen und Personen Rechnung: Das Wohnen wurde vom Essen, das Schlafen vom Waschen, die Eltern von den Kindern, die Mädchen von den Jungen getrennt. In allen Wohnung gab es Küche und Bad und in fast allen Zentralheizung.

200 Häuser der Siedlung Praunheim waren Versuchsbauten und wurden erstmals in Plattenbauweise errichtet, mit der, wie man hoffte, in Zukunft das Produkt einer hygienischen und praktischen Wohnung schneller, preiswerter und vor allem massenhaft errichtet werden könnte. May gründete eine große Plattenfabrik, an der sich neben der Stadt Frankfurt auch das aus Frankfurt stammende Bauunternehmen Philip Holzmann finanziell beteiligte. Holzmann übernahm auch die technische Ausführung der ersten Versuchsbauten.

Die Wände der Versuchsbauten wurden in der Fabrik als großformatige Normplatten mit einer Länge von 3 Metern, einer Höhe von 1,10 Metern und einer Dicke von 20 Zentimetern aus Bimsbeton hergestellt, nach wenigen Tagen auf die Baustelle geliefert und dort montiert; die Fugen wurden mit Mörtel vergossen. Die Platten waren leicht, wärmeisolierend und konnten genagelt werden. Dächer und Decken bestanden aus Betongitterbalken mit

Eiseneinlagen, die in Reihen aneinandergelegt wurden. Auf die Decken legte man Gipsestrich und Linoleum, auf die Dächer Aufbeton und Dichtungsmasse. Die Kosten pro Quadratmeter Außenwand lagen 26 Prozent unter den bei Ziegelbauten üblichen, und in ein bis zwei Tagen war ein Haus im Rohbau fertig. Da die Ausführung aufgrund der fehlenden Erfahrung allerdings mangelhaft war, geriet die Plattenbauweise in Mißkredit und wurde vorerst nicht weiter verfolgt.

Auch bei den Häusern nicht-industrieller Herstellung setzte May auf Typisierung und Normierung der Bauteile. Genormt wurden Einfach- und Doppelfenster, Öfen, Türbeschläge und Türstürze. Vom Hochbauamt wurden die Frankfurter Normen entwickelt und Normblätter angelegt. Für jedes Bauvorhaben, das Mittel aus der Hauszinssteuer beantragte, war die Benutzung der Frankfurter Normen Pflicht. Viele empfanden die Normierung als optische Uniformierung und Gleichmacherei, doch May hatte damit kein Problem, im Gegenteil: «Was die ästhetische Seite des mechanisierten Bauens anlangt, so ist zweifellos die Beschränkung der Formen und Größen von günstigem Einfluß auf die Schlichtheit und Wahrhaftigkeit des architektonischen Gestaltens.»[32]

So waren die neuen Wohnungen zwar schlicht und wahrhaft gestaltet, doch ihre Räume waren recht klein und bedurften einer geschickten Einrichtung. Denn wie hatte schon Goethe im *Wilhelm Meister* erkannt: «Die geschickte Einrichtung macht alles möglich, und du glaubst nicht, wie viel Platz man findet, wenn man wenig Raum braucht.»[33] May gründete die gemeinnützige Hausrat GmbH, die den Vertrieb neu entwickelter, von arbeitslosen Schreinern gebauter Möbel übernahm. Die typisierten Wohnungen sollten mit typisierten, als Massenartikel hergestellten Möbeln eingerichtet werden, die leicht und handlich waren und nicht mehr aus teurem Massivholz, sondern aus Sperrholz gefertigt wurden, einem während des Kriegs durch den Flugzeugbau zu hoher Qualität entwickelten Material. Die Typisierung sollte Raum und Kosten sparen und damit dem Anspruch des Vernünftigen genügen. Als vernünftig galt: das richtige Maß einhalten und sich auf das erforderliche Minimum beschränken. Jedes Mehr galt als unnützer Ballast, der das Leben nicht vereinfachte, sondern erschwerte, galt als Übermaß, das von Gewissenlosigkeit und unsozialer Lebenshaltung zeugte.

Die neuen Wohnungen mußten klein sein, wollte man die Miete auf einem bezahlbaren Niveau halten. Eine Eßküche neben dem Wohnzimmer hätte zusätzlich sieben bis acht Quadratmeter Fläche benötigt, und so entschlossen sich May und seine Mitarbeiter zum Einbau einer kleinen Kochküche. Sie wurde den Mietern mit platzsparenden Einbauten fix und fertig übergeben und als fortschrittlich propagiert.

Die Einbauküche, behaupteten die Planer, wird die Frauen von der häuslichen Arbeitsfron befreien, die, wie schon Friedrich Engels festgestellt hatte, ihre Gleichstellung mit dem Mann faktisch verhinderte. Die neue Frau wird nicht mehr den ganzen Tag Wohnung putzen und Essen kochen, sondern teilnehmen am geistigen Leben der Zeit und an gesellschaftlich produktiver Arbeit. Um ihr dafür mehr freie Zeit zu verschaffen – eine neue Rollenverteilung der Geschlechter wurde nicht diskutiert –, sollten der Haushalt und vor allem die Küche rationalisiert werden. Eine der bekanntesten Verfechterinnen dieser Bestrebung war Erna Meyer, und ihr 1926 erschienenes Buch *Der neue Haushalt* erreichte hohe Auflagen.

Für Erna Meyer war auch der Haushalt ein Arbeitsplatz, der nach Taylorschen Prinzipien durch Minimierung der Wege und Handgriffe optimiert werden mußte. «Zum Wohnen, das über einfachstes Hausen hinausgeht, zu gutem Wohnen also, gehört erheblich mehr als Wetterschutz und saubere Beseitigung der Abfälle, zu gutem Wohnen gehört u. a. die ganze Summe von Bedingungen, die die Abwicklung der Alltäglichkeit zusammendrängen auf ein Minimum an Kraft- und Zeitaufwand.»[34] Die Wohnung sollte ein Werkzeug neuer Lebensgestaltung werden, und besondere Hoffnungen setzte man dabei auf die kleine und platzsparende Einbauküche.

Die Frankfurter Küche, von der Wiener Architektin Grete Schütte-Lihotzky, einer früheren Mitarbeiterin von Adolf Loos, geschaffen, wurde weltberühmt. Sie war sechseinhalb Quadratmeter groß, bis ins Kleinste ausgetüftelt, durch eine Tür mit dem

Wohnraum verbunden, damit die Frau vom Arbeitsplatz in der Küche den Speisetisch im Wohnzimmer auf kürzestem Weg erreichen und die im Wohnraum spielenden Kinder überwachen konnte. Vorbild war die Mitropa-Küche der Reichsbahn, in der auf einer Fläche von 2,90 x 1,90 Meter während einer 15stündigen Fahrt von zwei Personen das Essen für 400 Reisende zubereitet werden konnte.

Wie die Mitropa-Küche war auch die Frankfurter Küche auf das äußerste Maß beschränkt. Jede Ecke war sinnvoll und der ganze Raum bis unter die Decke genutzt. Die Küchenfronten waren mit Klapp- und Schiebetüren geschlossen, alle Flächen glatt und leicht zu reinigen. Die Arbeitsflächen ließen sich durch herausziehbare Platten vergrößern. Die Möbel standen nicht auf Füßen, die eine Reinigung des Bodens erschwert hätten, sondern auf geschlossenen Betonsockeln, die sieben Zentimeter hinter die Schrankvorderkante zurücksprangen, damit die Hausfrau näher an die Arbeitsfläche herantreten konnte. Eine verschiebbare Pendelleuchte gab Licht, wo man es gerade brauchte. Als Bodenbelag wurde das leicht zu reinigende Linoleum oder Natursteinfliesen verlegt. Die senkrechten Wände oberhalb der Schränke wurden mit Rabitz geschlossen, um horizontale Staubablagerung zu vermeiden. Es gab einen Schrank, dessen unterer Teil für den Mülleimer, dessen oberer Teil für das Putzzeug vorgesehen war. Der Mülleimer hatte zwei Zugänge, einen von der Küche für die Küchenabfälle, und einen zweiten vom Flur für den Kehrmüll.

Alles war auf Hygiene abgestellt, um keine, wie May es nannte, «gefühlsmäßige Belästigung» durch Unordnung und Unreinheit aufkommen zu lassen. Die Küchen waren vom Wohnraum abgetrennt, um der Familie Geruch, Dämpfe und den Anblick herumstehender Speisereste, schmutziger Teller und feuchter Aufwaschlappen zu ersparen. Alles hatte seine Ordnung, und nicht ohne Grund nennt der Soziologe Zygmunt Baumann die Ordnung den «Stolz der Moderne» und den «Eckpfeiler all ihrer Errungenschaften».[35]

Um die gewohnte, Kraft und Zeit vergeudende Arbeitsweise der Hausfrau zu verbessern, forschte man nach dem besten Weg, die erforderlichen Dinge zu tun. Die Dauer der Handgriffe und die Wegstrecken wurden mit Stopuhr und Metermaß gemessen, die Möbel und Arbeitsgeräte optimiert, bis ein idealer Bewegungsablauf mit größtmöglicher Leistung bei geringstem Kraftaufwand erreicht war. Die Hausfrau mutierte vom Hausmütterchen zur Haushaltsingenieurin – Effizienz zählte nun mehr als Fleiß, Ordentlichkeit und Sparsamkeit – und die Hausarbeit wurde aufgewertet.

Die Hausfrau konnte nun sitzend, von einem Stuhl aus, fast die gesamte Küchenarbeit erledigen, und neue Küchengeräte standen zum Einsatz bereit. Es gab einen Herd, kombiniert mit Kochkiste und Dunstabzugshaube, am Herd befestigte Deckel- und Löffelhalter, Abtropfgestelle für Geschirr, Mehltrichter, aus denen man eine bestimmte Menge in die Schüssel rinnen lassen konnte, durchlochte Rührlöffel, feuerfestes Geschirr, in dem das Essen direkt vom Herd auf den Tisch gebracht werden konnte, Bohnenschneidemaschinen, nicht rostendes Besteck und vieles mehr.

Selbst die Wissenschaft trat in den Dienst hauswirtschaftlicher Rationalisierung. Die «Reichsforschungsgesellschaft für Rationalisierung im Bau- und Wohnungswesen» beispielsweise ermittelte, daß für die Küche eines einfachen Haushalts ein Kubikmeter Schrankraum benötigt wird und ganz bestimmte Aufstellflächen für die Möbel und Bewegungsflächen davor erforderlich sind.

1930 gab es in den neuen Frankfurter Siedlungen bereits 10000 eingebaute Küchen. In alle Wohnungen, die in Mays Amtszeit ganz oder teilweise mit städtischen Mitteln gebaut wurden, mußte die Frankfurter Küche eingebaut werden. Die Kosten der Einrichtung wurden auf die Miete umgelegt, die Umlage betrug eine Reichsmark monatlich. Immer wieder betonte May, vielleicht um ihre Akzeptanz zu erhöhen – es gab noch viele Anhänger der Wohnküche –, daß die Frankfurter Küche von einer Frau für die Frauen geschaffen wurde. Doch Grete Schütte-Lihotzky hat sich, wie sie in ihren Lebenserinnerungen gesteht, die Aufgabe rein theoretisch erschlossen, da sie bis dahin nie einen Haushalt geführt und keinerlei Erfahrung im Kochen gehabt hatte.

Ein Großteil der durch die Rationalisierung des Haushalts eingesparten Zeit ging den Frauen allerdings wieder verloren. Um den richtigen Umgang mit den neuen Küchen zu lernen, mußten sie Handbücher und Aufsätze in den Siedlungszeitschriften lesen, Vortragsabende und Kochkurse besuchen. Auch die höheren Anforderungen, die hinsichtlich Hygiene und Gesundheitsvorsorge, Erziehungsarbeit und Kinderpflege, Wohnungsdekoration und Gepflegtheit der eigenen Person nun an sie gestellt wurden, unterwarfen sie einem ganz neuen, aber ebenfalls kraft- und zeitraubenden Erwartungsdruck.

Insgesamt verlangte das neue Wohnen von den Bewohnern eine große Anpassungsleistung. Der Mensch hatte, stellte der Architekturkritiker Adolf Behne 1931 ernüchtert fest, «wenigstens bei den konsequenten Architekten, gegen Osten zu Bett zu gehen, gegen Westen zu essen und Mutterns Brief zu beantworten, und die Wohnung wird so organisiert, daß er es faktisch gar nicht anders machen kann.»[36] Bestimmte Muster von Organisation, Ordnung und Reinlichkeit waren nun erwünscht, zu denen die Bewohner erst erzogen werden mußten, da sie nicht unbedingt ihrer natürlichen Disposition entsprachen. Ob die Erziehung zum neuen Wohnen im Einzelfall erfolgreich war, konnte jederzeit von Vertretern der Wohnungsverwaltungen, die das Recht hatten, die Wohnungen tagsüber zu betreten, durch Kontrollbesuche überprüft werden. Sie konnten beraten und, sollte ihrem Rat nicht gefolgt werden, auch Strafen verhängen. Erziehung und Kontrolle forderten jene Disziplin, die Max Weber die moderne Form der Herrschaft genannt hat.

Trotz aller Sparmaßnahmen und staatlichen Subventionierung waren die Mieten der Häuser und Wohnungen für die ungelernte Arbeiterschaft noch immer zu hoch, und die Wohnungen wurden fast ausschließlich von Angestellten, Beamten und Facharbeitern bezogen. Wollte man alle behausen, mußte man die Miete weiter reduzieren. Da die Mieten Kostenmieten waren und man die Subventionierung nicht erhöhen wollte, blieb nur, die Baukosten zu senken oder die Wohnflächen zu verringern. Ende der 20er Jahre, als der kurze wirtschaftliche Aufschwung durch die Weltwirtschaftskrise abrupt abbrach, beschloß die Stadt Frankfurt, die Wohnfläche rigoros zu verkleinern nach dem Grundsatz: «Lieber kleine als keine Wohnungen».

In Praunheim entstanden nun im dritten Bauabschnitt 358 Einfamilien-Kleinhäuser und 232 Kleinstwohnungen in viergeschossigen Laubenganghäusern. Die Wohnfläche der Kleinstwohnungen betrug 41 Quadratmeter für vier Personen, und eine so geringe Fläche erforderte eine noch radikalere Raumausnutzung. Die meisten dieser Wohnungen wurden komplett möbliert vermietet, eigene Möbel konnten die Bewohner während der Mietzeit gegen eine geringe Gebühr einlagern. Der Wohnraum wurde mit einem Klappbett und die kleine Kammer mit Doppelstockbetten ausgestattet. Doch alle Kleinstwohnungen besaßen zumindest ein Duschbad, und die Laubenganghäuser waren mit Zentralheizung, Warmwasserversorgung und einer Zentralwaschküche versehen.

Um den fehlenden Innenraum zu kompensieren, baute man Balkone und Terrassen und legte Spiel- und Sportplätze in Wohnungsnähe an. Auf dem Gelände zwischen der Siedlung und dem Nidda-Ufer wurde eine Kleingartenanlage errichtet, deren Grundstücke von der Stadt in Pacht vergeben wurden. Schütte-Lihotzky entwarf aus normierten Holzteilen Lauben- und Abstellhaustypen, deren Teile preiswert hergestellt und an die Kleingärtner verkauft wurden, so daß sie selbst ihre Lauben und Hütten montieren konnten, ohne in «wilde» Bautätigkeit zu verfallen. «Es war», schrieb Schütte-Lihotzky, «hier wie überall, zuerst eine eingehende Aufklärung notwendig, die, neben den Vorteilen der Verbilligung durch Typisierung, den Kleingärtnern vor Augen führte, daß die Schönheit einer gemeinsamen Anlage nicht in der Hervorhebung der einzelnen Individualität, sondern in der Betonung der Kollektivität einer Gemeinschaft liegt.»[37]

Die Wende zur Kleinstwohnung war ein Rückfall hinter die eigenen Ansprüche und Errungenschaften. Doch die allgemein schlechte Wirtschaftslage forderte ihren Tribut und verhinderte eine Lösung der Wohnungsfrage in der angestrebten Qualität. Die Grenzen der Finanzierbarkeit waren in der Weimarer Republik eng gesetzt, und die Lücke zwischen hohem sozialen Anspruch und ernüchternder Wirklichkeit ließ sich nicht weiter schließen. «Jedenfalls war die Kleinstwohnung», so Schütte-Lihotzky realistisch, «Selbstbeschränkung und kein Vorbild oder Ideal.»[38]

Die neuen Siedlungen erregten in Frankfurt von Anfang an großes Aufsehen. Sie wurden schnell zum Thema Nummer Eins in den Äppelwoi-Kneipen, und die Frankfurter spötteln «Alles neu macht der May» oder «Der May ist gekommen, die Häuser schlagen aus».[39] Die Handwerker rebellierten, da sie den Einfluß des Bauhandwerks in Gefahr sahen, die Rechtsparteien und Heimatschützer opponierten gegen ein Bauen, das ihnen als bolschewistisch und undeutsch galt, aber auch der Bürger meldete sich zu Wort und sprach von Verschandelung des Stadtbilds und menschenunwürdigen Wohnkästen. Praunheim nannte er «Mays Neu-Marokko» und die Häuser «Eierkisten» oder «giebellose Hundekästen».[40]

Doch wer sich da beklagte, waren nicht die Bewohner, die Facharbeiter und kleinen Angestellten, die die neuen Wohnungen und Siedlungen oft als Erlösung aus beengten Wohnverhältnissen empfanden, sondern die gebildete bürgerliche Mittelschicht, die ihren Geschmack verletzt sah, selbst aber nicht betroffen war. Da das Wohnangebot im Einfamilienhaus oder niedrigen Miethaus in aufgelockerten Siedlungen den Bedürfnissen der Bewohner weitgehend entgegenkam, spielte die formale Ausgestaltung mit Flachdach, kubischen Formen, glatten Fassaden und addierten gleichen Elementen für die Bewohner nur eine untergeordnete Rolle.

Bei Befragungen äußerten sie sich fast immer zufrieden über die städtebauliche Gestaltung und den Zuschnitt der Wohnungen, über den neuen Wohnkomfort mit Zentralheizung, Waschraum, Badezimmer mit fließendem Wasser, und besonders die Kinder wußten den Umzug in die neuen Siedlungen wohl zu schätzen, der ihnen eigene Zimmer, Gärten und Spielflächen im Nahbereich bescherte. Die Kritik der Bewohner beschränkte sich in der Regel auf einzelne Mängel der Bauausführung, auf die Frankfurter Küche, die von einigen Hausfrauen als einengend empfunden wurde, und auf die Dachterrassen, die mit gut geheizten Backöfen verglichen wurden.

Unbeeindruckt von Spott und Anfeindungen ging Ernst May seinen Weg. Er war eine Persönlichkeit mit starken Nerven und der nötigen Kraft, das einmal als richtig Erkannte auch gegen

Widerstände durchzusetzen. Trotz der oft widrigen Umstände, schrieb Grete Schütte-Lihotzky in ihren Lebenserinnerungen, habe man May nie auch nur im geringsten entmutigt gesehen. Wenn man ihn sah, habe man gewußt: «Dieser Mann will nicht nur alles Gute und Schöne für seine Vaterstadt machen, er wird seine Pläne auch durchsetzen, seine Vorstellungen verwirklichen.»[41] In seinem Arbeitszimmer stand mit großen roten Lettern an der Wand hinter dem Schreibtisch: «Fasse dich kurz», und stolz erzählte er in späteren Jahren, wie er einst mit einem erhobenen Stuhl ganz allein eine Meute von Handwerkern abgewehrt hatte.

Stets agierte May – er war 2 Meter groß, breitschultrig und massig – unter Einsatz seiner ganzen gewichtigen Persönlichkeit, gleichsam mit allzeit aufgekrempelten Ärmeln und einsatzbereiten Fäusten. May war enthusiastisch, diszipliniert, konsequent, ein «Sozialist der Tat», eine Lokomotive, die alles bewegte. Gropius nannte ihn einmal den «praktischen Pionier des Neuen Bauens», der mit großer Willenskraft in die Tat umgesetzt habe, was andere nur auf dem Papier erarbeitet hätten.

Doch die Widerstände gegen May wuchsen. Kleinbürgerliche Ressentiments gegen den Baustil, Agitation der freien Architektenverbände und der privaten Bauwirtschaft, Verunglimpfung der städtebaulichen Konzeption als Kulturbolschewismus und bürokratische Hemmnisse aller Art erschwerten seine Tätigkeit ab 1929 zusehends. So verließ May 1930 Frankfurt und ging zusammen mit 20 Mitarbeitern nach Moskau, wo man ihm eine neue Aufgabe bot, die ihn reizte. Er hatte kein Problem damit – er hielt sich für einen modernen Fachmann abseits der Politik –, nun nicht mehr für die Sozialdemokraten, sondern für die Bolschewiki tätig zu werden. Zum obersten Leiter des Amtes für Wohnungswesen und Städtebau der gesamten Sowjetunion berufen, widmete er sich seiner neuen Aufgabe mit gleichbleibender Intensität: der Schaffung von 800000 neuen Wohnungen in kürzester Zeit.

May bedankte sich in einem offenen Brief, der in den *Frankfurter Nachrichten* unter dem Titel *Warum ich Frankfurt verlasse* veröffentlicht wurde, ausdrücklich bei Oberbürgermeister Ludwig Landmann. Er habe mit Mut und weitem Blick begabt seinen Mitarbeitern freie Hand bei der Verwirklichung ihrer Ziele gelassen.[42] Auch Landmann zog, nachdem er 1933 als Jude und fortschrittlicher Demokrat aus seinem Amt gedrängt worden war, Bilanz und erwähnte besonders die Bautätigkeit Mays, die weder aus der Geschichte Frankfurts noch aus der deutschen Baugeschichte verschwinden werde. Er freute sich noch nachträglich, daß es ihm gelungen war, May «gegenüber dem ganzen Gezücht der Spießer, Neider, Meckerer und Ewig-Gestrigen» zu verteidigen.[43]

Dem Schriftsteller Heinrich Mann erschienen die in den 20er Jahren errichteten Berliner Siedlungen trotz einer gewissen Dürftigkeit und Monotonie als «Gelegenheiten des Glücks», und dies können auch die Frankfurter Siedlungen für sich in Anspruch nehmen. Statt bloßer Unterkünfte seien die Siedlungen «ein hervorragend menschenfreundliches Unternehmen», errichtet gegen die Not und für die Lebensfreude vieler. Die Typisierung mache sie erschwinglich, und der in ihnen wohnende Gemeinschaftsgeist erlaube auch den Minderbemittelten, aus ihrem Leben das Höchstmögliche herauszuholen. «Hinter den Siedlungen», schrieb Heinrich Mann in seinem Essay *Berliner Siedlungen* 1932, «die nur so hingesetzt wurden infolge der Wohnungsnot, stehen ungerufen eine Weltanschauung und ein Erziehungssystem. Diese Siedlungen verwirklichen innerhalb der Gesellschaft, wie sie ist, schon manches aus einer künftigen.»[44]

«Wollen wir unsere Kultur auf ein höheres Niveau bringen, so sind wir wohl
oder übel gezwungen, unsere Architektur umzuwandeln. Und dieses wird
uns nur dann möglich sein, wenn wir den Räumen, in denen wir leben, das
Geschlossene nehmen.»
*Paul Scheerbart, Glasarchitektur*

## Das Glashaus – Die Villa Tugendhat in Brünn
### Ludwig Mies van der Rohe | 1928–30

Ludwig Mies (1886–1969) war vor dem Ersten Weltkrieg kaum
öffentlich in Erscheinung getreten, hatte nichts publiziert und war
kein Mitglied irgendeiner wichtigen Künstlergruppe. Sein Versuch, 1919 an der *Ausstellung für unbekannte Architekten* teil-
zunehmen, die der Berliner Arbeitsrat für Kunst veranstaltete,
scheiterte an Walter Gropius, dem seine Arbeiten – vorwiegend
neoklassizistische Privathäuser in Berliner Vororten – nicht
modern genug waren. Doch zu Beginn der 20er Jahre wandelte
sich Mies überraschend zum Avantgardisten und wurde zu einem
der, wie er sie nannte, «schöpferischen Menschen mit vorwärts-
gewandtem Blick, die unerschrocken genug sind, jede Aufgabe
unvoreingenommen und von Grund auf zu lösen.»[45] Wie Gropius
und viele andere wollte auch Mies nach dem Ersten Weltkrieg von
Neuem beginnen. Er änderte seinen Namen in Mies van der Rohe,
verließ Frau und Kinder, um fortan als Junggeselle zu leben, und
nahm an Wettbewerben teil.

Gleich mit seinem ersten Wettbewerbsbeitrag, einem Entwurf
für ein Bürohaus an der Friedrichstraße in Berlin, machte er 1921,
zumindest in Insiderkreisen, Furore, während das Preisgericht
seinen Entwurf als Scherz beiseite legte. Das Bürohaus – es hatte
20 Geschosse, war 80 Meter hoch und hatte doppelt so viel Nutzfläche wie alle anderen Entwürfe – war ein expressives dreiecks-
förmiges Hochhaus mit innen liegendem tragendem Skelett und

nichttragenden Außenwänden aus Glas, leicht gegeneinander an-
gewinkelt, um ein reiches Spiel von Lichtreflexen zu erzielen.

Auch publizistisch gab Mies seine frühere Zurückhaltung auf.
1922 schrieb er für die Zeitschrift *Frühlicht* einen Artikel über
Hochhäuser, und zwischen 1922 und 1924 veröffentlichte er viele
weitere Beiträge, vor allem in der Zeitschrift *G*, obwohl ihm das
Schreiben nach eigenem Bekunden schwer fiel. 1922 trat er der
Novembergruppe bei, einer Künstlervereinigung, deren Vorsit-
zender er von 1923 bis 1925 war, 1924 dem Werkbund und 1925,
um nur einige der zahlreichen Mitgliedschaften zu nennen, der
Architektenvereinigung *Der Ring*.

Obwohl Mies bis dahin noch wenig im Stil der neuen Sachlichkeit gebaut hatte – die Wohnblöcke in der Afrikanischen Straße in
Berlin-Wedding und in der Weißenhofsiedlung in Stuttgart ausge-
nommen –, war er doch inzwischen durch Vorträge, Publikati-
onen, Wettbewerbe und Ausstellungen eine so bekannte Figur der
Avantgarde geworden, daß die Weimarer Regierung ihn 1928 mit
dem Bau des deutschen Pavillons für die Internationale Ausstellung in Barcelona beauftragte. Der Pavillon sollte von einem fortschrittlichen Architekten im neuen Stil gebaut werden und der
Welt ein fortschrittliches Deutschland vorführen, eine friedliche,
wirtschaftlich und kulturell blühende, weltoffene Gesellschaft.

Der Entwurf, den Mies für den Pavillon realisierte, war revo-
lutionär. Acht Stufen führen auf einen Sockel aus Travertin, acht
freistehende Kreuzstützen tragen die Betonplatte des Dachs, die
Wände sind aus poliertem Onyx und Marmor und frei in den
Raum gestellt, große Glasscheiben schließen den Raum nach
außen ab. Die Stahlstützen sind extrem dünn ausgebildet – eigentlich wollte Mies nur eine schwebende Platte als Dach haben – und,
um sie noch weniger sichtbar zu machen, mit vernickeltem Blech
spiegelnd verkleidet. Die freistehenden Wände – deren Erfindung
sich Mies zuschrieb – lassen die Betondecke als dünne Platte
erscheinen, obwohl sie in Wirklichkeit aus Stahlträgern besteht,
an die mit Winkeln die Stahlstützen geschraubt sind.

Ebenfalls 1928 bekam Mies den Auftrag für eine Villa in Brünn.
Das Ehepaar Grete und Fritz Tugendhat hatte die Weißenhofsiedlung in Stuttgart besucht und mit dem Gedanken gespielt, Mies

mit dem Entwurf für ihr eigenes Wohnhaus zu beauftragen. Kaum hatten die beiden Mies auch persönlich kennengelernt, stand ihr Entschluß fest. «Und vom ersten Augenblick unserer Begegnung an war beschlossen, daß er unser Haus bauen sollte, so sehr waren wir von seiner Persönlichkeit beeindruckt. Er hatte eine ruhige und selbstbewußte Art, über sein Bauen zu sprechen. Wir hatten das Gefühl, einem wirklichen Künstler gegenüberzustehen.»[46]

Beeindruckt waren sie wohl auch von der konsequenten Haltung, mit der Mies seinen Standpunkt vertrat. Als Fritz Tugendhat Bedenken gegen die raumhohen Türen äußerte, stellte Mies das Ehepaar vor die Alternative: Entweder die Türen kommen oder ich baue nicht. Sie ließen ihm dann mehr oder weniger freie Hand, und auch die Kosten spielten keine größere Rolle. Grete Tugendhat erklärte später, es sei schon immer ihr Wunsch und der ihres Mannes gewesen, ein modernes, weiträumiges Haus mit klaren, einfachen Formen zu bewohnen, ganz anders als die, in denen sie selbst aufgewachsen waren. «Mein Mann hatte geradezu einen Horror vor den mit unzähligen Nippsachen und Deckchen vollgestopften Zimmern seiner Kindheit.»[47]

Die Villa Tugendhat liegt auf einem parkähnlichen Grundstück an einem steilen Hang in privilegierter Lage von Brünn mit Blick auf die Stadt. Man betritt das Haus im Obergeschoß, in dem sich Schlafzimmer, Gästezimmer, Garage und Chauffeurwohnung befinden. Der Zugang erfolgt über einen Vorplatz, der vom Durchgang zur hinteren Terrasse durch ein Geländer und eine Lichtschranke gesichert ist. Im darunter liegenden Geschoß befindet sich ein offener Wohnbereich von 280 Quadratmetern Fläche, lediglich durch freistehende Wände, die Paravents gleichen, getrennt und von Stahlstützen in verchromter Verkleidung rhythmisiert. Von ihm abgesondert sind Küche und Diensträume sowie die Personalzimmer, die einen eigenen Zugang von außen besitzen. Im Sockelgeschoß sind die Wirtschafts- und Nebenräume untergebracht.

Die Villa war ein beeindruckendes Beispiel des Neuen Bauens und wurde oft publiziert. In der Zeitschrift *Die Form* schrieb ihr Herausgeber Walther Riezler 1931, in den Räumen der Villa Tugendhat herrsche eine besonders ausgeprägte neue Geistigkeit,

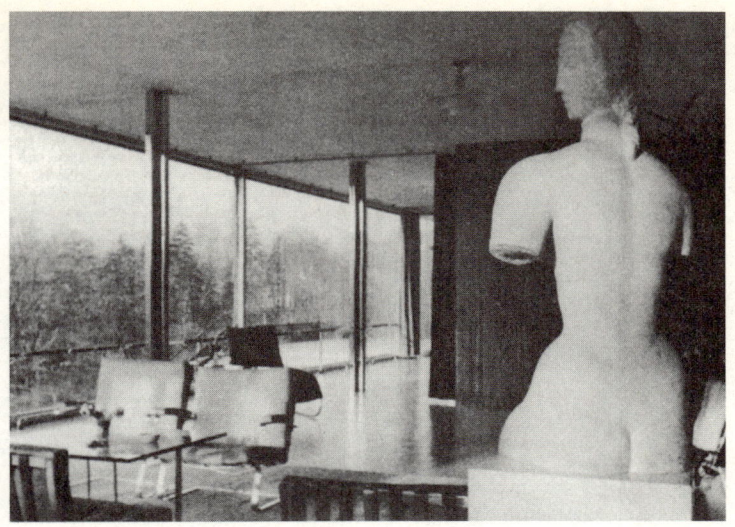

Haus Tugendhat, Wohnraum

die durch den Einsatz der Technik, einfache Formen, Glätte und
Profillosigkeit ihren Ausdruck finde und nicht Armut zeige,
sondern eine neue Freiheit des Lebens. Als Ausdruck der Freiheit
galten ihm der aufgeschnittene Baukörper, der offene Grundriß
der Wohnebene und die riesigen, elektrisch versenkbaren Glasscheiben, die die Grenze zu Garten und Landschaft aufhoben.
Euphorisch sah Riezler bereits eine neue Menschheit sich heraus-
bilden, die «aus einem neuen Geiste kommt, der nicht mehr wie
der bisherige Geist Europas die in sich ruhende Einzelpersönlich-
keit in den Mittelpunkt stellt, der den Menschen wieder mehr sich
in das Weltgeschehen auflösen läßt.»[48]

Der Architekturkritiker Justus Bier allerdings fand – ebenfalls
1931 in *Die Form* – die Villa zum Wohnen ungeeignet. Die fehlenden Raumtrennungen negierten das Bedürfnis des Menschen nach
Konzentration und Stille abseits der Familie und nach deutlicher
Distanz zur Natur. Für ihn war das Wohnen in der Villa Tugendhat ein Paradewohnen, «mit starrer Fixierung aller Funktionen im
Raum, mit einem gemaserten Paradeschreibtisch, der sich allen-

falls benutzen läßt, wenn alles entflohen ist, mit einer so stilvollen Einheitlichkeit des Mobiliars, daß man nicht wagen dürfte, irgendein altes oder neues Stück in diese ‹fertigen› Räume hereinzutragen, mit Wänden, die kein Bild zu hängen gestatten, weil die Zeichnung des Marmors, die Maserung der Hölzer an die Stelle der Kunst getreten ist.»[49]

Bier fragte sich ernsthaft, ob die Bewohner die Strenge und Pathetik der Räume wohl dauerhaft ertragen würden, ohne innerlich zu rebellieren, kurz, ob man im Haus Tugendhat wirklich wohnen könne. Hierauf antwortete ihm Riezler, wieder in *Die Form*, daß ja gerade das neue Wohnen kein solches Bedürfnis nach individueller Absonderung und Betonung der Persönlichkeit mehr kenne, und wenn die Formen unerhört neu erschienen, beweise das nur, daß ein neuer Geist, eine neue Menschheit mit neuen Wahrnehmungen und Bedürfnissen im Entstehen sei.

Auch Grete und Fritz Tugendhat antworteten in *Die Form* Justus Bier auf seine Frage nach der Bewohnbarkeit ihres Hauses. Grete Tugendhat erklärte, die Räume nie als pathetisch empfunden zu haben, wohl aber als streng und groß. Sie habe sich durch sie nicht erdrückt, sondern befreit gefühlt. «Diese Strenge verbietet ein nur auf ‹Ausruhen und Sich-Gehen-Lassen gerichtetes Die-Zeit-Verbringen – und gerade dieses Zwingen zu etwas anderem hat der vom Beruf ermüdete und dabei leergelassene Mensch heute nötig und empfindet es als Befreiung. Denn wie man in diesem Raum jede Blume ganz anders sieht als sonst und auch jedes Kunstwerk stärker spricht – z. B. eine vor der Onyxwand stehende Plastik –, so heben sich auch der Mensch für sich und die anderen klarer aus seiner Umwelt heraus.»[50]

So gern, fuhr Grete Tugendhat fort, würden sie und ihr Mann in diesem Haus wohnen, daß sie sich nur schwer zu einer Reise entschließen könnten und sich befreit fühlten, wenn sie aus engen Zimmern wieder in ihre weiten Räume kämen. Beruhigend wirkten die Räume, da trotz der Verbundenheit von drinnen und draußen doch der Raum durch die Begrenzung der Glaswand ganz geschlossen und in sich ruhend sei. «Wenn es anders wäre, glaube ich selbst, daß man ein Gefühl der Unruhe und Ungeborgenheit hätte. So aber hat der Raum – gerade durch seinen Rhythmus – eine ganz besondere Ruhe, wie sie ein geschlossenes Zimmer gar nicht haben kann.»[51]

Fritz Tugendhat betonte im gleichen Heft der Zeitschrift, das Haus sei sehr leicht zu heizen gewesen, die Sonne habe aufgrund der vom Fußboden bis zur Decke reichenden Glaswand tief in den Raum hinein geschienen. Bei klarem Frostwetter hätte man bei herabgelassenen Scheiben in der warmen Sonne sitzen und wie in Davos auf die schneebedeckte Landschaft schauen können. Im Sommer hätten Sonnenschutz und Luftkühlung für angenehme Temperaturen gesorgt. Die Einheitlichkeit der Innenraumgestaltung habe sicher keine Änderung seitens der Bauherren ohne Störung der Harmonie vertragen, erklärte Fritz Tugend weiter, doch Kunst, kostbare Materialien und künstlerisch gestaltete Ausblicke in die Natur hätten das persönliche Leben in so ungewohnter Weise gesteigert und zu so besonderer Geltung gebracht, daß dies von ihnen auch keineswegs gewünscht worden sei.

Der Architekt und Publizist Roger Ginsburger vermutete, ebenfalls in *Die Form*, daß es beim Haus Tugendhat nicht um Wohnlichkeit gehe, sondern darum, den Eindruck des Kostspieligen und des Besonderen zu erwecken und die Idee der Kostbarkeit durch Verwendung kostbarer Materialien, durch demonstrativ leere Räume und weite Blicke in unverbaute Natur darzustellen. Und er ging so weit, zu behaupten, daß die Verwendung versenkbarer Glaswände in Zeiten der Weltwirtschaftskrise und Massenarbeitslosigkeit ein unmoralischer Luxus sei. Für Ginsburger – er hatte wohl Thorstein Veblen gelesen – war die Villa Tugenhat nichts anderes als ein neuer Ausdruck des alten Bedürfnisses der besitzenden Klasse, sich abzuheben durch demonstrative Verschwendung, nur diesmal in scheinbar asketischer Form. Allein die Onyxwand kostete rund 60000 Reichsmark, ein Betrag, für den man damals bereits ein gediegenes Einfamilienhaus bekam.

Gegen die Absicht bloßer Wohnlichkeit sprach für Ginsburger auch die rigide Ordnung, mit der die einzelnen Elemente einem festgelegten Ganzen unterworfen seien und den Bewohnern die Freiheit zu abweichendem Verhalten und zum Ausleben ihrer jeweiligen Befindlichkeit nehme. «Es gibt ein sehr einfaches Kriterium für die Wohnlichkeit, d.h. den funktionellen Wert eines

Wohnraumes. Man stellt sich vor, daß man in dem Raume leben muß, daß man müde nach Hause kommt und sich ganz unzeremoniös in einen Sessel setzt, mit überschlagenen Beinen, daß man Freunde empfängt, Grammofon spielt, alle Möbel in eine Ecke rückt und tanzt, daß man einen großen Tisch aufstellt und Ping-Pong spielt. Kann man das in diesem Raum, kann man überhaupt noch gehen darin und muß man nicht schreiten, kann man den Tisch aus dem Zentrum der halbkreisförmigen Eßnische herausnehmen oder den Teppich vor der Onyxwand wegnehmen ohne eine Heiligtumsschändung zu begehen, ohne daß die ganze Stimmung zerrissen ist? Nein, man kann es nicht.»[52]

Das Haus enthielt nur das Nötigste an Möbeln und Gerät. Umso sichtbarer wurde die Verwendung kostbarer Materialien und die perfekte Detailausführung. Auch hier ließ Mies wie im Pavillon in Barcelona eine honiggelbe Onyx–Wand aufstellen, dazu eine halbrunde Wand aus geädertem Makassaholz, den Boden mit weißem, reinigungsintensivem Linoleum bedecken und die freistehenden dünnen Stahlstützen mit verchromter Bronze verkleiden. Im großen Wohnraum standen als Teil einer endgültig wirkenden Komposition und mit viel Platz um sich herum: Sessel, mit weißem Pergament bespannt, Stühle mit silbergrauem Stoff und andere mit smaragdgrünem Leder bekleidet, ein Liegestuhl mit Polstern aus rubinrotem Samt. Vor der Onyxwand lag ein handgewebter Teppich aus heller Naturwolle, vor den Fenstern und Durchgängen hingen Vorhänge aus silbergrauer Shantungseide sowie schwarzem und weißem Samt.

Die Villa Tugendhat stand ganz offensichtlich nicht wie die Häuser der neuen Siedlungen im Zeichen der Rationalisierung und Typisierung, sondern im Zeichen individueller Gestaltung und großzügiger Raumentwicklung. Sie war keine «Wohnmaschine», kein bloßer Gebrauchsgegenstand und keineswegs für eine sparsame Lebensführung bestimmt, sondern Hülle einer gesteigerten Kultiviertheit, in der die Errungenschaften der Technik über das Notwendige und Funktionale hinaus geistigen Bedürfnissen zu dienen hatten. Ernst Bloch erkannte schon 1935 in *Erbschaft dieser Zeit* den Doppelcharakter der neuen Sachlichkeit. Dem «Termitencharakter», der entstehe, wo wie in den Arbeiter-

und Angestelltensiedlungen das Geld knapp sei, stehe der Repräsentationscharakter gegenüber, den sich das moderne Großkapital aus seinem Funktionalismus herstelle.[53]

Als seine großen Lehrmeister bezeichnete Mies immer wieder Frank Lloyd Wright, dessen Werkausstellung in Berlin 1910 ihn stark beeindruckt hatte, und Hendrik Petrus Berlage. Berlage hatte er 1912 persönlich kennengelernt, als er in Konkurrenz zu ihm für die Kunstsammlerin Helene Kröller-Müller einen Entwurf für ein Kunstmuseum gemacht und mit einem neoklassizistischen Ansatz gegen Berlage verloren hatte. Was Berlage in den Augen von Mies besonders auszeichnete, war sein «geradezu religiöser Glaube an seine Ideale sowie die Standhaftigkeit seines Charakters.»[54] Seine geistige Haltung – «ehrlich bis auf die Knochen» – und sein Streben nach Wahrheit beeindruckten Mies so nachhaltig, daß unbedingte Wahrhaftigkeit und Verzicht auf allen formalen Schwindel auch zu seinem Grundsatz wurden.

Mies glaubte wie Berlage, daß die Baukunst nicht der Willkür folgen darf, sondern einem geistigen Prinzip entsprechen und einer Idee Ausdruck verschaffen muß. War für Berlage diese Idee die Gleichheit der Menschen, war sie für Mies das Gleichgewicht zwischen Freiheit und Ordnung. Die subjektive Freiheit, die dem Einzelnen den notwendigen Spielraum für ein selbst gestaltetes Leben schafft, muß an eine objektive Ordnung gebunden sein, die diesem individuellen Leben eine allgemeine Form gibt.

Prägend waren für Mies die Schriften des katholischen Theologen Romano Guardini, dem er 1927 in Berlin auch persönlich begegnete. Wie intensiv Mies dessen Schriften studiert haben muß, gerade zu jener Zeit, welche der Planungsphase des Hauses Tugendhat voranging, zeigen die zahlreichen Unterstreichungen, die in den Büchern seiner damaligen Bibliothek zu finden sind.[55] Vor allem die *Briefe vom Comer See* von 1926, in denen Guardini eine Analyse der Zeit unternahm und den Einbruch der Maschine in die historisch gewachsene Kulturlandschaft seiner oberitalienischen Heimat schilderte, zeigen sich stark bearbeitet.

In diesen Briefen kam Guardini zu dem Befund, daß die Industrialisierung die Umwelt zunehmend verschmutze, das menschliche Dasein der Natur entfremde und das Organische auflöse.

Die Maschine und das Mechanische beherrschten das Leben. Doch die industrialisierte Technik, so Guardini, sei kein Übel an sich, sie wirke nur zerstörerisch, solange der Mensch diese neuen Kräfte nicht zu meistern verstehe. Daher dürfe er sich nicht gegen das Neue stemmen und das Alte zu bewahren suchen, sondern müsse lernen, das Werdende umzuformen.

‹Nicht uns gegen das Neue stemmen und eine schöne Welt zu bewahren suchen, die untergehen muß. Auch nicht abseits, aus phantasierter Schöpferkraft eine neue bauen wollen, die gleich von den Schäden des Werdenden frei sein möchte. Wir haben das Werdende umzuformen. Das aber können wir nur, wenn wir ehrlich unser Ja dazu sprechen; doch zugleich mit unbestechlichem Herzen fühlend bleiben für alles, was darin zerstörend, unmenschlich ist.»[56]

Der Mensch müsse Herr werden über die entfesselten Kräfte und sie, da die alte zerfallen sei, zu einer neuen Ordnung führen, die sich auf den Menschen beziehe. Dazu brauche es ein neues Menschentum «von tieferer Geistigkeit, neuer Freiheit und Innerlichkeit, neuer Geformtheit und Formungskraft.»[57] Der neue Mensch müsse, um den zerstörerischen Mächten der Technik gewachsen zu sein, eine neue Haltung entwickeln, «einen neuen Sinn für Verhältnisse, für Maß und Grenzen, für Wechselbeziehung, Voraussetzung und Folge. Eine ganz neue Empfindung für Abstufung und Rang, ein Gefühl für Tragweite und Zusammenhang.»[58]

Der Mensch müsse sich selbst neu erfinden und eine neue Idee vom Gleichgewicht zwischen Freiheit und Ordnung entwickeln. Der Gegensatz zwischen Freiheit und Ordnung sei ein Konflikt, von dem es keine endgültige Erlösung gebe. Freiheit und Ordnung seien nicht Teile einer Einheit, sondern eine «gebundene Zweiheit», die als Weise menschlichen Lebens akzeptiert werden müsse, und Aufgabe der Zeit sei es, zu einer neuen, doch kritischen Einheit dieser Zweiheit zu finden.

Überall sah Guardini Vorboten des Neuen, vor allem aber in den Werken der Architektur, in denen das Technische nicht mehr nur verziert, sondern wirklich ausgedrückt und gestaltet werde. «Ich sehe Bauwerke, in denen das technische Gebilde zu wirklicher

Form bewältigt ist. Diese Form ist nicht von außen herangebracht, sondern kommt aus dem gleichen Ursprung wie das technische Gebilde selbst, so wahr und echt und selbstverständlich, daß die Meinung entstehen konnte, eine richtig konstruierte Maschine und ein vollkommen zweckmäßig gebautes Haus seien ebendadurch bereits künstlerisch geformt – was natürlich ein Fehlschluß war, denn die bloße technische Richtigkeit ist noch nicht künstlerische «Form». In dieser ist vielmehr das Größere geschehen, daß der technische Apparat auf unser lebendiges Empfinden bezogen ist.»[59]

Die Villa Tugendhat ist möglicherweise der Versuch, Guardinis Forderung nach einer neuen Geformtheit und einer neuen Bestimmung von Freiheit und Ordnung umzusetzen. Mit der Verwendung der Skelettkonstruktion verbindet Mies die strenge Ordnung der Struktur mit der freien Gliederung des Raums, mit der Verwendung der Glasfassade die Geborgenheit des Hauses mit der offenen Weite der Landschaft. Mit der Freiheit des Raums und der Strenge seiner organisierten Ordnung hebt er den Menschen aus seiner Umgebung heraus, verweist ihn auf sich selbst und schafft neue Möglichkeiten von Sammlung und Innerlichkeit. «Eine Sehnsucht ist da», so Guardini, «nach dem Inneren, nach dem Stillwerden; danach, aus der Hetze herauszutreten in die Sammlung. Aber nicht so, daß diese Sammlung das Sein und Tun des sonstigen Lebens verleugnete, sondern mitten darin. Wir ahnen Möglichkeiten des Gesammeltseins und einer Innerlichkeit im Täglichen, im Leben, wie es heute ist.»[60]

Mies war, glaubt man seiner Tochter Georgia van der Rohe und ihren Lebenserinnerungen, eine eindrucksvolle Erscheinung. «Mein Vater – groß, einigermaßen schlank, mit einem imperialen Gang, immer hocherhobenen Hauptes – sah aus wie ein spanischer Grande oder ein brasilianischer Hazienda-Besitzer und benahm sich auch so. Ein Arbiter Elegantiarum, immer superelegant gekleidet.»[61] Mies war dem Luxus nicht abgeneigt und lebte, wie er baute: in neuer Geformtheit. «Die großräumige Berliner Wohnung Am Karlsbad 24, die er jetzt allein bewohnte», so Georgia, «war mit den für Barcelona entworfenen Möbeln ausgestattet. Einige andere hatte er als Prototypen nur für seinen privaten

Haushalt anfertigen lassen. In der ganzen Wohnung war der Boden mit weißem Linoleum ausgelegt. Riesige Vorhänge aus dunkelblauer schwerer Shantungseide konnten wie ein Theatervorhang von Wand zu Wand vor die Fensterfronten gezogen werden.»[62]

Mies stand offensichtlich nicht wie andere Protagonisten der neuen Sachlichkeit auf Massenprodukte, und die Wohnblöcke in Stuttgart und Berlin-Wedding waren sein einziger Ausflug in die Welt der Minderbemittelten. Er selbst lebte wie seine Auftraggeber stilvoll und individuell, ließ beim bekanntesten Schneider von Berlin arbeiten und hielt sich für seinen Junggesellenhaushalt Butler und Haushaltshilfe. Einen anderen Lebensstil konnte er sich nicht vorstellen, und als man ihm vorwarf, daß seine Bauten und Entwürfe für die Arbeiter zu teuer seien, soll er gefragt haben: «Wenn meine Bauten für die Arbeiter zu teuer sind, warum gibt man ihnen denn nicht mehr Lohn?»[63]

Nach der Machtergreifung der NSDAP bekam Mies für neue Bauvorhaben keine Genehmigung mehr, seine Mitgliedschaft in der Preußischen Akademie der Künste wurde beendet, und seine Situation gestaltete sich in den folgenden Jahren materiell immer prekärer. Als er ein Angebot aus Chicago bekam, verließ er 1938 Deutschland. Auch das jüdische Ehepaar Fritz und Grete Tugendhat mußte seine Villa und Brünn verlassen. Es gelang ihnen 1938 noch rechtzeitig, vor der nationalsozialistischen Verfolgung in die Schweiz und später nach Venezuela zu fliehen.

Einige Jahre später baute Mies noch einmal ein Glashaus für das private Wohnen, ein Ferienhaus für die Ärztin Edith Farnsworth in idyllischer Lage am Fox-River in Plano/Illinois. Das Haus, 1951 fertig gestellt, ist von radikaler Einfachheit. Es besteht aus einer Dach- und einer Bodenplatte, die von acht freiliegenden stählernen H-Stützen im Abstand von 6,60 Meter getragen werden. Die Bodenplatte ist, da das Haus im Hochwassergebiet liegt, 1,50 Meter über das Erdniveau angehoben und schwebt wie ein Schiffsdeck über dem Boden. An beiden Enden des Hauses kragen die beiden Platten über die Stützen vor und schaffen eine zur distanzierten Betrachtung des Naturraums geeignete, geschützte Plattform. Die Außenhülle des Hauses ist aus Glas, und der stützenfreie Innenraum besitzt nur zwei feste Elemente: einen Servicekern mit Küche, Bad und Technikraum sowie einen offenen Kamin. Der asymmetrisch angeordnete Kern teilt den Grundriß in die Bereiche für Wohnen, Essen und Schlafen. Der Schrank, im ursprünglichen Entwurf nicht vorgesehen, wurde auf ausdrücklichen Wunsch der Bauherrin nachträglich eingebaut.

Doch im Gegensatz zu den Tugendhats war Mrs. Farnsworth nach Fertigstellung des Hauses keineswegs zufrieden. Sie fand es unangemessen, mehr als 70000 Dollar für ein Einzimmer-Haus bezahlt zu haben, das nicht mehr sei als ein Glaskäfig auf Stelzen, und verklagte den Architekten, da das Haus fünfmal so viel gekostet habe wie ein vergleichbar großes Ferienhaus. Doch ohne Erfolg.[64] Das Kapitel, das sie in ihren Memoiren dem Hausbau widmete und mit «my miestakes» überschrieb, zeigt, daß nicht jeder für ein Leben in neuer Geformtheit auserwählt ist und mit der gebundenen Zweiheit von Freiheit und Ordnung zurechtkommt. Mies jedoch nahm dies alles gelassen. Schon früh wurde von ihm der Ausspruch kolportiert: «Ich baue einfach – koste es, was es wolle.»

## Der Kunde wird König – Das Kaufhaus Schocken in Chemnitz
### Erich Mendelsohn | 1929–31

«Gute Waren für jedermann; stets gleiche, gute Leistungen» – das Inserat der Kaufhauskette Schocken von 1929 bringt den kaufmännischen Grundsatz ihres Gründers und Besitzers Salman Schocken auf einen kurzen Nenner. Schocken, einer der größten Kaufhausmagnaten seiner Zeit, besaß ein hohes Berufsethos. Verkaufen war für ihn nicht in erster Linie profitorientierter Selbstzweck, sondern über die ausreichende Bereitstellung sowohl preiswerter wie qualitativ hochwertiger Waren Dienst an der Gesellschaft. Preiswert sollten die Waren sein, um als Konsumgüter auch dem unteren Mittelstand und der Arbeiterklasse, beide bislang vom Markt als Kunden vernachlässigt, zugänglich zu sein, solide und aus guten Materialien – einzelne Produkte wurden ab 1924 einer wissenschaftlichen Materialprüfung unterzogen –, um die neuen Kunden zur Qualität zu erziehen.

Die Anfänge des Konzerns waren bescheiden. Zusammen mit seinem älteren Bruder Simon eröffnete Salman Schocken, in Margonin bei Posen als Sohn eines kleinen Ladenbesitzers geboren, 1901 ein Warenhaus in Zwickau. Reichhaltige Auswahl, unbeschränktes Umtauschrecht, feste und ausgezeichnete Preise, Barzahlung – kurz alles, was bislang den gehobenen Schichten in den Warenhäusern der Großstadt vorbehalten war, wurde nun in der sächsisch-thüringischen Industrieprovinz einem interessierten Arbeiterpublikum zugänglich, das durch stetig steigende Reallöhne zum Konsum, wenn auch in bescheidenem Umfang, durchaus in der Lage war.

Das Warenhaus in Zwickau war von Anfang an ein Erfolg, obwohl der örtliche Einzelhandel in Anzeigenkampagnen das Publikum gegen diesen Einbruch in die bislang heile Einkaufswelt der Provinzstadt einzunehmen versuchte. Neben der Unter-

106

stellung minderwertiger Qualität verwies man auch auf das jugendliche Alter Salmans, der aufgrund mangelnder Erfahrung wohl kaum in der Lage sei, ein so großes Kaufhaus zu leiten. Hierzu nahm Schocken öffentlich Stellung. In einer Zeitungsanzeige verwies er auf seine gründlichen «volkswissenschaftlichen Kenntnisse», die er aus einem unausgesetzten zwölfjährigen Studium der Gesellschaftswissenschaften gewonnen habe. Mehrere Jahre lang habe er in Leipzig Vorlesungen der Universität besucht. «Um dem Verfasser der Entgegnung nun Gelegenheit zu geben, sich über die Quellen, aus denen meine Kenntnisse stammen, zu orientieren, lade ich ihn hiermit ein, mich in meinem Arbeitszimmer zu besuchen und meine hiesige, etwa 900 Bände starke Privatbibliothek zu besichtigen, in der er die maßgebenden Werke der Nationalökonomie und Volkswirtschaftslehre nicht nur auf dem Brett stehen, sondern auch durchgearbeitet finden kann.»[65]

Salman war selbstbewußt und von seinen kaufmännischen Fähigkeiten überzeugt. Er setzte sich nicht nur gegen die Angriffe öffentlich zur Wehr, sondern gab den örtlichen Einzelhändlern zugleich den guten Rat, sich zu Einkaufsorganisationen zusammenzuschließen, um den drohenden Ruin abzuwenden. Denn nur der werde langfristig überleben, der seine Waren günstig einkaufe. Schocken selbst kaufte, um seine niedrigen Preise realisieren zu können, ohne Zwischenhandel direkt beim Erzeuger und bekam, da er durch den schnellen Warenumsatz große Mengen ordern konnte, einen entsprechend großen Rabatt. Da die niedrigen Preise den Warenumsatz weiter erhöhten und beschleunigten, kam es zu weiteren Mengenrabatten und zu einer Senkung der Lagerhaltungskosten.

Durch die hohe Qualität der Waren wollte Schocken eine zahlreiche und treue Kundschaft erwerben und etwaige Bedenken, der niedrige Preis könnte für minderwertige Ausführung stehen, zerstreuen. Der Qualitätsanspruch führte zu einer Beschränkung des Warenangebots: Man führte nur, was sich bewährt hatte. «Eines der Grund-Motive unseres Unternehmens ist, daß wir (...) prinzipiell nicht alles führen, und zwar prinzipiell eine ganz bestimmte große Warenschicht nicht führen. Wir lehnen alle unerprobten Artikel ab, die auf den Markt kommen.»[66]

Im Unterschied zu den führenden Warenhauskonzernen wie Tietz und Wertheim beschränkte sich Schocken anfangs auf die sächsisch-thüringische Provinz, auf die verkehrstechnisch gut angebundenen Klein- und Mittelstädte der Industriereviere mit ihrer aufstrebenden Arbeiterschaft. Erst in den 20er Jahren expandierte er nach Süddeutschland und in größere Städte. 1926 wurde ein Kaufhaus in Nürnberg eröffnet, 1928 eines in Stuttgart und im Mai 1931 eines in Chemnitz. Chemnitz war zu dieser Zeit Mittelpunkt eines Industriereviers mit 348 000 Einwohnern, und das Kaufhaus wurde trotz Wirtschaftskrise und hoher Arbeitslosigkeit das umsatzstärkste Haus des Konzerns mit rund 1000 Angestellten.

Für den Bau der neuen Häuser suchte Schocken, der nicht nur Wert auf die Qualität der Waren legte, sondern zunehmend auch auf die werbewirksame Qualität der Architektur, einen Architekten, der seinen Ansprüchen genügen konnte, und fand ihn in Berlin. In den zionistischen Kreisen, die Schocken dort frequentierte, lernte er Erich Mendelsohn kennen, einen der damals bekanntesten Architekten der neuen Sachlichkeit. Der Mann, soll Schocken gesagt haben, ist ein Genie, der einen großen Bauherrn braucht, welcher seinen machtvollen Visionen eine materielle Dimension gibt. Damit meinte Schocken wohl sich selbst, jedenfalls beauftragte er Mendelsohn mit dem Bau der Häuser in Nürnberg, Stuttgart und Chemnitz. Eine erfolgreiche Zusammenarbeit begann, und das Chemnitzer Haus wurde zu einem besonders schönen Beispiel des Neuen Bauens.

Über einem Grundriß in Form eines Kreissegments erhebt sich ein Stahlbeton-Skelettbau mit acht Vollgeschossen und einem Dachgeschoß. 3,50 Meter vor den Stützen liegt die 70 Meter lange Beton-Vorhangfassade, über Kragarme an den Stützen befestigt. Sie folgt dem gebogenen Straßenverlauf und liegt wie eingespannt zwischen den beiden seitlichen Treppenhäusern. Die verglasten Treppenhäuser und das Erdgeschoß sind einen Meter zurückgesetzt, die oberen drei Geschosse als Staffelgeschosse ausgebildet, die vorgelagerten Dachterrassen wie eine Schiffsreling mit horizontalen Geländerstäben gesichert. Die Fassade besteht aus durchgehenden Fensterbändern und flachen, geschlossenen Brüstungen aus Travertin.

Kaufhaus Schocken Chemnitz, Außenansicht mit Nachtbeleuchtung

Fassade wie Innenraum gestaltete Mendelsohn horizontal, da er das Horizontale für den adäquaten Ausdruck der Zeit hielt: «Für die Aufregungen unseres temporeichen Lebens», sagte er in einem Vortrag in Amsterdam 1923, «kann der Mensch unserer Zeit einen Ausgleich nur in entspannten horizontalen Formen finden.»[67] Ein neuer Rhythmus, eine neue Bewegung habe die von den elementaren Ereignissen der Zeit aufgerüttelte Welt erfaßt. «Um so mehr ist es unsere Aufgabe, der Aufgeregtheit die Besinnung entgegenzusetzen, der Übertreibung die Einfachheit, der Unsicherheit das klare Gesetz.»[68]

Das neue Warenhaus besitzt keinen verglasten Lichthof mehr wie die früheren Kaufpaläste der Metropolen, sondern besteht aus durchgehenden, übereinander gestapelten Etagen. Kein Licht- und Luftraum unterbricht die Flächen, auf denen sich die Abteilungen gleichmäßig aneinanderreihen. 1,45 Meter hohe Regale laufen entlang der Außenwand, darüber Fensterbänder als einzige Tageslichtquellen. Warenhaustische und Regale durchziehen wie horizontale Bänder das Innere, und außer den Stützen tritt nichts in der Höhe hervor. Keine luxuriöse Ausstattung findet sich hier, alles ist sachlich gestaltet, und lediglich Schriftbänder, die dem Kunden erklären, warum alle Kaufhäuser Schocken so großen und dauernden Erfolg haben, lockern hier und da die durch Waren bestimmte Atmosphäre auf.

Die Architektur selbst dient als Werbebotschaft und repräsentiert die Warenwelt. Eine einprägsame Gebäudesilhouette, große Schaufensterflächen, die die ausgestellten Waren wie Passepartouts einrahmen, plakative Schriftzüge, ein eingängiges Logo, leuchtende Fensterbänder als Lichtreklame bei Nacht – all das waren wichtige Bestandteile des Schockenschen Werbekonzepts. Zwar sollten die Waren trotz allem Anspruch an Qualität und Design massenhaft verkauft werden, doch möglichst ohne aufdringliche Massenreklame, nur durch den Einsatz sachlicher Gestaltungsmittel. «Ein gut geleitetes Warenhaus», so Schocken bei einem Vortrag 1931, «bedarf der lauten und kostspieligen Massenreklame ebenso wenig wie ein gut gebautes Warenhaus einer besonderen Lichtreklame. Der Lichtschein, der durch die wohl angeordneten Fensterbänder der Verkaufsgeschosse leuchtet, repräsentiert das Haus bei den Käufern besser als Lichteffekte, die um ihrer selbst willen außen angeordnet sind.»[69]

Mendelsohn war Ende der 20er Jahre ein sehr erfolgreicher Architekt und führte mit etwa 40 Mitarbeitern eines der größten Architekturbüros Europas. Es war straff organisiert, und alles bis hin zum letzten Türdrücker entwarf der Meister selbst. «Wir haben», pflegte er zu sagen, «hier nur einen Entwurfsarchitekten, und das ist Erich Mendelsohn.» Er arbeitete gern nachts, wenn es ruhig war, und wenn möglich bei klassischer Musik, wobei er die Werke Johann Sebastian Bachs bevorzugte, da dieser am gleichen Tag wie er geboren worden war.

Der Architekturhistoriker Julius Posener, der Mendelsohn während seiner Studentenzeit in den 20er Jahren in Berlin persönlich kennengelernt hatte, erzählt in seinen Lebenserinnerungen *Fast so alt wie das Jahrhundert*, daß er 1931 eine Zeitlang in Mendelsohns Büro gearbeitet habe, wenn auch unbezahlt. «Mendelsohns Büro berührte mich ein wenig preußisch – um es milde auszudrücken. Die Bleistifte waren mit dem Namen des Büros bedruckt – ich vermute, damit keine ‹wegkamen›.

Mendelsohn, selbst ein disziplinierter Arbeiter, legte Wert auf Disziplin.»[70]

Mendelsohn war unter den Kollegen nicht unumstritten. Er galt in den Reihen strenger Vertreter der neuen Sachlichkeit gesinnungsmäßig als Leichtgewicht, als Modearchitekt, an dessen Bauten man einen «merkwürdig betonten Konfektionscharakter» zu erkennen glaubte. Seine dynamisch geschwungenen Bauten und Skizzen, die Mendelsohn als musikalische Assoziationen ausgab, wirkten auf den Chefredakteur der Zeitschrift *Das Neue Frankfurt* beispielsweise aufgesetzt, wenn nicht gar kunstgewerblich: viel Dekor, wenig Idee.[71]

Da Schocken beabsichtigte, sein Unternehmen nicht nur architektonisch, sondern auch hinsichtlich Grafik und Design einem Facelifting zu unterziehen, suchte er Mitte der 20er Jahre den Kontakt zum Bauhaus. Zusammen mit seinem Sohn Gustav traf er sich mit Kandinsky, Breuer und anderen Meistern des Bauhauses und ließ sich die Neuheiten vorführen: Möbel, Beleuchtungskörper und weitere Gebrauchsgegenstände. Nur wenige Tage später sollte dieser Besuch Folgen haben.[72]

Ein Assistent von Gropius wurde Angestellter der konzerneigenen Bauabteilung, László Moholy-Nagy bekam den Auftrag für das Design der Anzeigen, Broschüren und Labels, Herbert Bayer entwarf neue Plakate. Schocken ließ Produkte neu gestalten, und ein Bauhaus-Absolvent wurde mit der Neuentwicklung von Verkaufstischen beauftragt. Der neue Tisch aus schwarzem Holz und Glas wurde in allen Schocken-Häusern eingeführt. Alle Drucksachen wurden nun im Bauhausstil gestaltet, und das Schocken-Logo, der Buchstabe S, der zum Kennzeichen des Konzerns werden sollte, entstand. «Das Bauhaus», erklärte Schocken seinen Angestellten, «ist der führende Stil in der heutigen Architektur, doch nicht im Hause selbst. Immer noch leben wir mit den Möbeln von 1898, und es ist eine herausfordernde Aufgabe, den Massen den zeitgenössischen Stil hinsichtlich Möbel, Betten etc. nahezubringen.»[73]

Schocken hatte mit seinen Kaufhäusern wachsenden Erfolg. Obwohl 1930 bereits auf vier Arbeitnehmer ein Arbeitsloser kam, blieb der Konzern vom Kaufkraftschwund nicht nur unberührt, sondern der Umsatz wuchs im Gegenteil von 1930 auf 1931 weiter an. Schocken galt als der am besten geführte Warenhaus-Konzern mit der höchsten Eigenkapitalquote und ohne nennenswerte Schulden. Er hatte nicht nur räumlich, sondern auch in seinem Angebot an Produkten expandiert, und die Warenhäuser hatten nun Spezialabteilungen für Bücher, Schallplatten, Sportartikel, Radioartikel, optische Geräte sowie Reparaturwerkstätten und einen Reparaturservice, und alles mit fachlich guter Beratung.

Schocken war einer der «Unternehmer neuen Stils», denen Max Weber in *Die protestantische Ethik und der Geist des Kapitalismus* einen festen Charakter, nüchterne Selbstbeherrschung, Klarheit des Blicks und Tatkraft zusprach, vor allem aber ausgeprägt «ethische» Qualitäten, die sie das Vertrauen der Kunden und Arbeiter gewinnen und ungezählte Widerstände überwinden ließen. Sie waren keine Spekulanten oder ökonomischen Abenteurer, «sondern in harter Lebensschule aufgewachsene, wägend und wagend zugleich, vor allem aber nüchtern und stetig, scharf und völlig der Sache hingegebene Männer mit streng bürgerlichen Anschauungen und ‹Grundsätzen›.»[74]

Als Unternehmer neuen Stils war Schocken selbstverständlich Anhänger von Frederic C. Taylors *Scientific Management* und führte sein Unternehmen nach dessen Grundsätzen. Doch sein eigentliches Erfolgsrezept war: Güter, die bislang einer gehobenen Lebensführung vorbehalten waren, als preiswerte Massenware anzubieten. Er hatte früh erkannt, daß die durch die industrielle Produktion möglich gewordene Massenfertigung zu einer bislang ungewohnten Demokratisierung des Konsums führen würde – eine Entwicklung, die von vielen als aufsehenerregend empfunden wurde. «Der Anblick von Bergarbeitern mit Spazierstöcken, begleitet von ihren Frauen in prächtigen, elegant sitzenden Kleidern, erregte soviel Aufsehen, daß die örtlichen Zeitungen darüber schrieben.»[75]

Schocken, klein, mit kompakter Statur und frühem Kahlkopf, war ein Einzelgänger, der Kontakte mit anderen Menschen scheute; auch in der Familie blieb er distanziert. Seinen Konzern führte er aus der Ferne. Für das Alltagsgeschäft bediente er sich seines Bruders sowie zuverlässiger Direktoren, und für die grundsätzlichen Entscheidungen und Direktiven genügten ihm wenige Stunden am Tag. Mehr Zeit verbrachte er zu Hause in seiner Bibliothek, in der ihn keiner stören durfte.

Schocken hatte es durch unablässiges Selbststudium – er hatte nur ein paar Jahre Volksschule absolvieren können – vom einfachen Handlungsgehilfen zu einem der führenden Unternehmer, aber auch zu einem anerkannten Kulturträger der Weimarer Zeit gebracht. Thomas Mann beispielsweise soll ihn den bedeutendsten lebenden Goethekenner genannt haben, und dem Goetheschen Ideal eines ganzheitlichen Lebens mittels lebenslanger Bildung strebte Schocken selbst nach.

Dieses Bildungsideal beeinflußte auch das Warenangebot seiner Kaufhäuser, die 1922 erstmals Bücher im Angebot führten. Es waren zwar Restauflagen zu herabgesetzten Preisen, doch ausgewählte und hochwertige Romane und Sachbücher. «Sein Bestreben war», schrieb der Sohn Gershom, «daß die Warenhäuser, die seinen Namen trugen, den Lebensstandard und das kulturelle Niveau der Einwohner der Städte, in denen sie standen, heben sollten.»[76]

Um auch das kulturelle Niveau der Angestellten – 1914 beschäftigte der Schocken-Konzern 500 Mitarbeiter, 1933 bereits 6000 – zu heben, richtete Schocken 1920 in allen Kaufhäusern ständige und kostenlos zu nutzende Bibliotheken ein und ließ die Angestellten in regelmäßigen Kursen in Verkaufstechnik und Warenkunde ausbilden. Denn Schocken war klar, daß er den großen Erfolg nicht nur den guten, preiswerten Waren schuldete, sondern auch dem guten Betriebsklima, und daß sein Hauptkapital die Arbeitsfreude und Leistungsbereitschaft des Personals war. «Wir wollen weiter mehr als üblich die Motive des Menschlichen in der Behandlung und dem Aufbau des Personals anwenden.»[77]

Bereits bei der Einstellungsprozedur versuchte man durch graphologische Gutachten, die in den 20er Jahren zum neuen Trend wurden, herauszufinden, ob und wofür der Einzelne geeignet war. Die Handschrift galt als Hieroglyphe der Seele, und Schocken stellte ein ganzes Team unbeschäftigter Künstler ein, die nach einem Crashkurs in der neuen Wissenschaft die geeigneten Per-

sonen herauszufiltern hatten. Eignung sollte ebenso die Arbeitsfreude wie die Leistung erhöhen.

Schocken stellte hohe Anforderungen an seine Mitarbeiter,
zahlte aber auch gute Gehälter mit regelmäßigen jährlichen Bo-
nuszahlungen und Urlaubsgeldern. Er gewährte mehr Urlaub, als
die gesetzliche Regelung vorsah, und bot Gesundheitsfürsorge
und Eigenheimkredite an. 1908 führte er Sonderverkäufe zugunsten der Ferienkasse des Personals durch, und anläßlich des 10jäh-
rigen Bestehens der Firma I. Schocken Söhne GmbH kaufte er
für das Personal ein Hofgut als Feriendomizil und stiftete einen
Angestellten-Wohlfahrtsfonds.

Schocken selbst besaß eine der bedeutendsten und kostbar-
sten privaten Sammlungen von Büchern aus dem deutschen
Sprachraum vom Barock bis zur Moderne und von klassischen
hebräischen Texten. Er unterstützte, von Martin Buber beraten,
großzügig Forschungsvorhaben und kulturelle Projekte, und
seine *idée fixe* war die Schöpfung einer modernen jüdischen Literatur, die auf der hebräischen Sprache basieren und sich aus dem
vorhandenen Fundus von Legenden und Mythen speisen sollte.
Er gründete hierfür das Forschungsinstitut für hebräische Dichtung, ließ seine Mitarbeiter nach brauchbarem historischem Material suchen und unterstützte hebräisch schreibende Dichter wie
Samuel Josef Agnon, die traditionelle Strukturen in moderne
Dichtung umsetzten. 1931 gründete er einen eigenen Verlag, der
auf moderne hebräische Literatur und Judaica spezialisiert war
und beispielsweise die Rechte am Gesamtwerk von Franz Kafka
besaß.

Bereits im April 1933, nach der Machtergreifung Hitlers, wurden Schocken-Häuser von SA-Trupps geplündert, Manager fest-
genommen und Akten requiriert. Durch solche massenwirksamen
Gewaltaktionen suchten die Nazis die Anerkennung der kleinen
Ladenbesitzer, welche die Ursache ihres Niedergangs in den oft
von Juden geführten Kaufhäusern sahen, zu gewinnen. Doch
letztlich gelang es auch nur mit Gewalt und rigorosen Maßnahmen, die Kaufhäuser zu boykottieren. Denn selbst SA-Leute und
ihre Angehörigen kauften nach wie vor, wenn auch heimlich, bei
Schocken.

Schocken emigrierte Anfang 1934 nach Palästina und verkaufte sein Warenhausimperium an einen arischen Strohmann in der Hoffnung, auf diese Weise sein Unternehmen vor den Nazis retten zu können. Doch der Strohmann mußte 1938 an ein Bankenkonsortium unter der Führung der Deutschen Bank verkaufen – zu 5 Prozent des tatsächlichen Werts. Der größte private Aktionär der neuen Schocken-AG wurde der frühere deutsche Kaiser Wilhelm II.

## Volksgesundheit – Das Pioneer Health Centre in London
### Owen Williams | 1933–35

In England hatte die medizinische Reihenuntersuchung von zweieinhalb Millionen Männern im kriegsfähigen Alter 1917/18 gezeigt, daß 41 Prozent der Untersuchten als physische Wracks oder
chronisch Kranke einzustufen waren. Weitere Untersuchungen
in Grundschulen bestätigten, daß es auch um die angebliche
Gesundheit der Kinder schlecht bestellt war. Angesichts dieser
Befunde fragten sich die Ärzte und Biologen Dr. G. Scott Williamson und Dr. Innes Pearse, ob die Medizin noch länger auf die
Diagnose und Behandlung von Krankheiten beschränkt bleiben
dürfe oder ob sie nicht vielmehr die Grundbedingungen von Gesundheit wissenschaftlich erforschen müßte.

Volksgesundheit dürfe, so meinten sie, nicht länger nur mittels
Todesfallstatistiken und Arbeitsunfähigkeittabellen bewertet
werden. Auch jene physischen und psychischen Einschränkungen
müßten gemessen und beurteilt werden, die weder zum baldigen
Tod führten noch das Stadium von Arbeitsunfähigkeit erreichten,
doch zweifelsfrei vorhanden waren. Denn viele Menschen litten
an Beschwerden und Einschränkungen – *disorders and disabili-
ties* –, die die Schwelle zur Krankheit – *disease* – zwar nicht überschritten, doch das Allgemeinbefinden merklich herabsetzten.
Sie arbeiteten, bekamen Kinder und führten ein unauffälliges
Leben, waren aber alles andere als gesund. Denn Gesundheit
sei nicht allein das Fehlen von Krankheit, sondern eine Folge kör-
perlichen, geistigen und sozialen Wohlbefindens.

Williamson und Pearse beschlossen, zur weiteren Erforschung
der Volksgesundheit ein Experiment durchzuführen. Sie mieteten
1926 ein altes Haus in der Queen's Road in Peckham, einem Vorort
im südlichen London, der für die untere Mittelklasse repräsentativ
war und keine besonders hohe Arbeitslosigkeit oder auffällige

Armut aufwies. Sie richteten ein Gesundheitszentrum ein, das aus Empfang, Untersuchungsraum, Bad, Umkleide und einem Klubraum bestand. Familien aus der Nachbarschaft wurden eingeladen, dem Klub gegen einen kleinen wöchentlichen Beitrag beizutreten, Kinder unter 16 Jahren hatten freien Zutritt. Geboten wurden Gesundheitsberatung, Kinderbetreuung, ein jährlicher kostenloser *check-up* und Geburtsvorbereitungskurse. Es wurden lediglich medizinische Untersuchungen, keine Behandlungen durchgeführt; Kranke wurden an die zuständigen Ärzte oder Krankenhäuser überwiesen.

Das Experiment verlief erfolgreich. Nach drei Jahren standen 112 Familien mit insgesamt 400 Personen als eingetragene Mitglieder für die Untersuchungen zur Verfügung. Alle waren verpflichtet, sich jedes Jahr einmal medizinisch untersuchen zu lassen, und zwar jeweils die ganze Familie, damit auch Entwicklungsprozesse von einer Generation zur nächsten verfolgt werden konnten. Über jede Familie gab es ein Datenblatt, das regelmäßig überprüft und ergänzt wurde.

Die ersten Untersuchungsergebnisse, die Williamson und Pearse 1931 in dem Buch *The Case for Action* veröffentlichten, zeigten, daß lediglich 14 Prozent der untersuchten Männer und 4 Prozent der untersuchten Frauen frei von Befunden waren. Dies bestätigte im wesentlichen die erschreckenden Ergebnisse der früheren militärischen Reihenuntersuchungen. Da es, so meinten sie, um die Volksgesundheit nachweislich schlecht bestellt sei, müsse man die Ursachen erforschen, um sie bekämpfen zu können. Denn welchen Wert könne die Diagnose und Heilung von Krankheiten auf Dauer haben, wenn die Geheilten in die gleichen Lebensumstände zurückkehren müßten, die diese Krankheiten offensichtlich ausgelöst hätten.

Williamson und Pearse schlugen deshalb vor, das Experiment zu erweitern und ein Gesundheitszentrum, das mehr sein sollte als eine reine Untersuchungsstation, einzurichten. Das Zentrum, gedacht als Teil eines Therapieversuchs, sollte den Untersuchten geben, was ihnen nach Meinung der Humanbiologen zu einer gesunden Entwicklung fehlte: Licht, Luft, Raum, aber auch Bewegungs- und Kontaktmöglichkeiten. Denn im Sinne einer ganzheitlichen Betrachtungsweise dürften die Grundbedingungen von Wohlbefinden und Gesundheit sich nicht nur auf psychische und physische Faktoren beschränken, sondern müßten auch geistige und soziale mit einschließen.

Auch im neuen Gesundheitszentrum sollte daher die Untersuchungseinheit nicht das Individuum sein, sondern die Familie als kleinste soziale Organisationsform. Die Familien sollten sich innerhalb des Zentrums frei von einschränkenden räumlichen Bedingungen und dem disziplinierenden Einfluß der beobachtenden Wissenschaftler bewegen können. Ihnen sollten möglichst viele unterschiedliche Freizeiteinrichtungen zur Verfügung stehen, damit sie sich in ihrer freien Zeit beschäftigen und neue Fertigkeiten – wie Sport, Spiele, Tanzen, Musik und Lesen – einüben konnten.

1933 konnten Williamson und Pearse, durch Spenden finanziell gestärkt, ihren neuen Plan in Angriff nehmen. Sie beauftragten den Architekten J. M. Richards, ein Raumprogramm und ein Grundrißlayout zu entwerfen, und schickten diese Unterlagen, ohne Wissen von Richards, an verschiedene andere Architekten. Sie baten sie um Entwurfsvorschläge, Konstruktionsdetails, Kostenschätzungen und um die Verpflichtungserklärung, die Baukosten von 25 000 Pfund nicht zu überschreiten. Dieses ungewöhnliche Vorgehen, gleich mehrere Entwürfe, und zwar kostenlos, einzuholen, rief die britische Architektenvereinigung *RIBA* auf den Plan. Doch da mit Owen Williams ein Ingenieur, der nicht ihren Statuten unterlag, den Auftrag bekam, konnte sie nichts unternehmen.

Owen Williams (1890–1969) war, als er für Williamson und Pearse das Gesundheitszentrum entwarf, in England bereits sehr bekannt. Zum einen für die Radikalität seiner Konstruktionen, zum anderen für die strikte Einhaltung der Kostengrenzen, die ihm seine Auftraggeber vorgaben. Darüberhinaus pflegte er seine Gebäude exakt auf die funktionalen Anforderungen der Auftraggeber zuzuschneiden – für Williamson und Pearse wohl aufgrund ihres engen Budgets und ihrer besonderen Vorstellungen wichtige Entscheidungskriterien.

Williams hatte vor dem Ersten Weltkrieg in der Londoner Niederlassung der *Trussed Concrete Steel Company* von Moritz Kahn, dem Bruder von Albert Kahn, gearbeitet und war schon früh zu einem Experten des Bauens mit Stahlbeton geworden. Nach dem Ende des Krieges hatte er sich mit einem Kollegen selbständig gemacht und zuerst als beratender Ingenieur für verschiedene Architekturbüros gearbeitet. Doch bald beschloß er, enttäuscht von der in seinen Augen dekorativen Einstellung der meisten Architekten, die für ihn nur *decoration merchants* waren, auf eigene Rechnung zu arbeiten.

Im Unterschied zu den «dekorierenden» Architekten plädierte Williams für ein streng funktionalistisches Vorgehen, da dies der Weg sei, den auch die Natur bei ihren Konstruktionen verfolge, und das hieß für ihn, den Aufwand dem jeweiligen Zweck entsprechend so gering wie möglich zu halten. Hierfür schien ihm der Stahlbeton – er versuchte ihn sogar für Schreibtische und Schiffe einzusetzen – das am besten geeignete Baumaterial.

Für seine Verdienste bei der Ausrichtung der *British Empire Exhibition* 1924 schon im zarten Alter von 34 Jahren zum Ritter geschlagen, wurde die 1932 fertiggestellte *Boots Wets Factory* bei Nottingham – von der Presse als Prophezeiung einer vernünftigen Architektur gefeiert – Williams erster großer Erfolg als Ingenieur-Architekt. International bekannt wurde auch sein mit schwarzem Glas verhängtes Gebäude des *Daily Express* in der Fleetstreet in London.

Das *Pioneer Health Center*, das er für Williamson und Pearse in der St Mary's Road in Peckham errichtete, wurde ein dreigeschossiger, kompakter, rechteckiger Baukörper. Er sitzt von der Straße zurückgesetzt an der hinteren Grundstücksgrenze und bietet einen großen Vorplatz für Spiel und Sport. Alle Nebenräume, auch der etwas nebensächlich behandelte Eingang, liegen im hinteren Teil des Gebäudes, die Haupträume im vorderen, der Straße, dem Vorplatz und der Sonne zugewandt. In der Mitte des Gebäudes, gleichsam als Dreh- und Angelpunkt, liegt ein Schwimmbad, das die ganze Höhe des Gebäudes einnimmt und mit einem Glasdach überdeckt ist.

Das Zentrum besteht aus drei Ebenen. Im Erdgeschoß liegen eine Turnhalle, eine Kindertagesstätte und ein Lesesaal, die Umkleideräume und ein überdeckter Spielplatz. Im ersten Obergeschoß finden sich eine Lounge, von der aus das Schwimmbad und der Vorplatz beobachtet werden können, das Schwimmbad selbst und eine Cafeteria. Das zweite Obergeschoß umfaßt die Untersuchungszimmer der Ärzte, eine Bibliothek und ein Studierzimmer. Das Gebäude ist eine Stahlbeton-Skelettkonstruktion. Schlanke kreuzförmige Stützen mit vier nach etwa einem Meter in die Decke auslaufenden Kragarmen tragen die Decken und halten den Raum von tragenden Wänden frei. Flexibilität war eine wichtige Forderung von Williamson und Pearse, und sie wurde unterstützt durch zahlreiche, im Gebäude verteilte Schächte mit Strom- und Wasserleitungen, an die bei Bedarf angeschlossen werden konnte.

Den äußeren Abschluß bildeten vor das Tragskelett gehängte Glasfassaden. Die leicht nach außen gewölbten Fensterelemente der Hauptfassade konnten bei schönem Wetter wie Faltwände verschoben werden, was die dahinter liegenden Aufenthaltsräume in Loggien verwandelte. Überall im ganzen Haus fanden sich feste oder verschiebbare Glaselemente, und das Schwimmbad beispielsweise war ganz von Glaswänden eingefaßt. Die Glaselemente sollten zusammen mit der stark verglasten Fassade und dem Glasdach das Haus im Inneren hell und freundlich machen. Die fast durchgängige Einsehbarkeit, die sie ermöglichten, sollte die Besucher zu sozialen Kontakten und Aktivitäten animieren und den Ärzten und Biologen überall und jederzeit die Beobachtung ihrer Probanden ermöglichen, was diese bald dazu brachte, sich scherzhaft die Ratten der Biologen zu nennen.[78]

«In den biologischen Laboratorien der Botaniker und Zoologen», schrieb Pearse 1944, «war das Mikroskop die wichtigste Ausrüstung. Auch der Humanbiologe benötigt eine spezielle ‹Sicht› auf sein Untersuchungsfeld – die Familie. Seine neue ‹Linse› ist die Transparenz aller Grenzen innerhalb des Experimentierfeldes. Nur sechzehn Stufen vom Untersuchungsraum, und er ist mittendrin in der Handlung, die sich gerade abspielt und aufgrund der besonderen Gestaltung des Gebäudes immer seinen beobachterischen Fähigkeiten sichtbar und berührbar ist.»[79]

Mitglieder des neuen Gesundheitszentrum sollten alle Einwohner von Peckham werden können, die nicht mehr als eine Meile

Pioneer Health Centre, Aufenthaltsbereich nach Westen

entfernt wohnten. Man hoffte, daß sich von den 5000 Familien, die so für eine Mitgliedschaft in Frage kamen, langfristig 40 Prozent beteiligten, damit sich das Zentrum finanziell rechnete und man einen repräsentativen Durchschnitt für die medizinischen Untersuchungen bekäme. Doch dieses Ziel wurde nicht erreicht, und nach vier Jahren zählte man erst 500 Familien als eingetragene Mitglieder. Man erweiterte zwar das Einzugsgebiet über die Gehdistanz hinaus, war aber weiterhin auf Spenden angewiesen. Denn ohne Spenden hätte der Mitgliedsbeitrag so stark erhöht werden müssen, daß die ärmeren Familien ihn sich nicht mehr hätten leisten können.

Das *Pioneer Health Center* wurde aufgrund seiner radikal funktionalistischen Gestaltung und seiner nicht minder radikalen sozialen Versuchsanordnung bald berühmt. Einer der vielen Besucher war der bekannte Architekturkritiker und Propagandist der neuen Sachlichkeit Sigfried Giedion, der eines Abends von Dr. Williamson persönlich durch das Gesundheitszentrum geführt wurde und sich in seinem Buch *Architektur und Gemeinschaft* an diesen Besuch erinnerte:

«Entlang einem Schwimmbassin, das durch Glaswände von innen abgetrennt war, saßen die verschiedenen Familien im Restaurant mit Selbstbedienung (...) im unteren Stockwerk waren Theater, Turnhalle, ein Kinderschwimmbecken, in dem die Kleinen selbst schwimmen lernten, in einem oberen Stockwerk verschiedene Sportmöglichkeiten und des Doktors Laboratorium und Sprechzimmer. Dort zeigte Dr. Williamson, was mir von allem den größten Eindruck machte: Auf einem Ständer, auf Blättern in der Größe mittelalterlicher Messbücher, war die Kartothek der einzelnen Familien: Vater, Mutter, Kinder. Familienmedizin, nicht isoliertes Einzelstudium einer Krankheit sollte auf den Grund der Dinge gehen (...) Der Ausgangspunkt war durchaus nicht Krankheit, sondern: Leben. Aktivierung des Körpers, Anleitung, seine Fähigkeiten und Fertigkeiten ohne Lehrer zu entwickeln, sei es Turnen, Tennisspielen oder Schwimmen. Oder wie wir es auf andere Weise betonen, die Umwandlung des passiv Lernenden zu einem aktiv Erwerbenden.»[80]

Über Ausgangspunkt und Ziele des Experiments hielt Dr. Williamson 1952 auf dem *International Congress for Modern Architecture*, kurz *CIAM* genannt, einen Vortrag mit dem Titel *Das Individuum und die Gemeinschaft*. Er berichtete, bei seinem Experiment in Peckham einen neuen Menschentypus kennengelernt zu haben, der wie die Sporen eine Schutzhülle gegen eine ihm feindliche Umwelt um sich aufgebaut habe. Diese Schutzhülle sei ihm so zur Gewohnheit und zweiten Natur geworden, daß er anfangs auf die für ihn neue Umgebung des Zentrums nicht hätte eingehen können. Erst nach und nach hätten die «Sporen» langsam ihre Schutzhülle geöffnet, sich frei bewegt und getan, was sie wollten, kurz, als autonome Wesen agiert.

Als er habe untersuchen lassen, berichtete Dr. Williamson weiter, wie viele Einrichtungen des Zentrums anfangs von jedem Einzelnen benutzt worden seien, hätten seine Mitarbeiter festgestellt, daß nur 10 Prozent der Leute alles nutzten. Der Rest habe sich ruhig und abwartend verhalten, da ihnen keine Aktivität nahegelegt worden sei und es keine Vorschriften gegeben habe. Jeder habe, das sei eine der Grundbedingungen des Experiments gewesen, innerhalb des Zentrums tun können, was er wollte und wie er es wollte. Es habe keine «Polizisten» gegeben, die den Leuten gesagt hätten, was sie nicht tun dürften, und keine «Lehrer», die ihnen gezeigt hätten, wie man etwas richtig macht.

Nach anfänglicher Reserviertheit sei allerdings bald das komplette Chaos ausgebrochen. Nichts sei mehr respektiert worden, fast alle Geräte seien kaputt gegangen, und das Haus sei für alle zu einer großen Belastung geworden. Besonders die Kinder seien so sehr außer Rand und Band geraten, daß sowohl das Personal als auch die Eltern ihn und Dr. Pearse gebeten hätten, zur Sicherheit aller etwas zu unternehmen. Doch nach acht oder neun Monaten sei aus dem Chaos von selbst Ordnung entstanden. Die Leute hätten begriffen, daß wenn jeder tun könne, was er wolle, jeder es so tun müsse, daß er den anderen nicht in seinem gleichen Recht behindere.

Nach drei Jahren, so Dr. Williamson, hätte sich die Situation grundlegend verändert gezeigt. Nun seien es 80 Prozent gewesen, die alle Einrichtungen genutzt hätten, und zwar mit Verstand und ohne Anleitung. Dies zeige, daß der Mensch, wenn man ihm die Möglichkeit dazu gebe, durchaus lernen könne, seine jeweils eigene Art und Weise, etwas zu tun, herauszufinden und sich anzueignen. Und nur in einer solchen aktiven und selbstbestimmten Gestaltung seines Lebens finde er sein psychisches und physisches Wohlbefinden und damit seine Gesundheit.

Für Erwachsene und Kinder allerdings, deren Verhalten weiterhin auffällig blieb, wurden im Pioneer Health Centre spezielle Kurse eingerichtet. Anfang 1938 verpflichteten Williamson und Pearse den aus Deutschland emigrierten Bauhausschüler Ludwig Hirschfeld-Mack als Werklehrer, der speziell mit sozial geschädigten Kindern arbeiten sollte. Hirschfeld-Mack entwickelte hierzu ein neues Saiteninstrument, das *colour-chord*, das ein Musizieren ohne Notenkenntnis, nur über die farbige Kennzeichnung der Akkorde ermöglichte.

Das *Pioneer Health Centre* war ein Modellversuch der Humanisierung großstädtischer Lebensverhältnisse, indem es erprobte, wie die Lebensbedingungen der Menschen verbessert und das Gemeinschaftsleben gefördert werden könnten. «Alle großen Themen des städtischen Lebens im 20. Jahrhundert», schrieb der englische Architekturhistoriker Tim Benton, «sind im Kontext des Peckham-Experiments gegenwärtig: der Zusammenbruch der traditionellen Familie und kleiner sozialer Einheiten, die Auswirkungen von Überbevölkerung auf Geist und Körper, die neue Beziehung zwischen Individuum und Gesellschaft und die Überwindung von Klassenschranken. Die kleine Gemeinschaft in Peckham war mehr als ein Untersuchungsfeld unter der Linse des Biologen.»[81] Und kein Geringerer als Aldous Huxley fand, das Experiment in Peckham sei sehr erfolgreich verlaufen. Es habe bewiesen, schrieb er in *Dreißig Jahre danach*, «daß es möglich ist, indem man den Gesundheitsdienst mit den weiterreichenden Interessen der Gruppe koordiniert, eine echte Gemeinschaft sogar in einer Metropole zu schaffen.»[82]

Doch das Experiment dauerte nicht lange. 1939 wurde das Zentrum aufgrund der kriegsbedingten Evakuierung der Londoner Bevölkerung vorläufig geschlossen. Nach dem Krieg wurde es zwar wieder eröffnet, fiel aber bereits 1951 endgültig dem Sparstift der Labour-Regierung bei der Verstaatlichung der Gesundheitsfürsorge zum Opfer.

# Das Kollektivhaus – John Ericssonsgatan in Stockholm

Sven Markelius | 1935

Kollektivhäuser waren im Stockholm der 30er Jahre nicht unbe-
kannt. Schon 1907 beispielsweise war hier von den Architekten
Hagström und Ekman mit *Hemgarden* ein Wohnhaus gebaut
worden, das wohlhabenden Bürgern hotelartige Dienstleistungen
bot und aus sechzig Wohnungen mit Zentralküche, Essensaufzug
und Putzdienst bestand. Doch kein Kollektivhaus wurde so bekannt wie das in der John Ericssonsgatan 6, das zu einem der radi-
kalsten und umstrittensten Wohnexperimente der neuen Sachlichkeit werden sollte.

Architekt des Hauses war Sven Markelius (1889–1972), neben
Gunnar Asplund einer der wichtigsten Vertreter des Neuen Bauens in Schweden. Markelius hatte bereits Mitte der 20er Jahre auf
mehreren Studienreisen nach Deutschland die Weißenhofsiedlung
in Stuttgart von Mies van der Rohe, die Frankfurter Siedlungen
von Ernst May und die Dessauer Bauten von Walter Gropius kennengelernt und sich Ende der 20er Jahre, begeistert von diesen Erfahrungen, selbst dem Neuen Bauen zugewandt, obwohl er bereits
vierzig Jahre alt und mit seinen neoklassizistischen Gebäuden sehr
erfolgreich war.

Etwa zur gleichen Zeit schloß sich Markelius den politisch linken und fortschrittlichen Kreisen Schwedens an, die sich die Demokratisierung des Landes und die Verbesserung des allgemeinen
Lebensstandards zum Ziel gesetzt hatten. In diesen Kreisen lernte
er den Volkswirtschaftler Gunnar Myrdal und dessen Frau Alva
kennen und kam ihnen als Architekt und Freund bald sehr nahe.

Als die Myrdals 1931 nach zweijährigem Auslandsaufenthalt
nach Schweden zurückkehrten, begann Alva, sich mit Familien-
politik zu beschäftigen und das Modell kollektiver Hauswirtschaft und Kindererziehung zu propagieren. Alle Frauen – im-

merhin war 1930 in Stockholm ein Viertel der Frauen berufstätig
– sollten in Zukunft arbeiten können, ohne mit Familien- und Be-
rufsarbeit doppelt belastet zu sein. Die Familienarbeit selbst sollte
professionalisiert werden, denn nicht alle Frauen seien gute Hausfrauen oder wollten es sein, und laienhaft betriebene Hausarbeit
führe, so Alva Myrdal, zu einer Vergeudung von Zeit und Kraft.
Dies alles widerspreche der neuen Forderung nach Produktivität
der Arbeit und verlange nach professioneller und kollektiver Organisation.

«Es scheint daher selbstverständlich», schrieb Alva 1932, «daß
auch die modernen Familien nach einer Lebensform suchen sollten,
die ihren besonderen Bedürfnissen angepaßt ist. Ein Stadthaus, in
dem man in zwanzig kleinen Küchen über- und untereinander
Fleischbällchen brät, wo in vielen kleinen Kinderzimmern (um
von noch schlechteren Arrangements für die Kinder gar nicht zu
reden) jeweils ein schmächtiges Wesen verkümmert – ruft so etwas
nicht nach einer planmäßigen Organisation, nach einer Organisation im Zeichen des Kollektivismus?»[83]

Alva entwickelte gemeinsam mit dem Club berufstätiger Frauen
ein Organisationsmodell, das von Sven Markelius in ein bauliches
Konzept umgesetzt wurde. 1931/32 entwarf er für ein Grundstück
in Alvikshöjden drei zehngeschossige Häuser, 1932/33 fünf Häuser
für ein anderes Grundstück in Kungsklippan. Doch erst 1935
gelang ihm der Durchbruch, und er konnte sein erstes, wenn auch
kleines Kollektivhaus in der John Ericssonsgatan im Zentrum
Stockholms verwirklichen.

Für Bau und Betrieb des Hauses gründete Markelius mit einigen Mitstreitern eine Wohnungsbaugenossenschaft, deren Vor-
stand er wurde. Kredite der Stadt Stockholm und Einlagen der
zukünftigen Bewohner und Mitglieder der Genossenschaft stellten die Grundfinanzierung sicher. Im gleichen Jahr noch wurde
das Haus fertiggestellt und eine große Ausstellung arrangiert, für
die Markelius acht Appartements komplett möblierte, um weitere
Interessenten anzuziehen. Der Leitspruch der Ausstellung war:
«Individuelle Kultur durch kollektive Technologie». Das Kollektive sollte sich auf Technologisches und Organisatorisches wie
Hauswirtschaft und Kindererziehung beschränken, das Leben

Kollektivhaus Stockholm, Straßenansicht

selbst aber individuell und privat bleiben, ja gerade durch die Kollektivierung dieser Tätigkeiten ganz besonders individuell werden.

Das Haus in der Ericssonsgatan ist Teil einer geschlossenen Straßenrandbebauung und hat acht Geschosse. Im Untergeschoß ist eine Wäscherei untergebracht, im Erdgeschoß ein Laden, eine Zentralküche mit einem Restaurant sowie eine Kindertagesstätte. Die Tagesstätte besteht aus einem großen Spielzimmer und je einem Schlafraum für die kleinen und die größeren Kinder. Die Kinder können stundenweise, ganztägig und auch nachts in Obhut gegeben werden. Für kranke Kinder gibt es im ersten Obergeschoß ein Isolier- und Krankenzimmer. In den sechs Obergeschossen befinden sich die privaten Wohnungen: 18 Ein-Zimmer-Wohnungen mit 20 bis 30 Quadratmetern, 35 Zwei-Zimmer-Wohnungen mit 45 Quadratmetern, 4 Vier-Zimmer-Wohnungen mit etwa 100 Quadratmetern Wohnfläche im obersten Stockwerk und neun separate Einzelzimmer für das Hauspersonal.

Auf dem Dach steht eine begrünte Dachterrasse für jedermann zur Verfügung, mit Turngeräten für die Morgengymnastik, Sonnenstühlen, Freiluftduschen und einem Planschbecken für die Kinder, im Erdgeschoß eine ebenerdige Terrasse und ein Garten. Die Fassade ist mit ockergelbem Putz verkleidet und wird zur Straße durch Gebäudeerker und runde bepflanzte Balkone akzentuiert.

Alle Wohnungen verfügen über Bäder und winzige Kochnischen. Das Essen wird entweder im Restaurant eingenommen, das auch Nichtbewohnern offensteht, oder über einen Speiseaufzug in die Wohnung geliefert. Die Schmutzwäsche wird über zentrale Abwurfschächte in den Fluren entsorgt, von der Wäscherei gewaschen, gebügelt und schrankfertig zurückgebracht. Ein Putzdienst übernimmt auf Wunsch die tägliche Reinigung der Wohnung. Alles – Putzen, Essen, Wäsche und Kinderbetreuung – wird von professionellem Personal besorgt.

Das Kollektivhaus in der Ericssonsgatan galt bald als «Hochburg radikaler sozialer Einstellungen», wohnte doch hier in den ersten Jahren die linke Prominenz der schwedischen Intellektuellen. Ein Zeitgenosse meinte, wenn eine Bombe in das Haus fiele, würde ein beträchtlicher Teil von Schwedens Intellektuellen gleich auf einmal in die Luft gesprengt.[84] Markelius selbst zog mit seiner ersten Frau, der Journalistin Viola Wahlstedt, in das Haus ein, doch in getrennte Appartements, da sie inzwischen geschieden waren. Viele andere, überwiegend links orientierte und sozial engagierte Akademiker, Intellektuelle und Freischaffende folgten ihnen.

Alva und Gunnar Myrdal allerdings zogen es vor, weiterhin für sich zu wohnen, und ließen sich 1937 von Sven Markelius im Stockholmer Vorort Äppleviken in der Nyängsvägen 155 ein eigenes Haus errichten, ebenfalls, versteht sich, im Stil der neuen Sachlichkeit. Es lag an einem Hang und besaß ein den Eltern vorbehaltenes Obergeschoß mit zwei Schlafzimmern, Bad, Arbeits- und Wohnzimmer mit Kamin, Archiv, Bibliothek und Ausgängen zum Garten und zur Straße. Im darunter liegenden Geschoß befand sich das große Wohnzimmer, das tagsüber von den Kindern und Angestellten und abends für Gesellschaften benutzt wurde, sowie die Zimmer der Hausangestellten, die Küche, die Anrichte, die Kinderzimmer, das Zimmer des Kindermädchens, Bad und Garage.

Die Kinderzimmer, berichtet Jan Myrdal, der Sohn von Alva und Gunnar, in seinen Kindheitserinnerungen *Eine andere Welt*, habe sich Alva zusammen mit Markelius selbst ausgedacht. Sie hätten eher Kammern geglichen, seien sehr klein gewesen – die Kinder sollten draußen oder im Wohnraum spielen – und hätten lediglich über den für einen hygienischen Schlaf ausreichenden Luftraum verfügt. Das Bett konnte tagsüber an die Wand geklappt werden, und unter dem Fenster sorgte ein Ventilationsschlitz, den man mit einem Messingrad zuschrauben konnte, für den nötigen Luftaustausch.

Die Anleihen, die Markelius für die Villa Myrdal bei der Villa Tugendhat von Mies gemacht hat, sind nicht zu übersehen: Der Wohnraum ist groß und offen, besitzt eine Art Wintergarten und kann je nach Nutzung mit weißen Samtvorhängen abgeteilt werden. Ein großer Teil der Dachfläche des unteren Geschosses ist als Terrasse ausgebildet. Man konnte, berichtet Jan Myrdal, einen Sichtschutz aufspannen, nackt im Sand liegen, sich sonnen und dann den Sand abduschen. «Aber es gab irgendeinen Fehler am

Abfluß, obgleich es eine Spezialkonstruktion war, und wir konnten nach dem ersten Versuch keinen Sand mehr dort haben. Auch konnte man dort nicht nackend sein. Gunnar versuchte es, aber da rief ein Nachbar, der oben am Abhang wohnte, bei der Polizei an.»[85]

Über dieses Haus, berichtet Jan Myrdal weiter, hätten damals alle Zeitungen geschrieben, da es zum Befremden der Öffentlichkeit mit seinen runden Bullaugen im Badezimmer und der großen Kommandobrücke mit der Reling aus Teakholz wie ein Dampfer ausgesehen habe. Oft habe er das Haus im Freundes- und Bekanntenkreis gegen belustigte Kritik in Schutz nehmen müssen, denn der Baustil der Villa sei wie auch der des Kollektivhauses in Schweden für die meisten noch ungewohnt gewesen.

Zwar war der Öffentlichkeit 1930 durch die Ausstellung für Architektur und Design in Stockholm das Neue Bauen vorgestellt worden, und vier Millionen Ausstellungsbesucher hatten die neuen Wahrheiten – Licht, Luft, Offenheit und Zweckmäßigkeit – vernommen. Doch seine Anerkennung war noch weitgehend auf die neue linke Avantgarde beschränkt geblieben. Auch als 1932 die sozialdemokratische Partei die Wahlen gewann und das Neue Bauen als Ausdruck eines neuen Lebensstils und einer neuen Gesellschaft propagierte – der neu gewählte sozialdemokratische Ministerpräsident Per Albin Hansson war selbst in eine der modernsten Reihenhaussiedlungen Stockholms gezogen –, ließ die allgemeine Anerkennung noch auf sich warten.

Per Albin Hansson hatte in den 20er Jahren die politische Idee des Volksheims entwickelt. Dieser Begriff beschrieb bildhaft eine Gesellschaft, in der alle trennenden Schranken sozialer und wirtschaftlicher Art niedergerissen sind und die Gesellschaft eine große Familie bildet, in der die Bessergestellten sich um die Schlechtergestellten kümmern. «In einem guten Zuhause herrschen Gleichheit, Fürsorge, Hilfsbereitschaft (...) Ein gutes Heim kennt keine Privilegierten und Zurückgesetzten, keine Lieblings- und keine Stiefkinder (...) Dort sieht keiner auf den anderen hinab, da versucht keiner, sich Vorteile auf Kosten des anderen zu verschaffen, der Starke unterdrückt und plündert den Schwachen nicht aus.»[86]

Das Volksheim wurde in den folgenden Jahrzehnten Schwedens Modell des sozialdemokratischen Wohlfahrtsstaats, der väterlich dafür sorgte, daß seine Kinder sicher leben und alle gemeinsam die materielle Grundlage für alle schaffen konnten. Die sozialpolitische Ausgestaltung des Volksheims erfolgte auch und vor allem auf dem Gebiet des Wohnungsbaus. Da in Schweden wie in den meisten europäischen Ländern großer Mangel an preiswertem und menschenwürdigem Wohnraum herrschte, sollten nun verstärkt helle, freundliche und hygienische Wohnungen im Stil der neuen Sachlichkeit gebaut werden.

Das Kollektivhaus in der Ericssonsgatan war allerdings mehr als ein markantes Beispiel neuer hygienischer Wohnstandards. Es war auch mehr als eine bloße Zweckgemeinschaft aufgeklärter und wohlhabender Angehöriger der Mittelschicht, die sich durch eine hotelartige Lebensform das alltägliche Leben erleichtern und ihre Frauen von der Hausarbeit, für die sie sich eigenes Dienstpersonal nicht mehr leisten konnten, entlasten wollten. Es war vielmehr ein gesellschaftspolitisches Experiment zur Befreiung von Frauen und Kindern, das bei erfolgreichem Verlauf als Vorbild für die gesamte Gesellschaft dienen sollte.

Die Frauen sollten von uneffizienter Hausarbeit, für die sie in der Regel nicht qualifiziert waren und die sie sozial absonderte, befreit, in den Wirtschaftsprozeß eingegliedert und damit vollwertige Mitglieder der Gesellschaft werden. Die Kinder sollten von uneffizienter Erziehung befreit werden und frühzeitig in professionelle Hände kommen, damit die kindliche Fixierung auf die Eltern vermieden, erstarrte Geschlechterrollen aufgebrochen und die Kinder zu neuen, offeneren und freieren Menschen gemacht werden könnten, zu Menschen, die nicht länger autoritär geprägt wären und über die Gruppenerziehung soziale Verantwortlichkeit für andere entwickeln würden. «Die kollektiven Kinderzimmer», schrieb Sven Markelius, «müssen selbstverständlich unter einer vernünftigen und hochqualifizierten Leitung stehen, dadurch entsteht ein wertvolles Komplement zur meist amateurhaft betriebenen Pflege und Erziehung, die von den Eltern ausgeht.»[87]

Eins der Kinder, die im Haus in der Ericssonsgatan unter professioneller Leitung aufwuchsen, war Staffan Lamm. Sein Vater war der Arzt und Pädagoge Gustav Jonsson, seine Mutter die Psychoanalytikerin Esther Lamm. Beide waren in Schweden durch ihren Beitrag zur modernen Kindererziehung landesweit bekannt und propagierten das Ideal einer freien und unbeschwerten Kindheit. Beide setzten sich dafür ein, die ersten Lebensjahre wissenschaftlich zu erforschen, da sie für das Leben eines Menschen entscheidend seien, um die gewonnenen Erkenntnisse in ein neues professionelles Erziehungssystem umsetzen zu können.

Staffan schildert, daß bereits seine Geburt in Bild und Schrift festgehalten wurde. Es gibt ein Foto, auf dem er als Säugling in den Armen seiner Mutter liegt, neben ihr steht der stolze Vater, und mit im Bild ist die Kinderpsychologin Frances Ilg, die den Füllfederhalter gezückt hält, um jede seiner frühkindlichen Lebensäußerungen schriftlich festzuhalten. «Da liege ich, der Säugling, in einer Wohnung im vierten Stock, im Zentrum der Aufmerksamkeit gleich dreier Fachleute im Umgang mit kleinen Kindern, noch unwissend, aber bereits ein Werkzeug im Dienste der Gesellschaft.»[88]

Beobachtung und Analyse blieben auch im späteren alltäglichen Leben des Kollektivhauses die wichtigsten Methoden der Kindererziehung. Das Fenster zur Zukunft sollte nicht nur ein Fenster sein, das Licht, Luft und Sonne in die Häuser hereinließ, sondern auch ein Fenster zur Seele. In eine Wand des Spielzimmers der Kindertagesstätte, berichtet Staffan Lamm, war eine große Glasscheibe eingelassen, die von innen wie ein Spiegel wirkte, doch von außen durchsichtig war. Durch sie konnten die Kinder ungestört beim Spielen beobachtet werden und von den Pädagogen, wenn sich Probleme oder Konflikte zeigten, behutsam darauf angesprochen werden, damit sie aus Einsicht und nicht aus Zwang bestimmte Dinge taten und andere ließen.

Eltern und Pädagogen hatten mit der Heimlichkeit der Beobachtung durch die einseitig durchsichtige Glasscheibe kein Problem, da sie schließlich nicht dem Ausspionieren aus Neugier, sondern der Beobachtung zu wissenschaftlichen Zwecken diente. Die Kinderpsychologen Frances Ilg und Arnold Gesell empfahlen noch 1952 die Beobachtung durch eine Glaswand. Denn nur, wenn keine Gefahr bestehe, daß der Beobachter durch seine Anwesenheit das Benehmen des Kindes beeinflusse und somit einen falschen

Eindruck gewinne, könne man dem «wahren kindlichen Verhalten» näher kommen. Die Glaswand verbinde die Isoliertheit des Beobachters mit der Möglichkeit intimer Beobachtung, und «einseitige Beobachtung», so erfahren wir erstaunt, «soll die Intimität der Kinder und gelegentlich die Intimität ihrer Eltern und Pfleger schützen.»[89]

Staffan Lamm begriff erst im Nachhinein, wie sehr alles im Haus in der Ericssonsgatan auf die Kinder ausgerichtet war: das große Spielzimmer im Erdgeschoß, die Möbel und Gerätschaften im kindgerechten Miniformat, die in den Fußboden eingelassenen Becken mit Sand und Wasser zum Planschen und Matschen, die kleinen offenen Kamine, in denen die Kinder – allerdings unter Aufsicht des Personals – offene Feuer entzünden durften. «Die Bedürfnisse des Kindes sollten im Mittelpunkt stehen, wir sollten aufblühen, sollten wachsen, gedeihen und uns entwickeln. Ich durfte sogar das Rauchen ausprobieren und besaß im Alter von etwa sechs Jahren mein persönliches Päckchen mit Zigaretten.»[90]

Alles, berichtet Staffan, wurde toleriert, da die Pädagogen wußten, wie wichtig es war, die Kinder während der oralen, analen und genitalen Phasen nicht in ihrer Entwicklung zu behindern. Sie sollten zur Welt, die sich ihnen gut und freundlich zeigte, Vertrauen entwickeln und wurden auch von ihren Eltern, zu denen ein freundschaftliches Verhältnis erwünscht war, weder geschlagen noch zurechtgewiesen. Sie sollten psychisch gesunde Individuen werden und so einen Grundstock neuer Menschen für eine neue Gesellschaft bilden.

Doch der im Kollektivhaus aufgewachsene Staffan erinnert sich, auch wenn er es als ungerecht gegenüber den pädagogischen Idealen seiner Eltern empfindet, als Kind die antiautoritäre Erziehung und frühe Fremdbetreuung auch nachts – die Eltern waren häufig abwesend – ebenso wie seine Schwester als bedrohlich empfunden zu haben. «Einsamkeit und Furcht, nicht Gemeinschaft und Geborgenheit haben wir empfunden, trotz all dieser so wohlwollenden Betreuung, trotz aller planerischen Vorsorge. Ich war sechseinhalb Monate alt, als ich zum ersten Mal der gemeinsamen Kinderbetreuung überlassen wurde, zunächst nur für halbe Tage, dann aber für immer längere Zeitspannen.»[91]

Staffan verließ 1947 zusammen mit Schwester und Mutter – der Vater hatte sich schon einige Jahre zuvor verabschiedet – das Kollektivhaus und zog in eine normale Stockholmer Altbauwohnung. Doch die meisten der Erstmieter hatten den Wohnungskomfort schätzen gelernt und gaben ihre Wohnungen auch dann nicht auf, wenn die Kinder auszogen. So verlor das Kollektivhaus immer mehr seine wichtigste Grundlage. Der Kindergarten wurde geschlossen, und das Restaurant, das einer so stark reduzierten Bewohnerschaft nicht mehr den gewohnten Nachlaß auf die Preise für Außenstehende gewähren konnte, mußte sich verstärkt nach außen orientieren und neue Kundschaft suchen.

## Sozialistische Pracht

Lenin und Trotzki hatten schon früh darauf hingewiesen, daß parallel zur politischen Revolution eine Kulturrevolution durchgeführt werden müsse, um den vom Kapitalismus deformierten und demoralisierten Menschen umzuformen. Nur ein neuer Mensch mit neuen Verhaltensweisen und freigesetzten schöpferischen Kräften könne den sozialistischen Auf- und Umbau der Gesellschaft vorantreiben. An der Möglichkeit, diesen neuen und besseren Menschen zu formen, zweifelten sie nicht. «Wir können», schrieb Leo Trotzki, «eine Eisenbahn quer durch die Sahara bauen, den Eiffelturm errichten, drahtlos mit New York konferieren. Und den Menschen zu verbessern, sollten wir nicht in der Lage sein? O nein, wir werden es sein! Eine neue, ‹verbesserte Auflage› des Menschen herzustellen – darin liegt die künftige Aufgabe des Kommunismus.»[1]

Um eine verbesserte Auflage des Menschen herstellen zu können, so erkannten sie, müßten die kapitalistischen Errungenschaften von Wissenschaft und Technik übernommen werden. Denn nur so könnte der im Westen bereits erreichte zivilisatorische Fortschritt auch den rückständigen russischen Arbeitern und Bauern zugute kommen und die Voraussetzung ihrer Verbesserung schaffen. Doch da die Übernahme dieser Errungenschaften bereits eine gewisse Entwicklung des rückständigen Menschen, elementare Bildung und neue Verhaltensweisen voraussetzten, sahen sich die Bolschewiki vor dem dialektischen Problem der Wechselwirkung von rückständigem Sein und fortschrittlichen Produktivkräften, das sie durch einen qualitativen Sprung mittels militanter Disziplinierung der Arbeiter und Bauern zu lösen beschlossen.

Ein neues Arbeitsethos sollte ihnen die Arbeit nicht mehr als bloße Notwendigkeit und Alltagspflicht, sondern als heroische Tat erscheinen lassen. Der Arbeit sollte als erstem Lebenszweck alles andere diszipliniert untergeordnet werden. Sie sollte, ernst und fanatisch betrieben, in ständigem Wettbewerb der besten Kräfte ein neues fortschrittliches Sein und Bewußtsein schaffen. Erst der Sozialismus, so glaubte Lenin, schaffe die Möglichkeit, den Wettbewerb in humaner Weise zur Entfaltung kommen zu lassen und «die Mehrheit der Werktätigen wirklich auf ein Tätigkeitsfeld zu führen, auf dem sie sich hervortun, ihre Fähigkeiten entfalten, jene Talente offenbaren können, die das Volk, einem unversiegbaren Quell gleich, hervorbringt und die der Kapitalismus zu Tausenden und Millionen zertreten, niedergehalten und erdrückt hat.»[2]

Das im sozialistischen Wettbewerb zum Ausdruck kommende Streben nach höherer Leistung sollte nicht wie im Kapitalismus von privatem materiellem Interesse motiviert, sondern vom Verantwortungsbewußtsein des Einzelnen für das Kollektiv getragen sein. Durch Arbeit, Disziplin und Wettbewerb unter sozialistischem Vorzeichen sollte der Proletarier, bis dahin der Verlierer der alten Klassengesellschaften, die Anwartschaft auf ein Leben in den Palästen erwerben, die aus seiner Kraft gebaut wurden – in den alten, bereits vorhandenen wie auch den neuen, erst noch zu errichtenden.

Mit seinen freigesetzten schöpferischen Kräften sollte der neue Proletarier nicht nur eine neue sozialistische Gesellschaft, sondern auch eine neue Kultur schaffen, indem er – mit sozialistischem Inhalt – fortsetzte, was vom Kulturerbe als fortschrittlich interpretiert wurde. Der Rückgriff auf dieses Erbe in seinen verschiedenen Stilformen löste unter Stalin die auch in der Sowjetunion anfänglich neusachlichen Experimente mehr und mehr ab. Dieser Rückgriff war sicher auch eine Folge des bäuerlich-kleinbürgerlichen Geschmacks der sowjetischen Führungsriege, vor allem aber war er Ausdruck des proletarischen Wegs einer sozialistischen Neugestaltung der Welt in Konkurrenz zur Entwicklung im Westen, die als bürgerlich und dekadent abqualifiziert wurde.

Architektur durfte wie Kultur überhaupt keine Angelegenheit privater Initiative oder individueller Entfaltung mehr sein, sondern nur noch aus dem Willen des Volkes entstehen. Der Architekt, im Kapitalismus kleinbürgerlicher Intellektueller und Bohemien, hatte vom Spezialisten zum Sozialisten zu werden und die Lücke zwischen Kopf und Hand zu schließen. Gemeinsam mit den Arbeitern und Bauern sollte er das neue Leben ihren Wünschen und ihrem Geschmack gemäß hell und wunderbar gestalten, damit die Früchte der Arbeit endlich denen zufielen, die da arbeiteten.

«Alles umzugestalten. Und so einzurichten, daß alles zum Neuen sich wandelt; damit unser verlogenes, schmutziges, ödes, häßliches Leben zu einem gerechten, reinen, heiteren und schönen Leben werde.»
*Alexander Block, Intelligenz und Revolution*

## Das unterirdische Paradies – Die erste Linie der Moskauer Metro
Metrostroj | 1931–35

«Einholen und Überholen», war Lenins Parole gewesen, und Stalin ergänzte sie im Jahr des «großen Umbruchs» durch die Forderung: «in kürzester Frist». Mit dem ersten Fünfjahresplan ordnete die Kommunistische Partei der Sowjetunion 1928 die Kollektivierung der Landwirtschaft, den Aufbau der Schwerindustrie und die Errichtung von Industriekombinaten an. Gleichzeitig beschloß sie eines der größten städtebaulichen Experimente aller Zeiten: den Bau hunderter Industrie- und Agrarstädte. Ohne Rücksicht auf Verluste – der Umbruch forderte in den folgenden fünf Jahren etwa 10 Millionen Menschenopfer – sollte die Entwicklung des Landes vorangetrieben und die Gesellschaft umgeformt werden.

Einholen und Überholen wollte Stalin den Westen auch auf architektonischem Gebiet, da sich, wie er glaubte, durch Großprojekte die Überlegenheit des sozialistischen Gesellschaftssystems und die Größe der Sowjetunion am besten demonstrieren ließen. Durch große bauliche Taten wollte er dem Ausland imponieren und im Inland die Stimmung der Bevölkerung heben, die angesichts der zunehmend schlechteren Versorgungslage – seit dem Sommer 1931 herrschte in der Sowjetunion, hervorgerufen durch den Wirtschaftsumbau und die Kollektivierung, große Hungersnot – auf einem Tiefpunkt angekommen war.

Als geeignetes Großprojekt erwies sich der Umbau der Stadt

Moskau, die 1918 von Lenin zur Roten Hauptstadt der Sowjetunion erklärt worden war und in den Augen der Partei noch einen zu provinziellen Charakter besaß. Moskau wurde zu einer gigantischen Baustelle. Gnadenlos sprengte man historische Gebäude und legte ganze Straßenzüge nieder. 3500 Häuser wurden neu gebaut, 300 aufgestockt, insgesamt dreieinhalb Millionen Quadratmeter Wohnfläche neu geschaffen. Überall entstanden neue Fabriken, Kraftwerke und Brücken über die Moskwa, die städtischen Versorgungsstränge wie Kanäle, Wasserleitungen und Straßen wurden modernisiert oder neu gebaut und mit dem Bau einer Untergrundbahn begonnen. Die Bevölkerung stieg von 1,2 auf 2,8 Millionen.

Über Moskau zur Zeit des großen Umbaus schrieb der deutsche Schriftsteller Oskar Maria Graf, der 1934 die Sowjetunion bereist hatte: «Im großen Ganzen machte das damalige Moskau einen häßlich unfertigen, schrecklich wirren, nüchtern verlärmten Eindruck. Mitunter glaubte man, der Krieg mit allen seinen Zerstörungen habe noch vor ganz kurzer Zeit hier gewütet. Aufgerissene Straßen, kilometerlange, schmale Kanalisationsgräben, über welche schmale Bretterstege gelegt waren und hohe Erdhaufen. Ganze Häuserviertel waren niedergelegt, und ganze Kolonnen schwer beladener Lastautos fuhren den staubigen Schutt weg. Überall die langhingezogenen, hohen Bretterplanken der noch im Bau begriffenen Untergrundbahn, überall mächtige Baugerüste für kommende Wolkenkratzer und Wohnhäuser. Das Hämmern, Scheppern, Stoßen und Werkeln der Löffelbagger, der Mörtelmischmaschinen, der Flaschenaufzüge und Betonstampfer ließen in weitem Umkreis den Boden erzittern.»[3]

Als propagandistisch besonders wirksam erwies sich der im Sommer 1931 vom Zentralkomitee beschlossene Bau der Metro, für dessen Durchführung das Unternehmen *Metrostroj* gegründet worden war. *Metrostroj* erhielt den Rang einer Stoßbaustelle, die aufgrund höchster Dringlichkeit bei der Zuteilung von Ressourcen bevorzugt bedient wurde. Sie stand unter der Leitung des Ingenieurs Pawel Pawlowitsch Rotert – gezwungenermaßen mußte man gerade bei den Großprojekten immer wieder auf die bürgerlichen Spezialisten zurückgreifen, die Lenin die «Kulaken des Kapitals» nannte.

Als treibende Kraft des Metrobaus aber galt Lasar Moisewitsch Kaganowitsch, gelernter Schuster und seit 1930 Vollmitglied des Politbüros, der offiziell, neben Stalin natürlich, als erster Architekt Moskaus bezeichnet wurde. Die Lobpreisungen Kaganowitschs ähneln frappant dem Herrscherlob, das schon in früheren Zeiten den Mächtigen von ihren Untergebenen gespendet wurde, um ihre Baukundigkeit und tätige Mithilfe hervorzuheben. Alle komplizierten Probleme wurden immer unter Kaganowitschs unmittelbarer Führung gelöst, er kannte jeden Meter geleisteter Arbeit, und nur durch seine persönlichen Anweisungen konnte der Bau überhaupt voranschreiten.

Kaganowitsch, ein energischer Macher, sein Spitzname war «die Lokomotive», pflegte hart durchzugreifen und gnadenlos anzutreiben. Er war einer von denen, die etwas zustande brachten, und sein Mitarbeiter Nikita Sergejewitsch Chruschtschow schrieb in seinen Memoiren: «Wenn das ZK ihm eine Axt in die Hand drückte, legte er los wie ein Sturm; unglücklicherweise schlug er oft gleich die gesunden Bäume mit den kranken um, aber jedenfalls flogen die Fetzen.»[4]

Chruschtschow, gelernter Schlosser und seit 1932 Zweiter Sekretär des Moskauer Stadtparteikomitees, war beim Metrobau Kaganowitschs rechte Hand und dafür der geeignete Mann. Auch er war ein rücksichtsloser Antreiber, auch er scheute sich nicht, seine Stiefel schmutzig zu machen und mitanzupacken, auch er war ein von starkem Sendungsbewußtsein erfüllter bolschewikischer Workaholic. Wie alle Bolschewiki, die sich für den Stoßtrupp des neuen sozialistischen Menschen hielten, glaubte auch Chruschtschow an die Möglichkeit unaufhaltsamen Fortschritts und unbegrenzter Machbarkeit, und dieser Glaube motivierte ihn zu erbarmungslosem Einsatz und eiserner Disziplin. «Meine Genossen und ich», schrieb er in seinen Memoiren, «arbeiteten mit Begeisterung und Hingabe. Außer der Arbeit hatten wir keinen anderen Lebenszweck. Ruhe kannten wir nicht. An freien Tagen besuchten wir Massenveranstaltungen oder trafen uns zu Beratungen, und meist arbeiteten wir bis in die Nächte. Die Arbeit hatte für uns etwas Romantisches. Jedermann lebte auf den Tag hin, da Lenins Wort

Kaganowitsch (links) und Chruschtschow (rechts)
besichtigen den Bau der Metro

wahr werden sollten: Nach zehn Jahren wird die Sowjetmacht unbezwinglich sein.»⁵

Mit Chruschtschow und seinen Genossen war offensichtlich bereits ein neuer Mensch am Werk, dessen besondere Merkmale grenzenlose Hingabe an ein höchstes Ziel, unermüdliches Machertum und Handeln in übergeordnetem Interesse waren. Auch viele Arbeiter, zumindest in den bolschewikischen Stoßbrigaden, arbeiteten – vielleicht beflügelt durch einen im Vergleich zu anderen Baustellen überdurchschnittlich hohen Lohn – hart und aufopfernd am Metrobau mit. Oskar Maria Graf berichtete: «Menschen arbeiteten zu Tausenden, arbeiteten den Tag hindurch, die Nacht hindurch mit ernstem, fast fanatischem Eifer.»[6]

Doch längst nicht alle, und so hatte Kaganowitsch mehrfach über feindselige Elemente in der Arbeiterschaft zu klagen, über Rowdytum, über Schädlinge, die versuchten, den großen Bau der Metro zu sabotieren. Er ernannte, als die Arbeit nicht zügig voran ging, einen Tscheka-Mann – die Tscheka war eine außerordentliche Kommission zur gewaltsamen Durchsetzung der revolutionären Ziele – zum stellvertretenden Bauleiter. Dieser ließ in einer großangelegten Säuberungsaktion 2000 Arbeiter, die die Lust am Aufbau des Sozialismus und die erforderliche proletarische Disziplin vermissen ließen, eliminieren und Tausende von Komsomolzen aus den Moskauer Betrieben mobilisieren.

Die Komsomolzen, Mitglieder des kommunistischen Jugendbunds im Alter von 14 bis 28 Jahren, bildeten mit ihre Auffassung der Arbeit als heroischer Tat bald den harten Kern der Metrobauer. Sie formierten sich zu Brigaden und übernahmen leitende Funktionen. Sie entwickelten die Stoßarbeit, eine Art sozialistischen Wettbewerbs, bei dem materielle Anreize, Privilegien und öffentliche Bekanntmachung der Arbeitsleistung eine starke Anpassung an das gewünschte Arbeitsethos bewirkten. Sie kontrollierten die undiszipliniert bummelnden Arbeiter und trieben sie zu höherer Leistung an. Sie führten tägliche 5-Minuten-Versammlungen ein, bei denen Pünktlichkeit, Ausdauer, Effizienz und persönliches Verhalten jedes Einzelnen offen bewertet wurden.

Die Komsomolzen versuchten, die Metrobauer, die nach wie vor alle Zeichen kleinbürgerlicher Unterentwicklung in Form von Unwissenheit und Trägheit aufwiesen, durch ihr eigenes Vorbild auf ein höheres kulturelles Niveau zu heben. Ehemalige Alkoholiker und verwahrloste Straßenkinder sollten zu vorbildlichen Aktivisten werden, Analphabeten zu Puschkinlesern, rückständige Bauern zu Studenten der Arbeiteruniversität. Als kultiviert galt alles, was nicht bäuerlich war: kurzer Haarschnitt, glatte Rasur, gute Kleidung, Sauberkeit und Mäßigung im Trinken. Der urbanisierte Bolschewik sollte nicht fluchen, saufen und sich prügeln, statt dessen diszipliniert arbeiten, Sport treiben und fleißig die Kinos, Theater und Konzerte besuchen.

Zur sozialistischen Vorzeigebaustelle der Metro gehörte neben einer tatkräftigen, sachverständigen Führung und einer disziplinierten, aufopferungsvollen Arbeiterschaft auch eine enthusiastisch mitarbeitende Bevölkerung. Insgesamt 500000 Helfer arbeiteten, so die offizielle Version, an den Samstagen freiwillig und unbezahlt am Metrobau mit. Die *subbotniki* wurden anfangs nach genauem Plan in propagandistisch wirksamen Einzelaktionen eingesetzt, und auch Kaganowitsch und Chruschtschow arbeiteten mit Hammer und Schippe gelegentlich mit. Doch da der Einsatz der *subbotniki* ziemlich uneffektiv war, sah man bald von weiteren Mobilisierungen ab.

Die Arbeit der Metrobauer, der leitenden wie der einfachen, war schwer. Das meiste wurde mangels technischer Ausrüstung in Handarbeit gebaut, und Arbeitsschutz war ein Fremdwort. Aber jeder wußte, oder hoffte wenigstens, daß die Metro nicht für irgendwelche Kapitalisten, die nur ihren Profit suchten, gebaut wurde, sondern für die Arbeiter selbst. Kaganowitsch, der als bester Redner des Politbüros galt, gab in einer seiner vielen Reden zur Eröffnung der U-Bahn dieser Hoffnung Ausdruck: «Die Bourgeois stellen uns Bolschewiki, Proletarier als Barbaren, Kulturzerstörer dar. Diese Lüge unserer Feinde ist endgültig entlarvt. Im Gegenteil, wir kämpfen gegen die Erniedrigung, gegen die Barbarei des Imperialismus, wir kämpfen für eine neue Kultur, für eine neue Arbeit, für einen neuen Menschen, für ein wirkliches, helles, wunderbares Leben unserer Menschheit.»[7]

Im Gegensatz zu den U-Bahnen der kapitalistischen Großstädte, die, dunkel, einförmig und trostlos wie eine Totengruft, die Freude und die Kraft des Arbeiters begrübe, seien, so Kaganowitsch, die sozialistischen Metrostationen wahre Paläste, die dem Volk Bequemlichkeit und Genuß verschafften. «Wir wollen, daß dieses Bauwerk, das größer ist als irgendein anderer Palast, ein Theater, Millionen Menschen bedient, daß dieses Bauwerk den Geist des Menschen beflügelt, sein Leben erleichtert, ihm Erholung und Vergnügen verschafft.»[8]

Die Arbeiter sollten sich in den Stationen der Metro wie in Palästen fühlen, und immer wieder in einem neuen, denn jede Station bekam, um die Orientierung zu erleichtern und Abwechslung zu schaffen, ihr eigenes Gesicht. «Ja, die Paläste unserer Metro», so Kaganowitsch, «sind nicht einförmig. Jede Station ist einzigartig. Wo ist denn, ihr Herren Bourgeois, die Kaserne, wo die Vernichtung der Persönlichkeit, die Auslöschung von Kreativität, die Liquidierung der Kunst? Ganz im Gegenteil, an der Metro sehen wir den größten Aufschwung kreativen Schaffens, die Blüte architektonischen Denkens: Jede Station ein Palast, jeder Palast in einzigartiger Ausführung.»[9]

Für die Gestaltung der Vestibüle und Stationen der ersten Linie von Sokolniki bis Park Kultury mit dem Abzweig von der Leninbibliothek zur Smolenskaja wurde im März 1934 ein Architekturwettbewerb ausgeschrieben, der noch im selben Monat von der *Arplan*, der Architektur- und Planungsbehörde des *Mossovet*, begutachtet wurde. Im Juni 1934 bestätigte eine Expertenkommission der *Arplan* unter dem Vorsitz von Kaganowitsch die Entwürfe für sechs Stationen und zwei Vestibüle und erteilte den Architekten Anweisungen für die Überarbeitung der übrigen Entwürfe. Im August 1934 genehmigte Kaganowitsch auch die restlichen nach seinen Vorschlägen überarbeiteten Pläne und zog im Oktober die Entscheidung über die Ausgestaltung vollends an sich. Mehrmals die Woche wurden nun Beratungen abgehalten, Entwürfe und Zeitpläne bestätigt, Anweisungen für die Material- und Farbwahl, die Beleuchtung und künstlerische Ausschmückung erteilt. Kaganowitsch und Chruschtschow versammelten die Architekten, sprachen mit ihnen und gaben ihnen immer neue Anregungen, die selbstverständlich aufgegriffen wurden.

Moskaus erste Metrolinie wurde nicht nur in der kurzen Zeit von vier Jahren fertiggestellt, sondern wurde auch eine der schönsten und bequemsten Europas. Die Stationen mit geringer Tiefenlage – die ersten Strecken wurden im Grabensystem, die späteren dann im Tunnelbausystem gebaut – bestehen aus Hallen mit bis zu 150 Metern Länge und Höhen von 8 bis 10 Metern. Die Decken ruhen auf Säulen, die entweder eine Mittelreihe oder eine Doppelreihe bilden, sind flach oder wie in der Station Leninbibliothek,

Metrostation Komsomolskaja Moskau, isometrische Zeichnung

die keine Säulen hat, flach gewölbt. Zu den Hallen und den Bahn-
steigen führen Treppen, die an den Quer- oder Längsseiten angeordnet sind.

Einige der 30 bis 40 Meter tief gelegenen Stationen bestehen aus
zwei parallelen, bis zu 155 Meter langen Tunneln mit zylin-
drischem Querschnitt, die die Bahnsteige und Gleisanlagen aufnehmen. In anderen Stationen befinden sich zwischen den Tunneln mittlere Hallen mit Querverbindungen zu den beiden Bahn-
steigen. Von diesen Hallen führen lange Rolltreppen zu den höher
gelegenen Vorhallen. Die Rolltreppe der Station Kirowskaja war
mit 60 Metern die längste Rolltreppe der Welt, und die Höhen der
Vorhallen überschritten mit 4,50 bis 6,00 Metern die im kapitalistischen Westen übliche Höhe von 3,00 Metern deutlich. Von den
Vorhallen führen Korridore und Treppen zu den oberirdischen
Eingangspavillons.

Die Stationen und Vestibüle waren mit 50 bis 100 Lux – im Vergleich zu 25 Lux im Westen – hell erleuchtet. Lichtstelen, Licht-
decken aus Metallgittern, Milchglaskugeln und Lüster in Form
von Kristalltrauben erzeugten eine künstliche Helligkeit, die als
Licht des siegreichen Sozialismus galt und «ein Sieg über die
Sonne» schien. Marmortafeln, Granitblöcke, weiße und schwarze

Glasplatten, glasierte Wandkacheln, keramische Bodenfliesen, Nußbaumholz und andere edle Materialien, klassizistische Kassettendecken, Elemente, die der ägyptischen Tempelarchitektur entlehnt scheinen – die Stationen wurden mit allem geschmückt, was geeignet war, eine weihevolle Atmosphäre zu schaffen und die nackten Mauern kapitalistischer U-Bahnen durch kostbaren Innenausbau zu übertreffen. Verglaste Kassen empfingen die Fahrgäste, und Buffets, Kioske und Warenautomaten, die aus Berlin importiert worden waren, sorgten für das leibliche Wohl. Täglich wurden über Nacht die Marmorsäulen poliert und der Staub von Reliefbildern und Verzierungen gewischt. Auch die Luft war rein und wurde sechs- bis siebenmal in der Stunde ausgetauscht.

Schönheit, Sauberkeit und Ordnung der neuen Metrostationen sollten nicht nur das Leben des sowjetischen Menschen heller und leichter machen, sondern auch ihn selbst besser. Als Schule der Disziplin sollten sie – glaubte man doch, den Menschen wie Pawlows Hund konditionieren zu können – der Zivilisierung der Arbeiter und Bauern dienen, damit aus ihnen würdige Bewohner des sozialistischen Paradieses würden. Viele der durch die Kollektivierung aus den Dörfern vertriebenen Bauern waren nach Moskau geflohen, wo sie Arbeit und Unterschlupf zu finden hofften. Diese bäuerlichen Zuwanderer, die wie alles Bäuerliche in Rußland schon immer als rückständig galten, sollten ihr Verhalten den Mustern von Schönheit, Sauberkeit und Ordnung, wie sie die Metrostationen vorgaben, anpassen: nicht mehr auf den Boden spucken, nicht mehr drängeln, die Mütze abnehmen und alten Menschen ihren Platz anbieten.

Obwohl sich längst nicht alle Werktätigen die tägliche Fahrt mit der Metro leisten konnten, nahm doch die Einübung in zivilisierte Verhaltensmuster hier ihren Anfang. Vor allem die Jugend wollte aus der Rückständigkeit heraus und in zivilisierte Verhältnisse hinein. «Sie wollen den alten Adam loswerden», schreibt der Historiker Karl Schlögel in *Im Raume lesen wir die Zeit*, «sie wollen keine Bauern mehr sein, sondern Traktorfahrer, Arbeiter, Fallschirmspringer, Ingenieur, Pilot.»[10]

Die Vorhut zivilisierten Verhaltens bildete das Personal der Metro. Es wurde aus der Schar der Komsomolzen und Metrobauer sorgfältig ausgewählt und monatelang für die neue Aufgabe ausgebildet. Jedem wurde mit Entlassung gedroht, der sich Liederlichkeit, Nachlässigkeit oder Verantwortungslosigkeit zuschulden kommen ließ. Allen wurde beigebracht, kleinen Kindern auf der Rolltreppe zu helfen, freundlich Auskunft zu geben und im Fundbüro alles ordentlich aufzubewahren. Alle waren sie schlanke junge Männer und Frauen, in tadellose Uniformen gekleidet, ordentlich frisiert und rasiert.

Die Moskauer standen anfangs, obwohl es selbstverständlich keine öffentliche Opposition gegen das Großprojekt des Metrobaus geben durfte, dem ganzen Vorhaben ablehnend gegenüber. Immerhin lebten und wohnten sie selbst in primitiven Verhältnissen und größter Wohnungsnot, da der Bau von Fabriken und Infrastruktur Vorrang vor der Befriedigung der Wohnbedürfnisse besaß, viele vorhandene Wohngebäude im Zuge der Sanierung abgerissen worden waren und die Einwohnerzahl stark zugenommen hatte. Sie mochten sich fragen, welchen Sinn angesichts ihrer oberirdischen Not der Bau unterirdischer Paläste, der Unsummen verschlang, haben konnte. Doch die erfolgreiche Fertigstellung der ersten Linie führte zu einem Meinungsumschwung.

Kindlich stolz seien die Sowjetmenschen, so Oskar Maria Graf, auf jede, selbst die geringfügigste Errungenschaft in ihrem Land. Die große Leistung des Metrobaus erfülle sie mit stolzem Kraftgefühl und der Hoffnung, die sozialistische Umgestaltung des Landes mit Hilfe der Technik meistern und in absehbarer Zukunft Wohlstand und kultiviertes Leben für alle schaffen zu können. «Jetzt endlich, nach so vielen Opfern, sahen und spürten die Menschen die wohltuenden Erfolge, und darum machte das Volk mit einer solchen Begeisterung am schwierigen Aufbau mit, darum aber auch stand es hinter Stalin und liebte ihn, denn er war nun einmal der Inbegriff des greifbaren Fortschrittes.»[11]

Die aus der Kraft des Volkes fertiggestellte Metro erschien den Menschen mit ihrem Luxus, ihrer Sauberkeit und Ordnung zumindest vorübergehend wie eine Vorwegnahme des künftigen Lebens im Sozialismus. Zu Recht, wie Kaganowitsch in einer seiner Reden im Mai 1935 erklärte, denn wenn eine Arbeiter- und Bauernregierung ein solches Bauwerk unter der Erde errichten könne, sei sie auch in der Lage, über der Erde alles zu leisten. «Der Bauer, der Arbeiter, sie können in der Untergrundbahn, in diesen Feuern, in diesen Marmorsäulen nicht nur Marmor sehen, nicht nur ein wunderbares technisches Bauwerk. Sie sehen in der Metro die Verkörperung ihrer Kraft, ihrer Macht.»[12]

Die erste Linie der Metro sollte 1935 am «Tag der Arbeit» feierlich eingeweiht werden. Doch als Stalin einen Tag vorher eine Testfahrt unternahm, versagte die Signalanlage. Sein Zug steckte eine Stunde lang im Tunnel fest, und die Eröffnung wurde auf den 15. Mai verschoben. An diesem Tag wurde die erste sozialistische U-Bahn mit dreizehn Stationen, siebzehn Vestibülen und einer Länge von 11,4 Kilometern offiziell den Arbeitern und Bauern übergeben. 350000 Fahrgäste wurden befördert, und es herrschte Volksfeststimmung. Partei und Presse feierten den Bau als neue Errungenschaft der Arbeiterklasse, und ausländische Kommunisten und Sympathisanten der Sowjetunion hielten ihn für einen großen Schritt nach vorn beim Aufbau des Sozialismus.

«Heute strömen die Belegschaften der Fabriken», schrieb der Verleger und Journalist Wieland Herzfelde, «in die wie riesige Festsäle leuchtenden unterirdischen Bahnhöfe. Auf leisen Rolltreppen gleiten sie bis zu 60 Meter in die Tiefe, spiegeln sich im braunen Furnierholz, bewundern den Marmor und die unzähligen blanken Kacheln.» Keine andere Metro, weder in Paris noch in London oder Berlin, sei auch nur annähernd so schön und so praktisch, nirgends seien die Stationen so reich geschmückt und geräumig gebaut, nirgends die Züge so leise, die Zugänge so windgeschützt und bequem, die unterirdischen Hallen so lichtdurchflutet.

Auch den Stil, von Vertretern der neuen Sachlichkeit vielfach kritisiert, fand Herzfelde gut und richtig. «Um Schönheit zu schaffen», schrieb er, «braucht man Elan und Liebe zum Leben künftiger Generationen. Mögen Bankrotteure durch kahle Wände demonstrieren, daß sie das Erbe der Vergangenheit zu erwerben nicht mehr imstande sind und ihren Kindern nichts zu hinterlassen haben. Ihr Stil ist blasierter Verzicht. Die Erbauer des Sozialismus, das siegreiche Proletariat dagegen, haben eine Welt gewonnen. Es ist jung, es ist stark, es will Bauten, die seinen Siegesstolz und seine Zeugungslust künden.»[13]

148

Bertolt Brecht, der die Einweihung der Metro selbst miterlebte, schrieb zu ihrer Inbetriebnahme ein großes Gedicht, das in der Moskauer *Deutschen Zentral-Zeitung* veröffentlicht wurde. «Wir hörten: 80000 Arbeiter / Haben die Metro gebaut, viele noch nach der täglichen Arbeit / Oft die Nächte durch. Während dieses Jahres / Hatte man immer junge Männer und Mädchen / Lachend aus dem Stollen klettern sehen, ihre Arbeitsanzüge / Die lehmigen, schweißdurchnäßten, stolz vorweisend. / Alle Schwierigkeiten – / Unterirdische Flüsse, Druck der Hochhäuser / Nachgebende Erdmassen – wurden besiegt.» Und Brecht, den harten Kampf der Metrobauer und ihre Freude am selbstgeschaffenen Besitz schildernd, fragte stolz: «Wo wäre dies je vorgekommen, daß die Frucht der Arbeit / Denen zufiel, die da gearbeitet hatten? Wo jemals / Wurden die nicht vertrieben aus dem Bau / Die ihn errichtet hatten?»[14]

Sozialistische Taten wie diese sollten, schlug Brecht in seinem Essay *Über die Verbindung der Lyrik mit der Architektur* vor, für die Nachwelt sichtbar bewahrt werden. Nichts sei dazu geeigneter als die Lyrik. Das Straßenbild, durch die Revolution bereits durch Spruchbänder und Plakate literarisiert, könnte mit Gedichten geschmückt werden. Besonders die riesigen Marmorwände der schönen Bahnhöfe der Moskauer Untergrundbahn «könnten sehr wohl Gedichte tragen, die ihre mit soviel Heroismus verknüpfte Herstellung durch die Moskauer Bevölkerung beschreiben.»

Die Moskauer Metro war eine unterirdische Parallelwelt – schön, hell, sauber und wohlgeordnet – zur oberirdischen Häßlichkeit und Unordnung, eine unter der Erde angesiedelte U-Topie, wie Boris Groys sie nennt, ein Ort, der weder dem Reich des Himmels noch dem der Hölle angehört.[15] Vor dem Hintergrund der niedrigen Holzhäuser und ländlichen Hinterhöfe, die das oberirdische Stadtbild Moskaus noch weitgehend prägten – 1934 besaß Moskau 51000 Wohnhäuser, davon waren 31000 aus Holz, 23000 einstöckig und 21000 zweistöckig –, strahlten die Stationen und Vestibüle der Metro Reichtum und großstädtisches Flair aus. Sie ließen als kollektive Paläste den tristen individuellen Alltag für kurze Zeit vergessen und erschienen vielen wie das Licht am Ende des Tunnels, der sie zu einem besseren Leben in einer sozialistischen Welt führen würde.

Doch die Metro war nicht nur der erste, sondern zugleich der letzte Baustein der bestmöglichen aller Welten. 1935 nahmen die sogenannten Säuberungen, die Morde und Zwangsverschickungen in die Gulags, ungeahnte Ausmaße an und setzten in großem Maßstab fort, was schon unter Lenin mit der Kollektivierung der Landwirtschaft begonnen hatte. Der große Terror erstickte das Volk nicht nur physisch, sondern auch seine ursprünglich vorhandene Lust am sozialistischen Aufbau.

Die weiteren Stationen der Metro wurden bereits unter massivem Einsatz von Arbeitssklaven aus den Gulags gebaut, deren Zahl 1935 bereits die Millionengrenze überschritt. Valentin Gonzalez, der bekannte El Campesino, Held des spanischen Bürgerkriegs, der irgendwann im Gulag und auf den Metrobaustellen gelandet war, nannte sie ein «Denkmal der Zwangsarbeit».[16] Die Erziehung des neuen Menschen, wichtigste Voraussetzung für die Realisierung einer besseren Welt, erfolgte nun nicht mehr durch das Vorbild einer bedingungslos gläubigen Elite, sondern durch die Knute erbarmungsloser Sklavenhalter.

«Als wir aber dann beschlossen
Endlich unsrer eignen Kraft zu traun
Und ein schönres Leben aufzubaun
Haben Kampf und Müh uns nicht verdrossen.»

*Bertolt Brecht, Inschrift für das Hochhaus an der Weberwiese*

## Wohnpaläste für die Werktätigen – Die Stalinallee in Berlin-Ost

Hermann Henselmann | 1949–56

1949 wurde die alte Frankfurter Allee, die östliche Einfallstraße Berlins, in Stalinallee umbenannt. Die Namensgebung stand für den hohen Anspruch, den die Partei mit dem Aufbau der stark zerstörten Straße verband: Kein einfacher Wiederaufbau war beabsichtigt, sondern ein Neubau der besonderen Art. Hier sollte das Herz der Hauptstadt des ersten sozialistischen Staates auf deutschem Boden geschaffen und die Kraft und die Stärke des Aufbauwillens der DDR dargestellt werden. Gerade hier, im Stadtteil Friedrichshain, einem vor dem Krieg dicht bevölkerten Arbeiterviertel mit zahllosen Mietskasernen und Hinterhöfen, sollten wieder einfache Arbeiter wohnen. Doch nun in Wohnungen mit hohem Komfort, um die Idee des «kämpferischen Humanismus» mit seiner, wie Stalin es nannte, «Sorge um den Menschen» auch baulich zu manifestieren.

Da der Anspruch zwar klar war, doch nicht seine Umsetzung, schickte die Partei im Frühjahr 1950 unter der Führung des Ministers für Aufbau Lothar Bolz eine Delegation nach Moskau, um sich Anregungen von den sozialistischen Brüdern und ihrem großen Führer zu holen. Sie kam mit sechzehn Grundsätzen des Städtebaus zurück, die Grundlage des Nationalen Aufbauprogramms werden sollten. Leitbild wurde, was in Moskau bereits seit den 30er Jahren galt: die kompakte, zentral strukturierte Stadt mit Magistralen und Plätzen und eine dem Inhalt nach sozialistische und der Form nach nationale Architektur, wobei selbstverständlich nur die fortschrittlichen Traditionen des nationalen Kulturerbes in Frage kamen.

Das Neue Bauen galt nun in der DDR als bourgeoiser Ausdruck der kapitalistischen Gesellschaft, als volksfeindliche Erscheinung und Verhöhnung der Interessen der Werktätigen. Im Unterschied zu seinen profitorientierten Kisten sollten die zukünftigen Häuser des real existierenden Sozialismus komfortabel sein und schön im Sinne des offensichtlich historisch orientierten Geschmacks der Arbeiterklasse. In der Weimarer Republik, so polemisierte Walter Ulbricht in seiner Rede auf dem III. Parteitag der SED im Juni 1950, seien Häuser gebaut worden, «die in ihrer architektonischen Gestaltung nicht den Wünschen der Bevölkerung entgegenkamen, die nicht der nationalen Eigenart unseres Volkes entsprachen, sondern dem formalistischen Denken einer Anzahl Architekten, die die Primitivität gewisser Fabrikbauten auf die Wohnungsbauten übertrugen.»[17] Die Partei werde in der Hauptstadt, erklärte Ulbricht definitiv, keine amerikanischen Kästen und keinen hitlerschen Kasernenstil mehr zulassen.

Doch was der nationalen Eigenart des Volkes entsprechen und wie die «Sorge um den Menschen» baulich sichtbar werden sollte, konnte auch Ulbricht nicht angeben. Aufgrund des erwünschten Bezugs auf das nationale Erbe verbot sich die direkte Übernahme sowjetischer Muster, und die ersten von DDR-Architekten eingeholten Entwürfe gefielen nicht. In der Not beschloß die Partei im Januar 1951, einen großen offenen Wettbewerb auszuschreiben und in der Ausschreibung nur ganz allgemein auf die Bedeutung der Stalinallee und des nationalen Kulturerbes hinzuweisen.

Zeitgleich wurden die drei Meisterwerkstätten der gerade gegründeten Bauakademie beauftragt, Entwürfe für eine Wohnbebauung an der Weberwiese einzureichen, die in unmittelbarer Nachbarschaft zur Stalinallee lag. Hier sollte von den Meistern Hermann Henselmann, Hanns Hopp und Richard Paulick die Umsetzung der neuen Grundsätze exemplarisch erprobt werden. Doch das Ergebnis wurde ein Desaster. Rudolf Herrnstadt, Chefredakteur der SED-Zeitung *Neues Deutschland*, kritisierte am

29. Juli 1951 in einem Leitartikel mit dem Titel *Über den Baustil, den politischen Stil und den Genossen Henselmann* die vorgelegten Entwürfe scharf, da sie trotz intensiver Überzeugungsarbeit der Partei noch immer dem Neuen Bauen verhaftet seien.

«Die Architekten Henselmann und Paulick usw. schlugen bisher als Wohnbauten für das neue Berlin jene Heimstättenhäuser vor, wie sie in den vergangenen Jahrzehnten in allen kapitalistischen Ländern zu Tausenden und Zehntausenden gebaut wurden: Kästen mit horizontalen Fenstern, oben flach, unten ohne Sockel, Fassaden ungegliedert, als Augenauswischerei für den kleinen Mann versehen mit eintönigen Ketten von Loggien, Blumen (...) alles an diesen Häusern ist billig: ein architektonischer Gedanke liegt ihnen nicht zugrunde (...) Häuser solchen Stils sind die natürlichen Produkte der Profitgier und der Menschenverachtung des sterbenden Kapitalismus.»[18]

Schon einmal war Hermann Henselmann ins Kreuzfeuer der Parteikritik geraten, als ihm 1949 die Genossen vorwarfen, kein ausgeprägtes Klassenbewußtsein zu besitzen und sich mit bürgerlichen Elementen einzulassen. Doch diesmal war die Lage ernster, die öffentliche Zurechtweisung durch das Parteiorgan bedrohlicher, und die öffentlich Angeprangerten reagierten prompt. Bereits zwei Tage später legten Hermann Henselmann und Richard Paulick neue Entwürfe vor, die sich von ihren früheren wesentlich unterschieden. Die Parteispitze war besonders von Henselmanns Entwurf begeistert. «Dann zeigte ich diesen Entwurf», beschrieb Henselmann 1980 rückblickend die Situation, «die anderen waren inzwischen auch eingetroffen, und dann sagte Ulbricht: ‹Gut, dann bauen wir ihn.› Und da kamen Stoph und Jendretzky auf mich zu und umarmten mich und küßten mich, so wie Breschnew geküßt wird, wenn er auf dem Flughafen eintrifft, und freuten sich so ungeheuer, daß ich dort akzeptiert wurde, daß mich das innerlich selbst bewegt und berührt hat.»[19]

Die Bebauung an der Weberwiese, ein fünfgeschossiges Bauensemble mit einem neungeschossigen Hochhaus, wurde für die folgenden Jahre zum Maßstab sozialistischen Bauens in der DDR. Besonders das Hochhaus stand mit seinem leichten Mittelteil, gefaßt von schweren Eckrisaliten, seinem hervorgehobenen Sok-

kel, seinen dorischen Säulen im Eingangsbereich, den Schinkel-
schen Fensterformaten, schmiedeeisernen Fenstergittern und der
Verkleidung der schlanken Lisenen mit Meißener Keramik wie
gewünscht für das nationale Erbe. Und der Komfort der Wohnungen – sie besaßen Zentralheizung, Gegensprechanlage, Telefon, Aufzug, Müllschlucker, zentrale Warmwasserversorgung
und auf dem Dach Wintergarten und Dachterrasse für alle – zeugte
für den sozialistischen Inhalt.

Die Kehrtwende vom Neuen Bauen zum klassizistischen Erbe
war Hermann Henselmann, glaubt man seinem eigenen Bekenntnis, innerlich nicht leicht gefallen. Durch den scharfen Ton der
öffentlichen Attacke eingeschüchtert, habe er zuerst die DDR
verlassen wollen. Nur seinem Freund Bertolt Brecht, der eine
Nacht lang um seine Seele gerungen habe, sei es gelungen, ihn davon abzuhalten. Er sei freundlich, ja gütig zu ihm gewesen, habe
aber seine Forderung nach Autonomie des Künstlers als elitär
strikt abgelehnt. Das Bündnis mit der revolutionären Arbeiterklasse sei und bleibe die Grundlage der sozialistischen Kunst, und
da die Mittel des Neuen Bauens unpopulär seien, seien sie auch
nicht anwendbar.[20]

Brecht war klar, daß dies gerade für die fortschrittlich gesinnten
Architekten bitter war. «Unsere modernen Architekten», schrieb
er in *Notizen über eine neue Architektur*, «begegnen bei den neuen
großen Aufträgen dem kräftigen Widerstand des Proletariats, also
der Klasse, welche die neuen großen Aufträge vergibt, wenn die
Baupläne eingesehen werden. Dies ist besonders für diejenigen
Architekten schwer verständlich, die politisch auf der Seite des
Proletariats stehen. Sie hatten seinerzeit allerhand Widerstand
vom Bürgertum erfahren und gehofft, nun beim Proletariat volles
Verständnis zu finden.»[21]

Brecht forderte die Architekten auf, sich trotz aller Vorbehalte
ernsthaft und schnell umzustellen, denn das letzte Wort des
Neuen Bauens sei der bürgerlichen Ideologie entsprungen und
könne nicht das erste Wort des proletarischen sein. Die Arbeiterklasse habe nun einmal ein Anrecht auf Schönheit und halte den
Satz «Zweckdienlich ist immer schön» nicht für zwingend, da der
Zweck der bürgerlichen Bauten nur der Profit gewesen sei. Als

neue führende Klasse wolle sie keine Einfamilienhauskisten und keine Mietskasernen mehr, sondern Wohnpaläste, keine sachliche und zweckmäßige Gestaltung mehr, sondern eine Gestaltung gemäß den fortschrittlichen Epochen der nationalen Tradition.[22]

Von Brecht offensichtlich vom Saulus zum Paulus bekehrt, bekannte sich Henselmann offensiv zur neuen Richtung und schrieb Ende 1951 im *Neuen Deutschland* unter der Überschrift *Der reaktionäre Charakter des Konstruktivismus*: «Unsere Werktätigen, die sich auf den Trümmern des Vergangenen eine neue Welt bauen, haben ein Anrecht auf Schönheit. Aber ebenso haben unsere Werktätigen das Anrecht darauf, in den neuen Bauten sich selbst und ihre Heimat wiederzuerkennen. Deshalb ist das aufmerksame Studium unseres nationalen Erbes von prinzipieller Bedeutung.»[23]

Vielleicht war es Überzeugung, vielleicht auch nur Lippenbekenntnis. Vielleicht setzte Henselmann aber auch auf die Zukunft und auf eine schnelle Entwicklung des bedauerlicherweise noch sehr kleinbürgerlichen Geschmacks der Werktätigen, wie Brecht sie in einer seiner *Geschichten vom Herrn Keuner* prognostiziert hatte. «In einer Zeit, wo eben kleinbürgerliche Kunstauffassungen in der Regierung herrschten, wurde G. Keuner von einem Architekten gefragt, ob er einen großen Bauauftrag übernehmen solle oder nicht. ‹Hunderte von Jahren bleiben die Fehler und Kompromisse in unserer Kunst stehen!› rief der Verzweifelte aus. G. Keuner antwortete: ‹Nicht mehr. Seit der gewaltigen Entwicklung der Zerstörungsmittel sind eure Bauten nur Versuche, wenig verbindliche Vorschläge, Anschauungsmaterial für Diskussionen der Bevölkerung. Und was die kleinen, scheußlichen Verzierungen betrifft, die Säulchen usw., lege sie als überflüssig an, so daß eine Spitzhacke den großen reinen Linien schnell zu ihrem Recht verhelfen kann. Vertraue auf unsere Menschen, auf schnelle Entwicklung!›»[24] Henselmann vertraute und lag nun stromlinienförmig auf der neuen Parteilinie. In Anerkennung seiner großen Verdienste bekam er 1952 – im Mai desselben Jahres konnten die ersten Mieter in die Wohnungen an der Weberwiese einziehen – den Goethepreis der Stadt Berlin sowie den Nationalpreis Erster Klasse verliehen.

Inzwischen war die Planung der Stalinallee in ein neues Stadium getreten. Für den Wettbewerb, im April 1951 offiziell ausgeschrieben, wurden bis Ende Juli 46 Entwürfe eingereicht und von einer Jury geprüft, der auch Walter Ulbricht angehörte – die ganze Angelegenheit war allmählich zur Chefsache geworden. Doch das Ergebnis fiel wiederum nicht zur Zufriedenheit aus. Die Kommission vergab zwar fünf Preise, beschloß aber, die fünf Preisträger in einer Klausurtagung einen Kollektiventwurf entwickeln zu lassen. Erst nach weiteren sechs Monaten immer wieder neuer Umplanungen konnte mit dem Bau begonnen werden.

Grundidee der Planung war ein streng gefaßter, großzügiger Straßenraum von 1,85 Kilometern Länge, eine 90 Meter breite, baumbestandene Magistrale, die in einen großen Aufmarschplatz mündete. Die teilweise 250 Meter langen Gebäudeblöcke, die den Straßenrand säumten, wurden in regelmäßigem Abstand von ebenfalls streng gefaßten Plätzen und öffentlichen Gebäuden unterbrochen. Die straßenbegleitende Bebauung, symmetrisch ausgebildet, war sieben- bis zehngeschossig, abwechslungsreich mit Vor- und Rücksprüngen gestaltet und in der Höhe gestaffelt. In den Erdgeschossen waren etwa 100 Läden und Büros, in den Obergeschossen etwa 2200 Wohnungen untergebracht.

Die Pläne und Modelle wurden im Berolina-Haus ausgestellt, wo sie von den Werktätigen begutachtet werden konnten. «Die Werktätigen», titelte die *Berliner Zeitung* am 9. September 1951, «entscheiden selbst, was gebaut wird.» 12 000 Besucher kamen, aber nur 455 von ihnen beteiligten sich an der Umfrage. Die Wünsche und Anregungen blieben glücklicherweise im Rahmen des Erwünschten, und nichts Wesentlicheres wurde gefordert als beispielsweise eine Wohnküche. Die Kochküche, die große Errungenschaft der 20er Jahre, die die Frauen bei der Hausarbeit entlasten sollte, wurde abgelehnt und als «Konservenbüchse» verunglimpft.

Die Stalinallee wurde in Bauabschnitte aufgeteilt, die von einzelnen Kollektiven geplant wurden. Henselmann, der nicht zum Kreis der Wettbewerbssieger gehört hatte, bekam zum Erstaunen seiner Kollegen durch einen Alternativentwurf den Auftrag für den wichtigsten Baustein des ersten Bauabschnitts, den Strausber-

Haus des Kindes, Strausberger Platz Ost-Berlin

ger Platz. Er verfügte offensichtlich über gute Beziehungen und traf, was sich schon bei der Weberwiese gezeigt hatte, die Vorstellungen der Partei besser als Richard Paulick, zu dessen Bauabschnitt der Platz eigentlich gehörte.

Der Strausberger Platz erhielt eine ovale Form mit Kreisverkehr und einem mittig angeordneten Springbrunnen. Die gebogenen achtgeschossigen Platzwände wurden im Norden und Süden durch zweifach abgetreppte dreizehngeschossige Hochhäuser, die die Ränder akzentuierten, abgeschlossen. Das Hochhaus Nord, genannt «Haus Berlin», enthielt neben Wohnungen ein Tanzcafé, ein Weinrestaurant und eine Bar, das Hochhaus Süd, genannt «Haus des Kindes», alles für das Kind: Puppentheater, Kindergarten, Kindercafé und Kinderkaufhaus.

Die erdgeschossigen Läden wurden durch Arkaden mit klassizistischen Säulen erschlossen.

Im Oktober 1952 wurden neun Architektenkollektive aufgefordert, Vorschläge für die Bebauung des östlichen Endpunkts der Stalinallee einzureichen. Wieder entschied sich das Preisgericht für den Entwurf von Henselmann, und wieder schließen zwei Turmbauten, diesmal mit zweigeschossigen überkuppelten Laternen bekrönt, die achtgeschossige Randbebauung ab. Henselmann fühlte sich auch mit diesem Entwurf, so erfahren wir aus seinem Erläuterungsbericht, der Stalinschen «Sorge um den Menschen», dem Glück des Einzelnen und den Interessen des Kollektivs verpflichtet. Die Türme des Entwurfs sollten dem Bewußtsein des Volkes Festigkeit, Dauer und Macht vermitteln und die Tore in den Platzwänden den Passanten den Einblick in die parkähnlichen Gärten hinter der straßenbegleitenden Bebauung ermöglichen. Diese Gärten hätten die früher üblichen düsteren Hinterhöfe abgelöst und stünden in Verbindung mit den Toren für das Durchschreiten zu einer besseren Welt. [25]

Mit der Wiederbelebung der nationalen Bautradition und der Schaffung von Wohnraum mit guter Infrastruktur und hohem Komfort für die Werktätigen wollte sich die Partei beim Bau der Stalinallee vom Existenzminimum der Weimarer Zeit und dem Sozialen Wohnungsbau der BRD positiv abheben. Und dies gelang. Die Zwei- und Drei-Zimmer-Wohnungen, die insgesamt 90 Prozent des Wohnungsangebots ausmachten, waren mit 61 und 85 Quadratmetern größer als die meisten westdeutschen Wohnungen der unmittelbaren Nachkriegszeit.

Sie waren hell und freundlich, und die Ausstattung war gehoben: Parkett und Stuck, gefliestes Bad, Fernheizung, Warmwasserversorgung, Einbauschränke, Telefonanschluß, Gegensprechanlage und Müllschlucker. Zwar hatten infolge der monumentalen Fassadengestaltung nur wenige Wohnungen Balkone, doch die meisten dafür bodentiefe Fenster und Dachterrassen zur gemeinschaftlichen Nutzung. Die Eingänge und Treppenhäuser waren mit hohen stuckatierten Decken, Wandpaneelen, Heizkörperverkleidungen, eingelassenen Briefkastenanlagen und prismatischen Lampen repräsentativ gestaltet. Die durchschnittlichen Kosten von 40000 Mark pro Wohnung im Vergleich zu 10000 Mark in Westdeutschland zeigen den vergleichsweise hohen Standard.

Zur Unterstützung des Nationalen Aufbauprogramms hatte die Partei eine Aufbaulotterie gegründet. Wer drei Prozent seines Monatseinkommens für die Dauer eines Jahres zeichnete, erhielt die Summe plus drei Prozent Zinsen in drei Jahresraten nach vier bis sechs Jahren zurück und nahm gleichzeitig an der Verlosung von tausend Zwei- und Drei-Zimmer-Wohnungen teil. Statt Lose zu kaufen, konnte man sich auch durch freiwillige Arbeitsleistungen am Bau und bei der Enttrümmerung – 100 Halbschichten zu je drei Stunden – für die Verlosung qualifizieren und gleichzeitig eine Aufbaunadel in Gold, Silber oder Bronze für 50 bis 150 freiwillige Arbeitsstunden erwerben. Auch die Bewohner Westdeutschlands wurden zur Mitarbeit an der «Herzenssache aller Patrioten», die für den Frieden, die Einheit des Vaterlandes und den Wohlstand des Volkes waren, aufgerufen.[26]

Die Bereitschaft der Werktätigen, sich kollektiv an der Arbeit zu beteiligen, war zu Beginn des Aufbauwerks groß. Vier Millionen freiwilliger Arbeitsstunden wurden, vor allem von Frauen, 1952 in den Enttrümmerungsbrigaden geleistet. Auch die Parteiprominenz – Ulbricht, Grotewohl und Honecker – half sporadisch mit. Der Baubeginn der Stalinallee erfolgte im Januar 1952. Am 3. Februar legte Otto Grotewohl den Grundstein, und am 21.12.1952, pünktlich zu Stalins Geburtstag, fand in der provisorisch hergerichteten Deutschen Staatsoper die feierliche Verlosung der ersten tausend Wohnungen statt. Fast 80 Prozent der preiswerten und komfortablen Wohnungen fielen an verdiente Aktivisten und Bestarbeiter.

Doch die glücklichen Gewinner konnten nicht einziehen, da die Wohnungen noch nicht bezugsfertig waren. Die wichtigste Baustelle des Arbeiter-und-Bauern-Staates lief nicht gerade reibungslos, und man war zum ehrgeizig engen Zeitplan in Rückstand geraten. Die Baubrigaden arbeiteten, da die Planer für jeden Entwurf die Genehmigung der Partei einholen mußten und kaum nachkamen, oft ohne baureife Pläne und mußten immer wieder abreißen und umbauen. Es fehlte an Baustoffen, Baumaschinen und Bauarbeitern, damit an allem, was man zum Bauen so braucht, und Materialengpässe mußten durch den Einsatz neuer Materialien umgangen werden. Rohre und Radiatioren beispielsweise fertigte man, da die Schwerindustrie nicht ausreichend Eisen und Stahl für die Bauwirtschaft liefern konnte, aus keramischen Werkstoffen.

In Stefan Heyms Roman *Die Architekten*, 1963 geschrieben, fragt ein auf der Baustelle der *Straße des Weltfriedens* arbeitender Maurer: «Was würdest du erst sagen, Freundchen, wenn ich dir erzähle, daß ganze Mauern hier wieder aufgestemmt werden mußten, weil jemand vergessen hat, die Rohre, die da durchlaufen sollten, zur rechten Zeit zu projektieren, und daß dicke Zementböden durchgehackt werden mußten, weil die Elektriker zu spät erfahren haben, wo ihre Kabel verlegt werden sollten? Ganze Etagen in diesem Haus sind hochgezogen worden, ohne daß wir richtig ausgeführte Entwürfe dafür gekriegt hätten, und wenn der Barrasch hier – damit deutete er mit seinem Daumen auf den Polier – nicht so ein Talent hätte, die richtigen Ausmaße für Querschnitt und Längsschnitt und alles andere zu erraten, hätten wir unsere meiste Arbeit längst wieder abreißen und noch einmal von vorn anfangen müssen!»[27]

Um die Produktivität und die Geschwindigkeit des Bauens zu erhöhen, setzte die Partei auf den bewährten sozialistischen Wettbewerb und lockte Brigaden und Aktivisten mit Prämien und sonstigen Vergünstigungen. Gleichzeitig erhöhte sie, nachdem es ihr nicht gelungen war, die Arbeiter zu einer freiwilligen Mehrleistung zu bewegen, die Leistungsnormen um 10 Prozent, was die Arbeiter von einer Wettbewerbsdiktatur auf Kosten der Arbeiter sprechen ließ. Normerhöhung, mangelnder Arbeitsschutz und Verringerung der staatlichen Fürsorgeleistungen sowie die allgemeine Erhöhung der Steuern und der Lebensmittelpreise führten zu einer drastischen Verschlechterung der allgemeinen Versorgungslage und den ersten leichten Unruhen.

Die Arbeiter begannen, an der von der Partei propagierten Politik zum Wohl der Werktätigen zu zweifeln. Es kam zu Beschwerden, Demonstrationen und ersten vereinzelten Streiks. Da die Partei an ihrer harten Linie festhielt, kam schließlich der Tag, an dem, so Brecht in seinem Gedicht *Die Lösung*, das Volk das

Vertrauen der Regierung verscherzte. Der für den 17. Juni 1953 angesetzte Generalstreik, an dem sich nicht mehr nur Bauarbeiter, sondern auch Arbeiter anderer Produktionsbereiche beteiligten, mündete in einen großen Volksaufstand. Die sowjetische Militärkommandantur verhängte den Ausnahmezustand. Arbeiterpanzer rollten durch Arbeiterstraßen, und der Arbeiteraufstand gegen die Arbeiterregierung brach nach wenigen Tagen zusammen. Es gab 25 Tote und Hunderte von Verletzten.

Die Wohnpaläste für die Werktätigen an der Stalinallee wurden zwar nach dem 17. Juni noch bis 1956 weitergebaut, doch mit wenig Enthusiasmus, und der «kämpferische Humanismus» der Partei wandte sich neuen Zielen zu. Statt teurer Paläste für Aktivisten und Bestarbeiter wollte man nun normale Wohnungen für normale Werktätige bauen mit einem Minimum an Zeit, Material und Baukosten. Wieder einmal sprang man auf den Moskauer Zug auf. Bereits 1954, nach dem Tod Stalins, hatte Nikita Chruschtschow, nun erster Sekretär des Zentralkomitees, auf der Allunions-Konferenz der Bauschaffenden erklärt, daß Prunksucht und Manieriertheit dem Wesen der Sowjetarchitektur widersprechen würden und Vergeudung seien. Als neue Losung hatte er ausgegeben: besser, billiger und schneller bauen.

Statt des nationalen Erbes rückte wieder das Neue Bauen ins Blickfeld, vor allem dessen Industrialisierungs- und Typisierungsbestrebungen. Der Gegenspieler des Architekten in Stefan Heyms Architekten-Roman nennt dessen Schöpfung, die *Straße des Weltfriedens*, eine altmodische Korridorstraße, «entworfen für Siegesdemonstrationen, die inmitten einer großen Leere von nirgendwo nach nirgendwo ziehen.» Er beklagt nicht nur die willkürliche Benutzung historischer Versatzstücke, sondern die Grundkonzeption überhaupt und die rückständigen Methoden. Für ihn ist diese Straße nichts weiter als eine «Heuchelei in Beton und Ziegeln».[28]

Henselmanns Torbauten galten nun als antiquiert und als Gipfel der Verschwendung. Ausgerechnet die anfangs begeistert gelobten Türmchen mit Kuppeln ließen Henselmann erneut ins Kreuzfeuer der Kritik geraten. Wieder mußte er sich vor dem Plenum der Partei rechtfertigen, denn Kritik und Selbstkritik gehörten zu den wichtigsten Mitteln der Verbesserung der sozialistischen Arbeit. Wieder mußte er die Richtung ändern, und wieder gelang ihm beides zur vollen Zufriedenheit der Partei. Auch wenn er 1994 in einem Interview seine damalige Reuekundgebung als Lüge bezeichnete, wirkte sie in den Augen der Partei doch glaubwürdig genug, um ihm weiterhin große Bauaufträge zu sichern.

Henselmann selbst sah sich im Rückblick seines Lebens als tragischen Fall. Vergeblich habe er auf die Arbeiterklasse als neuen Auftraggeber und auf die schnelle Entwicklung ihres kleinbürgerlichen Geschmacks gehofft und dabei sein Leben verbraucht. Enttäuscht beklagte er zugleich den finsteren Provinzialismus der Partei, «der zwischen der Callas und der Bärbel Wachholz keine Unterschiede macht, Hauptsache, die Leute können singen.»[29] Und 1994 zog Henselmann, die Callas der Architektur, das Fazit: «Ich machte viele Entwürfe. Jedoch im Grunde sind alle an der geradezu kriminellen Haltung meiner Auftraggeber gescheitert oder auf eine widerliche Weise verbogen worden.»[30]

Doch auch dem Auftraggeber Arbeiterklasse erging es nach dem Scheitern des Experiments Stalinallee nicht gut. Der Palastgedanke wurde aufgegeben und der nationale Aufbaustil durch die Plattenbauweise abgelöst. Als Komfort blieb mit Bad, Warmwasser und Fernheizung nur das, was auch im kapitalistischen Westen bereits zum Standard des Massenwohnungsbaus geworden war. «Wohnungen. Löcher aus Beton. Weißt du», sagt der Architekt in Heiner Müllers *Germania 3* zum Funktionär, «wie der Volksmund eure Wohnungen nennt. Arbeiterschließfächer.» Ihm antwortet der Funktionär: «Arbeiterschließfach. Mit Bad, Warmwasser und Fernheizung. Das hat es vor uns nicht gegeben. Für den Arbeiter nicht. Nicht in Deutschland. Wir können nicht warten, bis wir das Geld haben, jedem einen Palast hinzustellen. Oder ein Haus wie deines hier, Genosse Architekt.»[31]

## Radikale Vielfalt

Während die Sowjetunion und ihre Bruderstaaten hinter dem Eisernen Vorhang ihren eigenen sozialistischen Weg gingen, fanden in den kapitalistischen Staaten nach dem Zweiten Weltkrieg die Formen, Materialien und Konstruktionsweisen des Neuen Bauens allgemeine Verbreitung. Das Neue Bauen galt nun durch den bloßen Gegensatz zum historisierenden Bauen des Faschismus und Sozialismus als Ausdruck fortschrittlicher Gesinnung und demokratischen Selbstverständnisses. Es wurde – bereits 1932 durch eine große Ausstellung im Museum of Modern Art in New York zum Internationalen Stil erklärt – zum allseits geschätzten Bestandteil eines globalen Modells von Rationalität und Fortschritt, das, wie man glaubte, endgültige Lösungen für Berlin wie Timbuktu, für die Erste wie die Dritte Welt zu bieten hatte.

Doch die mangelnde Qualität und uniforme Gleichheit der sich über die ganze Welt ausbreitenden Bauten des Internationalen Stils ließen dessen Sparsamkeit immer weniger sozial und fortschrittlich, als vielmehr rein ökonomisch orientiert erscheinen. Bald wurden diese Bauten als Manifestationen seelenloser Behälterarchitektur und kolonialistischer Menschenfeindlichkeit der herrschenden Eliten angeprangert. Mit zunehmendem Wohlstand erkannten die einst Minderbemittelten der Ersten Welt, daß zum kultivierten Leben mehr gehört als Nahrung, Kleidung und Wohnung, mehr als Arbeit und ein Auto, um zur Arbeit zu kommen. Und mit zunehmender Armut erkannte die Dritte Welt, daß der technologische Fortschritt, wenn er überhaupt erreichbar war, sie teuer zu stehen kam und ihr seine ästhetischen Erscheinungsformen fremd blieben.

Angesichts des, wie Wolfgang Welsch es nennt, «Umschlags emanzipatorischer Bemühungen in diktatorische Realitäten»[1] bildeten sich schon früh Gegenpositionen zum Internationalen Stil. Gegen globale Uniformierung setzten sie auf die Vielfalt regio-

naler Traditionen und die Selbstbestimmung alternativer Lebens-
entwürfe, gegen Mechanisierung auf die Freude am Schöpferischen, gegen universalen Gültigkeitsanspruch auf radikalen
Relativismus. Diese Gegenpositionen können als Kompensationen
der Verfehlungen und Mängel des Neuen Bauens interpretiert
werden. «Die durch die Gleichförmigkeit überraschungsarm gewordene moderne Welt», schreibt Odo Marquard, «erzwingt
kompensatorische Überraschungspotentiale, die es vorher nicht
gegeben hat.»[2]

Zu denen, die für Überraschung sorgten, gehörten zum Entsetzen ihrer Jünger einzelne Altmeister wie Le Corbusier, der
sich ab den 50er Jahren bevorzugt dem Schaffen individueller
Baukunstwerke widmete. Aber auch aufstrebende Jungarchitek-
ten wie Robert Venturi, der in den frühen 60er Jahren *Comple-
xity and Contradiction* schrieb, rechneten mit der puritanisch-
moralischen Geste des orthodox gewordenen Neuen Bauens
ab. Venturi plädierte für eine Architektur der Vielfalt und des
Widerspruchs, da Einfalt fast immer in Plattheit münde und weniger nicht mehr sei, wie Mies behauptet habe, sondern einfach
nur langweilig. Entgegen der übertriebenen Ordnungssucht des
Neuen Bauens, die für ihn nicht mehr als die Sekundärtugend der
Ordentlichkeit war, bemühte sich Venturi, «in den komplizierten
Verhältnissen, in all den Widersprüchlichkeiten unserer Zeit einen
sinnstiftenden Zusammenhang aufzuspüren und im übrigen die
Begrenztheit von Ordnungssystemen realistisch einzuschätzen.»[3]

Ebenfalls in den 60er Jahren, die verstärkt – man denke an
Mondlandung und Herztransplantation – auf Wissenschaft und
Technik setzten, erklärten die japanischen «Metabolisten» das
Zeitalter der Maschinen, das die Menschen versklavt habe, für
beendet und proklamierten den Beginn eines neuen Zeitalters des
Lebens, das sie wieder befreien werde. Permanente Veränderung
und freie Beweglichkeit, Grundprinzipien nomadischen Lebens,
sollten dem Menschen das Tor zu neuer Freiheit öffnen und flexible Austauschstrukturen ihm die Anpassung seiner Lebenswelt
an die immer schneller voranschreitenden gesellschaftlichen Veränderungen ermöglichen.

Doch das Experiment mißlang, und überhaupt gerieten die

Experimente der Experten unter Generalverdacht. Die in den 70er Jahren immer klarer erkennbaren Kosten des auf solchen Experimenten beruhenden Fortschritts, dessen Grundlage die zunehmende Beherrschung und Ausbeutung der Natur war, erschütterten zwar nicht das, wie Arnold Gehlen es nannte, «Selbstvertrauen des rationalen Wissens und Denkens in seine Kompetenz»,[4] dämpften aber doch die Fortschrittseuphorie der «Nichtwissenden». Diese zweifelten mehr und mehr an der Gültigkeit des herrschenden Rationalitätsprinzips und setzten auf ein pluralistisches Denken, das alternative Maßstäbe, Regeln und Methoden zuließ.

Statt sich der vermeintlichen Kompetenz der Experten und ihren Experimenten weiter zu beugen, wollte das durch industrialisierte Produktion und Massenkonsum disziplinierte Individuum wieder aus der Masse herausgelöst und in seine individuellen Rechte auf Selbstbestimmung und schöpferische Entfaltung eingesetzt werden. Die Grenze zwischen Elite- und Massenkultur sollte überschritten und die Lücke geschlossen werden. *Cross the Border – Close the Gap*, überschrieb der Literaturkritiker Leslie A. Fiedler 1969 einen Aufsatz, indem er den Künstler aufforderte, zum Doppelagenten zu werden, «gleichermaßen zu Hause in der Welt der Technologie und im Reich des Wunders.»[5] Und das Reich des Wunders hoffte man eher im freien Spiel als im sachlichen Experiment zu finden, eher in heiteren Monumenten, ironischen Zitaten und skulpturalen Events als zwischen nackten Mauern und in gläsernen Kisten.

## Vertikale Gartenstadt – Die Unité d'habitation in Marseille
### Le Corbusier | 1946–52

450000 der vor dem Krieg vorhandenen Wohnungen wurden im Zweiten Weltkrieg in Frankreich zerstört. Da bereits vorher Wohnungsnot geherrscht hatte, kam dem Bau neuer Wohnungen im Rahmen des Wiederaufbauprogramms erste Priorität zu. 1945, kurz nach Kriegsende, beauftragte die Gemeinde Saint-Dié in den Vogesen, deren Stadtkern von den Deutschen systematisch zerstört worden war, den damals weltweit berühmtesten französischen Architekten, Le Corbusier (1887–1965), mit dem Wiederaufbauplan.

Le Corbusiers Plan sah eine riesige Piazza vor, die von allen Seiten über Rampen und Brücken zu betreten und im Westen und Osten von hohen Wohnblocks begrenzt war. Die insgesamt acht Wohnblocks, die Le Corbusier *unités d'habitation de grandeur conforme* nannte, dienten der Unterbringung von 20000 obdachlos gewordenen Einwohnern. Die *unités* waren lange Hochhauszeilen, die alle nach Osten und Westen orientiert und mit großem Abstand voneinander in zwei Reihen gruppiert waren. Doch nach anfänglicher Begeisterung, berichtet Le Corbusier, sei der Plan, obwohl «voller Wohlwollen für die Bevölkerung, voller Rücksicht gegenüber der Landschaft und von großer plastischer Schönheit», von den Einwohnern fast einmütig abgelehnt worden mit der Begründung, sie wollten nicht in Kasernen leben.[6]

Im Jahr darauf beauftragte der Wiederaufbauminister Raoul Dautry Le Corbusier mit einem großen Wohnbauprojekt in Marseille, und dieses Projekt wurde realisiert. Inmitten eines 3,5 Hektar großen Parks am Boulevard Michelet errichtete Le Corbusier seine erste *unité*, einen Wohnblock mit 337 staatlich geförderten Wohnungen für ausgebombte Familien und Alleinstehende: 165 Meter lang, 24 Meter tief und 56 Meter hoch.

Der Wohnblock ruht auf sieben Meter hohen, gedrungen wirkenden Pfeilern, den *pilotis*, die das Erdgeschoß für Fußgänger und Autos freihalten. In den *pilotis* liegen die Leitungen, die sich in einem darüber liegenden Installationsgeschoß horizontal verteilen. Der Bau ist als Stahlskelett konstruiert, in das die zweigeschossigen Wohnungen, die *carrées,* wie Schubladen eingesetzt sind. Sie stoßen nicht aneinander und sind vom Traggerüst durch Bleielemente getrennt, die den Schall isolieren. Der Komplex hat 18 Geschosse und ist für etwa 1600 Personen ausgelegt. 23 verschiedene Wohnungstypen bieten individuell zugeschnittene Wohnungen für Alleinstehende und Familien mit vier bis acht Kindern.

Die *unité* war die Fortentwicklung eines Konzepts, das Le Corbusier bereits 1922 in seinem Buch *Vers une architecture* vorgestellt hatte: die *villas-immeubles.* Sie waren sein früher Versuch, zwei Dinge miteinander zu verbinden, die, wie er meinte, die Menschen schon immer erstrebt hätten: ein familienbezogenes Wohnen in einem Einfamilienhaus und ein Leben ohne niedere, das heißt hauswirtschaftliche Tätigkeiten.

Die *villas-immeubles,* wie Le Corbusier sie 1922 konzipierte, bestehen aus 120 zweigeschossigen, hausartigen Wohnungen, die in fünf Lagen über- und nebeneinander angeordnet sind. Sie besitzen ein zweigeschossiges Wohnzimmer und eine zweigeschossige in den Block hinein geschnittene Gartenterrasse. Die Stapelung der üblicherweise auf der Erde nebeneinander angeordneten Einfamilienhäuser ergibt eine hohe Wohndichte. Sie ermöglicht eine stärkere Durchgrünung durch größere Freiflächen und darüber hinaus gemeinschaftliche Einrichtungen, die sich ein einzelner Hausbesitzer nicht leisten kann: eine großzügige Eingangshalle mit Portierloge, Tennisplätze auf dem Dach der Garage, die unter dem großen offenen Hof untergebracht ist, Sporthalle und Aschenbahn auf dem Dach sowie einen Festsaal, der allen Bewohnern zur Verfügung steht.

Eine Hotelorganisation bietet alle Arten von Dienstleistungen an wie Putzdienst, Versorgung mit Lebensmitteln und Belieferung mit fertigem Essen. Die einzelnen Häuser sind technisch mit Heißwasser, Zentralheizung, Kühlung, Staubsauger und Trink-

wasserreinigung komfortabel eingerichtet. Die kleinen Terrassen-
gärten der vertikalen Gartenstadt erfordern im Gegensatz zu den
ebenerdigen der horizontalen Gartenstädte keine mühselige und
laienhaft betriebene Gartenarbeit, sondern dienen ausschließlich
der Erholung. Die gewonnenen Freiflächen können für Spiel und
Sport genutzt werden und sind von den Wohnungen aus leicht zu
erreichen. Die restlichen Flächen können landwirtschaftlich pro-
fessionell bewirtschaftet werden.

Die *villas-immeubles* der 20er Jahre blieben Projekt, doch
einige der ihnen zugrundeliegenden Ideen wurden in der *unité* in
Marseille verwirklicht. Die meisten Wohnungen der *unité* sind
ebenfalls zweigeschossig, auch wenn der Zugang nicht über einen außen, sondern einen innen liegenden Korridor, die *rue inté-
rieure*, erfolgt. Alle Wohnungen verfügen über einen zweigeschossigen Wohnraum mit 4,88 Meter Höhe und 3,66 Meter
Breite, der den Bewohnern, da er in voller Höhe und Breite verglast ist, einen grandiosen Ausblick bietet. Ihm vorgelagert sind
die viereckigen Raster der Loggien mit seitlichen, rot, blau, gelb
und schwarz gestrichenen Wänden. Die übrigen Räume sind
2,26 Meter hoch.

Auch in der *unité* finden sich allgemeine Versorgungseinrichtungen: die *rues marchandes* in halber Höhe des Gebäudes mit
diversen Geschäften, einem Restaurant, einer Snackbar, einem
Tearoom, einem kleinen Hotel mit zwanzig Betten, einer Wäscherei, einer Reinigung und einem Postamt. Die Bewohner können
über ein Haustelefon von den Geschäften Lebensmittel bestellen,
die durch eine Einkaufsgenossenschaft direkt vom Land bezogen
und bei Auslieferung in Abwesenheit in einem Kasten vor der
Wohnungstür deponiert werden. Im obersten Geschoß gibt es eine
Kinderkrippe, einen Kindergarten, einen Gymnastikraum und
eine Dachterrasse. Die Dachterrasse verfügt über einen Pool für
die Kinder, eine Aschenbahn für die Erwachsenen, einen Aus-
sichtsturm und ein Freilichttheater. Sie wird, einer hochgelegenen
Piazza vergleichbar, eingerahmt von hohen Brüstungen und möbliert mit zu Skulpturen verwandelten Schächten, gekrümmten
Betonbänken und einer freistehenden Betonplatte, auf die nachts
Filme projiziert werden können.

Unité d'habitation, Appartement, Blick von der Galerie

Die *unité* ist als autonome Einheit konzipiert, die die Intimität der Privatwohnung mit dem Gemeinschaftsleben der Stadt kombinieren und somit die individuellen mit den kollektiven Notwendigkeiten des menschlichen Daseins miteinander versöhnen soll. Mit ihren Straßen, Läden und Freizeiteinrichtungen will sie ihren Bewohnern das Gefühl vermitteln, Teil einer sozialen Gemeinschaft zu sein, wie sie in den Dörfern und kleinen Städten besteht. Die *unités*, schrieb Le Corbusier 1946, «haben das Ziel, die Existenzbedingungen zu erleichtern und die körperliche und geistige Gesundheit der Bewohner zu gewährleisten. Sie erstellen die zu einer gesunden Erziehung notwendigen Einrichtungen, bringen Lebensfreude und rufen eine soziale Gesinnung hervor, die für die Gemeinde von größter Wichtigkeit ist.»[7]

Im Oktober 1947 wurde in Marseille mit dem Bau der ersten *unité* begonnen, im Oktober 1952 fand die Einweihung statt. An die 700 Personen drängten sich auf der Dachterrasse, um der Zeremonie beizuwohnen. Le Corbusier, vom neuen Aufbauminister Eugène Claudius-Petit zum Kommandanten der Ehrenlegion ernannt, bedankte sich beim Minister für dessen Mut, dieses Experiment gewagt zu haben. Ohne störende Bauvorschriften habe es mit dem Vertrauen und dem Glauben aller Beteiligten an das Gelingen des Werkes verwirklicht werden können. Der Bau sei, fuhr Le Corbusier fort, für den Menschen nach menschlichem Maß gebaut, Ausdruck gesunder Kraft und offenbare eine neue Schönheit, die Schönheit des *béton brut* mit seinem «Abdruck von Menschenhand». Hier endlich sei der Nachweis erbracht worden, daß nackter Beton ebenso schön sein könne wie Stein, Holz oder Backstein, wenn er die Zufälligkeiten der Schalung, die Fugen der Bretter und ihre Astansätze erkennen lasse.[8]

Die *unité* von Marseille war für Le Corbusier die Frucht eines 25jährigen Studiums. Sie repräsentierte in seinen Augen die effiziente Lebensweise des Maschinenzeitalters und die fundamentale Reform moderner Stadtplanung. «In einer harmonischen Einheit eine natürliche soziale Gruppe – eine Gemeinschaft – versammelnd, bietet sie die Lösung einer vertikalen Gartenstadt, geeignet, die horizontale Gartenstadt zu ersetzen, die, Herrscherin dieses letzten Jahrhunderts und Ursache der Denaturalisierung

Unité d'habitation, Dachterrasse

des Städtischen, der Welt die schädlichen Folgen – die Katastrophe – eines Urbanismus gebracht hat, der ohne Bezug zu seinen Zielen ist, die darin bestehen, soziale Phänomene in Ordnung zu bringen.»[9] Dieses Problem stelle sich in allen technisch fortgeschrittenen Ländern, und daher sei zu erwarten, daß sich die *unité* von Marseille als Prototyp weltweit auswirken werde.

Während die weltweite Wirkung der *unité* und ihres *béton brut* noch etwas auf sich warten ließ, erfolgte die lokale Reaktion prompt. Die Stadt Marseille, so die Presse, sei von den Unternehmungen des Herrn Le Corbusier regelrecht heimgesucht worden, sein neues Monstergebäude sei ein Gemisch aus Pfahlbau, New Yorker Riesengarage und Atlantikwall. Der Wohnblock sei sowohl technisch als auch finanziell eine Katastrophe. Statt der geplanten Arbeitersiedlung sei ein Palast für Millionäre entstanden. Von Bienenhaus war weiter die Rede und von Flaschenkisten.[10]

Der Bau der *unité* habe ihm, so Le Corbusier, nichts weiter gebracht als «fünf Jahre Stürme, Geheul, Bosheiten, feige oder abscheuliche. Entfesselte Raserei der Presse, die auf die Jagdbeute losgelassen ist.»[11] Er sei wegen Schändung der französischen Landschaft auf 20 Millionen Francs Schadensersatz verklagt worden von einem ihm völlig unbekannten Herrn, dem Präsidenten einer ihm ebenfalls völlig unbekannten Gesellschaft für den Schutz der französischen Landschaft. Doch zum Glück habe er den Prozeß gewonnen.

Zwar kamen nach der Fertigstellung in den ersten achtzehn Monaten 100000 Besucher, so daß man schließlich 150 Francs Eintritt von ihnen verlangte, doch bei den Wohnungssuchenden kam das Konzept der *unité* anfangs nicht besonders gut an. Viele Wohnungen standen trotz anhaltender Wohnungsnot leer, und die Läden in den Obergeschossen konnten nicht vermietet werden. Viele vermißten in der vertikalen Gartenstadt, was das Stadtleben normalerweise positiv bietet: die Anonymität und die Freiheit der Wahl. Die täglichen Wege waren vorgezeichnet und die Orte, wo der Einzelne einkaufen und seine Freizeit verbringen sollte, vorgegeben. Da die Wohnungen zudem teurer wurden als andere Wohnungen vergleichbarer Größe, beschloß der Staat, die als Mietwohnungen für Arbeiter gedachten Wohneinheiten vorrangig an öffentliche Bedienstete zu verkaufen. Obwohl sie zu einem niedrigen Preis angeboten wurden, brauchte es drei Jahre, bis alle verkauft waren.

Der Minister Claudius-Petit allerdings war zufrieden. Er hatte selbst eine Nacht in einer der bezugsfertigen Wohnungen verbracht und sie zur herrlichsten Nacht seines Lebens erklärt.[12] Auch für Sigfried Giedion, den standhaften Streiter für das Neue Bauen, gehörte die *unité* zu den wenigen Beispielen, in denen soziale Imagination eine dreidimensionale Verwirklichung gefunden habe. Und Walter Gropius, der an der Einweihungsfeier teilgenommen hatte, soll gesagt haben: Ein Architekt, der dieses Gebäude nicht schön finde, tue besser daran, seinen Zeichenstift aus der Hand zu legen. Eine Einschätzung, die wohl viele Architekten teilten. Denn bei allen möglichen Bauten tauchten nun weltweit gedrungene Pfeiler, hochgelegte Korridore und Sonnenbrecher aus Beton auf.

Doch längst nicht alle stimmten in die Lobeshymnen ein oder ahmten den großen Meister nach. Viele warfen Le Corbusier vor, er, der kämpferische Protagonist des Neuen Bauens, sei offensichtlich seinen eigenen Grundsätzen untreu geworden. Der Kulturhistoriker Lewis Mumford beispielsweise bezeichnete 1958 in seinem Aufsatz *Der ‹Nonsens› von Marseille* die Fassade der *unité* als eine Art abstraktes Hochrelief, welches das genaue Gegenteil der Flächigkeit sei, die Le Corbusier in den 20er Jahren selbst gefordert hatte. Le Corbusier habe hier offensichtlich gewütet mit dem «Enthusiasmus eines Konvertiten». «Auf jeden Fall ist alle Glattheit des Maschinenzeitalters, alle saubere Präzision, alles was Le Corbusier in den zwanziger Jahren so herzlich gepriesen hat, in den Wind geschlagen.»[13]

Zudem habe er bei einem Besuch der *unité* 1957 feststellen müssen, daß aus der zweigeschossigen Marktzone eine Geisterstadt geworden sei. Dreimal so viele Bewohner wären nötig, um die Läden am Leben zu erhalten, und da sie auch noch fünf Jahre nach der Fertigstellung von einer gräßlichen Trostlosigkeit seien, dürfe man wohl vermuten, daß man Le Corbusier diese innen liegenden Flure nie verzeihen werde. «Der rohe Betonflur», so Mumford, «mit seinen vielen leeren Läden hat etwas von der unheimlichen Öde einer Radierung von Piranesi.»[14]

Überhaupt sei das Ganze zum Wohnen kaum brauchbar. Aufenthaltsqualität hätten nur die Wohnungen und in den Wohnungen eigentlich nur die Wohnräume, da bei ihnen die Enge durch die Höhe wettgemacht würde, während die Schlafräume extrem lang, schmal und schlecht belichtet und die innen liegenden Räume völlig ohne Licht und Luft seien. Mumford nannte die *unité* die «perfekte Manifestation des Geistesniveaus eines Prokrustes», der die Menschen so lange stauche und strecke, bis sie in seine Betten paßten. «Mit der unité verrät Le Corbusier die menschlichen Belange um eines monumentalen ästhetischen Effektes willen. Das Ergebnis ist eine egozentrische Extravaganz.»[15]

Mumford sollte recht behalten, denn am heftigsten abgelehnt wurden die innen liegenden Korridore. Von Le Corbusier als außerordentliche und geheimnisvolle Symphonien von Farben beschrieben, wirkten sie auf die meisten als triste Gänge, deren Länge – 100 Meter vom Flurende bis zum Aufzug – ermüdend war, und glichen in nichts den Straßen, die üblicherweise eine kleine Siedlung mit 1600 Einwohnern erschließen.

Bei den weiteren *unités*, die Le Corbusier baute, beispielsweise in Nantes und im Rahmen der Interbau 1957 in Berlin, wurde zwar die lichte Raumhöhe von 2,26 Meter auf 2,40 Meter erhöht und die Breite von 3,66 Metern auf 4,00 Meter vergrößert, doch die *unités* verloren ihre Einkaufsstraßen und ihre Gemeinschaftsflächen und wurden zu reinen Wohnblocks. Eine Entwicklung, die Le Corbusier nicht guthieß. «Nur mit Bedauern wurden die Gemeinschaftseinrichtungen auf halber Gebäudehöhe aufgegeben, denn hier verstümmelt die Ökonomie einer Bilanz und einer Gesetzgebung eine Idee: der Wert der Wohneinheit beruht auf ihren Gemeinschaftseinrichtungen.»[16]

Enttäuscht von der ersatzlosen Streichung der sozialen Idee, die seinen *unités* zugrunde lag, verzichtete Le Corbusier in der Folgezeit mehr und mehr auf die weitere Entwicklung innovativer Konzepte und universell einsetzbarer Modelle. Immer häufiger wandte er sich nun, persönlich und spielerisch, einzelnen Aufgaben und Situationen zu und wandelte sich zum Entsetzen der internationalen Architektenszene, die verschämt vom Alterswerk eines großen Meisters sprach, vom Reformer zum Künstler.

Das Publikum allerdings wußte dies zu schätzen, und wenig neuere Gebäude wurden so beliebt wie beispielsweise seine Kapelle in Ronchamps, die er für die Erzdiözese Besançon baute. Über dem Städtchen Ronchamps, 30 Kilometer westlich von Belfort, erhebt sich auf einem Hügel ein Gebilde mit gekurvten, strahlend weißen Wänden, über denen, getrennt durch eine Schattenfuge, ein graubraunes Dach wie ein geblähtes Segel thront, dem ein fensterloser Turm zur Seite steht. In die Wände sind Öffnungen eingeschnitten, so willkürlich verteilt, als hätte E.T.A. Hoffmanns Rat Krespel hier mitgewirkt.

Mit dieser Kirche schuf Le Corbusier ein individuell geformtes, künstlerisches Gebäude, das dastand, als hätte es die Prinzipien des Neuen Bauens nie gegeben. Viele Architekten hielten das Gebäude für die «substanzgewordene Abkehr von jeder Normierung und Typisierung».[17] Sie warfen dem Meister Fahnenflucht vor, da er sich offensichtlich einer neuen Romantik verschrieben habe, und der englische Architekturhistoriker Nikolaus Pevsner nannte Ronchamps das «berühmteste und am meisten diskutierte Manifest des neuen Irrationalismus.»[18]

Für Pevsner war das Gebäude eine Revolte gegen die Vernunft, eine Abkehr von der strengen Logik des Funktionalismus, und er sprach, auf das Bizarre und Extravagante der Formen verweisend, von einem neuen Expressionismus. Da er sich wohl nicht so recht traute, den Meister selbst anzugreifen, konzentrierte er sich auf die drohende Gefahr von Nachahmern. «Gewiß müssen wir von ganzem Herzen dankbar sein, wenn einer überragenden Persönlichkeit die Gelegenheit zu ungehemmter Entfaltung gegeben wird, so wie sie Le Corbusier in Ronchamps begegnete (...) Aber der Herr bewahre uns vor den Möchte-Gern-Genies, die ihr Temperament an den architektonischen Aufgaben unseres Alltags auslassen wollen!»[19]

Doch der Erzbischof von Besançon, der die Kirche am 25. Juni 1955 einweihte, erkannte, worum es Le Corbusier nun, da er sein Weltverbesserungsethos und Umstürzlerpathos abgelegt hatte, ging: um die Freude am Schöpferischen und die Liebe zur Kunst als einziger Basis für Hoffnung und Mut. «Im Zeitalter der Kathedralen, so haben Sie in einem Buch gesagt, hatte sich ein Stil gebildet, den der Strom der geistigen Freuden durchdrang: der Liebe zur Kunst, der Uneigennützigkeit, der Freude an einem Leben im Schöpferischen. Diese Freuden, so meinen wir, haben Sie Ihrerseits empfunden, als Sie die Mauern um diesen Raum stellten. Dieser Wolkenkratzer Mariens, der das Land beherrschen wird, war für Sie, was Sie von den Baumeistern des 13. Jahrhunderts gesagt haben: ein Akt der Hoffnung, eine Gebärde des Mutes, ein Zeichen der Kühnheit, eine Probe der Meisterschaft.»[20]

«Es darf nicht sein, daß ihr eure Flügel falten müßt, um durch die Türen zu kommen, daß ihr euer Haupt beugen müßt, um nicht an die Decke zu stoßen, und daß ihr nicht zu atmen wagt aus Furcht, es könnten die Mauern bersten und zusammenbrechen.»
*Khalil Gibran, Der Prophet*

## Lehmbauten für die Armen – Neu-Gourna bei Luxor
Hassan Fathy | 1945–53

Der ägyptische Architekt Hassan Fathy (1900–1989) hatte bereits einige Villen und Wochenendhäuser für reiche Privatleute gebaut, als er 1945 vom *Department of Antiquities* in Kairo den Auftrag bekam, für die 7000 Bewohner von Gourna bei Luxor ein neues Dorf zu bauen. Die Bewohner, die in unmittelbarer Nähe zum Tal der Könige, zum Teil sogar in den Gräbern selbst hausten, sollten umgesiedelt werden. Man wollte den Grabungsbereich abgrenzen und ihren Grabräubereien ein Ende setzen, aber auch einen sozialen Brennpunkt, den man als Schandfleck für das sich gerade modernisierende Ägypten empfand, aus den Augen der Touristen entfernen.

Hassan Fathy gelang es trotz Choleraepidemie, Kriegswirren und revolutionärer Umtriebe im Land, in Neu-Gourna ein Musterdorf zu entwickeln, wie man es in Ägypten noch nicht gesehen hatte. Was er erreichte, kann nur würdigen, wer die allgemeine Lage der Fellachen bedenkt, die der Dichter Muhammed Husain Haikal in seinem 1914 erschienenen Roman *Zainab* – und ihre Lage hatte sich auch 1946 noch kaum geändert – lakonisch beschrieb: «Sie fühlen keinen Schmerz unter den sengenden Strahlen der Sommersonne. Wie ihre Väter sind sie Sonne und ständige Knechtschaft gewöhnt. Ohne Klage beugen sie sich und arbeiten. Schließlich kommt dann der Besitzer und erntet die Früchte ihres Schaffens.»[21]

Pater Ayrout, Ägypter und durch seine seelsorgerische Tätigkeit mit dem Leben der Fellachen vertraut, schildert 1943 in seinem Buch *Fellah d'Egypte* ihr armseliges Dasein, das vor allem durch die dörfliche Gemeinschaft bestimmt ist. «Es ist das Dorf und nicht das Haus, das eine Ganzheit bildet, einen Typ von Gemeinschaft verwirklicht, der die Familie und den Clan übersteigt.»[22] Die Dörfer sind groß, manche zählen 15000 Einwohner, dicht bebaut, um die wertvollen Anbauflächen zu schonen, und sehen alle gleich aus. Die Gassen sind kaum zwei Meter breit, und auf beiden Seiten finden sich schmale, fast fensterlose Hausfassaden. Wenige Häuser nur sind breiter als fünf Meter, und wenige besitzen eine zweite Etage. Die Lebensdauer dieser Häuser ist aufgrund des Materials und der Konstruktionsweise kurz. Regen, Hochwasser und Brände vernichten oft ganze Dörfer in kürzester Zeit.

«Die Unterkunft des Fellachen, wie seine Arbeit», schreibt Ayrout, «hängt von der Erde ab, von der Art des Lebens und der sozialen Struktur. Dieselbe Erde, die ihn ernährt, behaust ihn: Er ist ein Erdbewohner im wahrsten Sinn des Wortes. Hier diktiert das Material die Form.»[23] Die Wände bestehen aus an der Sonne getrockneten Lehmziegeln, sind 30 bis 40 Zentimeter dick und haben, um die Sonne abzuhalten und Stützbalken zu sparen, nur wenige Öffnungen: eine Tür und einige kleine Luken.

Das Dach besteht aus Balken, die im Abstand von 60 Zentimetern gelegt sind, darauf liegen Palmwedel, Maisschilf und Pflanzenstengel, darauf dicke Matten, darauf eine dicke Schicht von mit Asche vermischtem Mörtel. Das Dach dient im Sommer als Schlafplatz und das ganze Jahr hindurch als Lager für das Werkzeug, das Getreide, das Brennmaterial und manchmal die Hühner.

Das Innere des Hauses, das der Fellache mit seinen Tieren teilt, berichtet Ayrout, ist dunkel und stinkt. Die eine Hälfte der Häuser wird von einem Raum von fünf auf drei Metern gebildet, das Mobiliar beschränkt sich auf einen Backofen, einen Wasserkrug, einen Kochtopf, einen Napf. Die andere Hälfte besteht aus zwei oder drei Räumen: einer Diele mit einem Diwan, dem hellsten Raum des Hauses, der als Salon und Gästezimmer dient, einem dahinter liegenden Schlaf- und Kochraum mit einem Backofen, auf dem im Winter geschlafen wird und dessen Rauch mangels Kamin durch eine Luke in der Wand entweicht. Dahinter befindet sich ein halb gedeckter Stall für den Esel, der nur von diesem Raum aus zugänglich ist. Der Fußboden besteht aus gestampfter Erde, das Mobiliar stapelt sich in den Ecken: ein Primuskocher, ein bis zwei Kochtöpfe, ein niedriger, runder Holztisch, Schlafmatten, Bettwäsche, manchmal ein Bett aus Palmstengeln, Hühnerkäfige, ein Stück Spiegel und ein Reisekoffer aus Holz, der nahe beim Herd steht und dessen Schlüssel die Hausfrau um den Hals trägt, da sich in seinem Inneren die kleinen Familienschätze befinden.

Will man für den Fellachen bauen, so Ayrout, muß man seine Gewohnheiten, Bedürfnisse und Vorlieben kennen. Man darf ihm keine ganz neue Welt vorsetzen, in der er keine seiner Traditionen und nichts von dem, was er schön findet, mehr entdecken kann. «Um zu einem Haus zu kommen, wie es sein soll, muß man zuerst das Haus, wie es ist, untersuchen, mit Aufmerksamkeit, Geduld und Sympathie die ländlichen Sitten und Gebräuche beobachten.»[24] Tut man das nicht, wird man scheitern, da der Fellache versuchen wird, auch in einer neuen Umgebung seine gewohnte Lebensweise beizubehalten.

Stahlbetonhäuser, die sich zu stark aufheizen, wird er verlassen, um sich darauf eine Hütte aus Stroh zu bauen. Zu große Fenster wird er aus Angst vor Sonne und Diebstahl zumauern. Die neuen WC-Anlagen in den Häusern wird er nicht benutzen und fehlende Backöfen hinzufügen. Ein neues Haus, gibt Ayrout zu bedenken, führt nicht zur sofortigen Veränderung einer jahrtausendealten Lebensweise. So reicht es nicht aus, dem Fellachen ein neues und besseres Haus zu bauen, man muß ihm auch beibringen, die neuen Einrichtungen zu gebrauchen, und ihm klar machen, warum sie besser sind. «Diese Erziehung ist wichtiger als die materielle Verwirklichung.»[25]

Es scheint, als habe Hassan Fathy, der erst mit 27 Jahren – obwohl sein Vater mehrere Landgüter besaß – zum ersten Mal ein Dorf besuchte, Ayrouts Ratschläge beim Bau von Neu-Gourna befolgt. Er studierte die Lebensweise der Gournis und teilte aus Rücksicht auf die bestehenden Familienclans, die im alten Dorf

Neu-Gourna bei Luxor, Blick vom Minarett

wohnten, den Grundriß des neuen Dorfs in vier Quartiere. Er
trennte sie durch 10 Meter breite Straßen, die den Hauptverkehr
aufnehmen und für eine gute Durchlüftung sorgen sollten. Sie
führten zu einem zentralen Platz, um den sich eine Moschee, ein
Freilufttheater und der Khan gruppierten. Der Khan war als Herberge für Touristen gedacht, die das fünf Kilometer entfernte Tal
der Könige besuchten, und als Basar für den Verkauf von traditio-
nellem Kunsthandwerk. Er glich den Karawansereien des mittel-
alterlichen Kairo mit seinem großen, durch ein breites Tor be-
wachten Hof und seinen Räumen für die Waren und die Händler
selbst. An den Enden des Dorfs befanden sich zwei Volksschulen,
eine Berufsschule für Erwachsene, ein Sportplatz und ein Markt-
platz.

Die Wohnbebauung der Viertel gliederte sich in unregelmäßige Parzellen, die in ein Netzwerk winkliger Straßen eingespon-
nen waren, welche sich immer wieder zu kleineren Wohnplätzen
ausweiteten. In diesen 6 Meter breiten Gassen, die das Haus als
Spielplatz für die Kinder und als Arbeitsplatz für die Erwachsenen erweiterten und Schatten boten, spielte sich das tägliche
Leben ab.

Kein Wohnhaus sah aus wie das andere, obwohl sie alle aus den gleichen Elementen, aus Kuppeln und Bögen, zusammengesetzt und aus dem gleichen Material gebaut waren: die Wände aus Lehmziegeln und die Dächer aus Palmstämmen und Palmwedeln. «In der Natur», so Fathy, «gibt es keine zwei Menschen, die gleich sind. Selbst wenn sie Zwillinge und physisch identisch sind, unterscheiden sie sich in ihren Träumen. Die Architektur des Hauses entsteht aus den Träumen. Deshalb findet man in den Dörfern, die von ihren Bewohnern gebaut wurden, keine identischen Häuser.»[26]

Für den Bau der Häuser holte Fathy Maurer aus Assuan, da sie sich noch auf die jahrtausendealte Lehmbauweise verstanden, aus luftgetrockneten Lehmziegeln ohne aufwendige Schalung Bögen und Kuppeln zu bauen, ein Wissen, das im übrigen Ägypten weitgehend verlorengegangen war. Auch die zukünftigen Bewohner zog Fathy zum Hausbau heran, damit sie mit den Bauweisen und Materialien vertraut würden und später in der Lage wären, die Häuser selbst instandzuhalten und sich gegenseitig beim weiteren Hausbau zu helfen. Er wollte die armen ägyptischen Bauern lehren, mit dem Baumaterial zurechtzukommen, das sie kostenlos im Boden finden konnten, und mit der billigsten Arbeitskraft, der eigenen. Fathy war von der Wichtigkeit von Selbsthilfe und gegenseitiger Hilfe gerade für die Armen überzeugt, da ein Mann nicht in der Lage sei, ein Haus zu bauen, aber zehn Männer leicht zehn Häuser bauen könnten.

Fathy griff bei der Siedlung Neu-Gourna nicht nur auf die traditionelle Lehmbauweise zurück, sondern knüpfte auch bei den traditionellen und nach wie vor praktizierten dörflichen Lebensweisen an und versuchte, sie behutsam zu verbessern. So holten die Bewohnerinnen auch im neuen Dorf ihr Wasser vom Dorfbrunnen, da er ein Ort der Kommunikation außerhalb des Hauses war, doch Fathy überdachte ihn nun mit Kuppeln. So lebten die Menschen noch immer mit den Tieren zusammen, doch Fathy sonderte die Ställe von den Häusern ab. So gab es zwar noch Dunghaufen, doch Fathy ließ sie zudecken und das bislang unter Feuergefahr auf den Hausdächern untergebrachte Brennmaterial auf den Abdeckungen lagern.

Typologisch setzte Fathy auf die Tradition der arabischen Stadt und des arabischen Hauses: auf enge, gewundene Straßen mit geschlossenen Hauswänden, die den Intimbereich des Hauses schützen und den Vorübergehenden Schatten spenden, auf Innenhöfe und auf besondere Bauteile wie die *mashrabiya* und den *malqaf*, die den Bewohnern Luft und Kühle bringen. Die *mashrabiya*, eine Öffnung in der Außenwand, die mit einem Holzgitterschirm aus kleinen, runden Holzstäben geschlossen ist, kontrolliert den Durchfluß von Licht und Luft, läßt den Blick nach draußen frei, sichert aber die Privatsphäre vor fremdem Einblick. Der *malqaf*, ein hoch über das Gebäude hinausreichender Schacht mit einer Öffnung in Richtung der vorherrschenden Windrichtung, fängt den Wind ein und kanalisiert ihn hinunter ins Gebäudeinnere.

Als Mitte der 50er Jahre der finnische Kunsthistoriker Göran Schildt mit seinem Kielbootschiff *Daphne* den Nil befuhr, kam er bei seinen Fahrten über Land in der Nähe von Luxor mehrmals durch ein ungewöhnlich aussehendes Dorf. Es wurde von einfachen Fellachen bewohnt, berichtete er in seinem Reisebericht *Das Sonnenboot*, war weiß getüncht und hatte gewölbte Dächer. Er erkundigte sich bei den Bewohnern und erfuhr den Namen: Neu-Gourna. Er wurde zu Hassan Fathy geführt, der in einem Haus in der Nähe des Marktplatzes wohnte.

Der Hauptteil von Neu-Gourna, so Schildt, war fertig gebaut, doch viele Bewohner des alten Dorfes hatten sich offensichtlich unter den verschiedensten Vorwänden – sie wollten wohl ihre nahe gelegenen Erwerbsquellen im archäologischen Grabungsbereich nicht aufgeben – geweigert einzuziehen. So wohnten erst hundert Familien im Dorf, vorwiegend solche, die beim Hausbau geholfen hatten. Es sei eine Frage der Geduld, habe Fathy ihm erklärt; man müsse die Leute erst davon überzeugen, daß sie hier besser leben könnten.

Trotz der zögerlichen Zustimmung der Fellachen könne Fathy, so Schildt, sein Ziel der Erneuerung des ägyptischen Dorfs auf traditioneller Grundlage zumindest in Neu-Gourna erreichen, aber nur aufgrund seiner persönlichen Ausstrahlung. «Seine hingebende Arbeit, sein persönlicher Kontakt mit jeder Familie, seine Anspruchslosigkeit und Autorität haben erreicht, daß die vielleicht fünfhundert Menschen, die schon im Dorfe leben, sich seinem Ideal in jeder Hinsicht fügen, sie sind stolz, ehrlich, höflich, sauber, fortschrittlich, sozial, erfolgreich, gelehrig.»[27]

Die neuen Machthaber in Kairo allerdings, die das Bauen mit Lehm für nicht mehr zeitgemäß hielten, ebenfalls zu überzeugen, gelang Fathy nicht. Traurig habe er ihm erzählt, so Schildt, daß sein Versuch, sie für seine Art der Sanierung der Fellachendörfer zu gewinnen, mißglückt sei. Man wolle in Kairo nichts von luftgetrockneten Ziegeln und selbstgebauten Dörfern hören, sondern strebe wie überall auf der Welt nach normierten Häusern, industriell hergestellten Baustoffen und zentralisierter Planung und Ausführung.

Eine Einstellung, die Göran Schildt teilte. Für ihn war Fathys Projekt ein «romantischer Einfall», der nur als Einzelfall aufgrund der hohen staatlichen Subventionen und des großen persönlichen Engagements von Fathy selbst sich habe – zumindest im Ansatz – verwirklichen lassen. Denn auch in Ägypten könne ein höherer Lebensstandard der Massen nur über Industrialisierung, Rationalisierung und Massenproduktion erreicht werden.

«Die Illusion Fathys», lautete sein Urteil, «besteht darin, daß sein Werk aus eigener Kraft siegen, daß Neu-Gurna ein Samenkorn werden kann, das zu gegebener Zeit andere, ebenso prächtige Dörfer in einem allmählich immer prächtiger werdenden Ägypten emporwachsen läßt. Tatsächlich ruht Neu-Gurna völlig auf seiner Person, seiner Gegenwart; sobald er fortzieht, wird das Dorf in wenigen Jahren absorbiert und in das alte Fellachen-Ägypten eingeschmolzen werden – bis die Zeit reif ist für das industrialisierte Ägypten, das unweigerlich kommt.»[28]

Doch das Ägypten der 50er Jahre war dafür noch lange nicht reif. Es war ein sehr armes Land, und der Lebensstandard seiner Bauern gehörte zu den niedrigsten der ganzen Welt. 70 Prozent aller Ägypter lebten 1952 noch auf dem Land, vorwiegend als Kleinstbauern, landlose Pächter oder sklavenähnlich gehaltene Landarbeiter, und nach der Volkszählung von 1947 konnten 67 Prozent der Männer und 87 Prozent der Frauen weder lesen noch schreiben. Die Fellachen tranken das Wasser des Nils, in den die Abwässer des ganzen Landes flossen, und ihre Ernährung war unzureichend und einseitig. Das gesamte Land glich einem Krankenlager. 100 Prozent der Fellachen litten an der Amöbenruhr, 92 Prozent an der Wurmkrankheit und 89 Prozent am Trachom, einer infektiösen Augenkrankheit. Fast jeder Bauer hatte somit etwa drei Krankheiten, und die durchschnittliche Lebenserwartung lag bei nur 28 Jahren.[29]

Am 23. Juli 1952, nach dem Sturz des Königs Faruk durch das Komitee der freien Offiziere unter Gamal Abdel Nasser, versprachen die Führer der Revolution dem Volk ein neues Ägypten. Korruption, Mißwirtschaft, Armut und Rückständigkeit sollten bekämpft, eine umfassende Bodenreform durchgeführt und das Land industrialisiert werden. «Ich möchte», so Nasser in seiner Schrift *Die Philosophie der Revolution* von 1952/53, «in einer echten und praktischen Weise daran arbeiten, dem Volk – besonders den Bauern und Arbeitern und ihren Kindern – eine Zukunft in Glück und Wohlstand zu sichern.»[30]

Doch die Armen Ägyptens mußten auf die ihnen versprochene bessere Zukunft noch etwas warten. Das neue Regime setzte zunächst auf militärische Aufrüstung, international beachtete Großprojekte wie den Assuan-Hochdamm und die Industrialisierung des Landes. Das Stahlwerk von Heluan, die Maschinenfabriken von Bilbeis, die Ölbohrstellen auf dem Sinai hatten Vorrang vor dem Bau von Wohnhäusern und Siedlungen.

Hassan Fathy dagegen glaubte, daß dem Elend und der Not der Landbevölkerung sofort abgeholfen werden konnte und mußte, und hielt es für die Aufgabe aller, auch der Architekten, sich dafür einzusetzen. Denn nicht nur Barfuß-Ärzte bräuchten die am Existenzminimum lebenden Armen, sondern auch Barfuß-Architekten, die dazu beitragen könnten, ihre Wohn- und Lebensbedingungen zu verbessern.

Der Architekt müsse, forderte Fathy, mehr sein als ein Entwerfer von Häusern für wohlhabende Auftraggeber. Er müsse sich um die Interessen derer kümmern, die kein Geld, keine Lobby und keine Sprache besäßen, obwohl mit solchen Projekten kein Ruhm zu gewinnen sei. «Normalerweise entwirft ein Architekt nicht für die Bauern in den Dörfern. Und kein Bauer denkt jemals daran, einen Architekten zu beauftragen, und kein Architekt denkt jemals daran, mit den miserablen Hilfsquellen der Bauern zu arbeiten. Architekten entwerfen für den reichen Mann, und sie denken in Begriffen dessen, was der reiche Mann zahlen kann.»[31]

Da es aber in den Ländern der Dritten Welt immer mehr Menschen gebe, die weder ein Haus noch sonst eine Unterkunft hätten, die ihnen wirklichen Schutz vor Wind und Wetter bieten könnten, sei Architektur eine Frage des Überlebens geworden. Der Architekt müsse daher lernen, mit den miserablen Hilfsmitteln der Bauern zu arbeiten, und nach regionalen Alternativen zu den international herrschenden, aber ungeeigneten Bauweisen suchen. Um die Armen Ägyptens zu behausen, sei die Lehmbautradition des Landes besonders geeignet, da das Material vorhanden sei, die eigene Arbeitskraft zum Bau ausreiche und die traditionellen Techniken der natürlichen Klimatisierung funktionierten.

Nur wer der Leistungsfähigkeit der Bewohner gemäß baue, baue preiswert, und nur wer ihrer Umwelt und Lebensweise gemäß baue, baue funktional. Oberstes Gebot für den Architekten müsse daher sein, so Fathy, traditions- und ortsbezogen zu bauen. Überall auf der Welt hätten die Menschen bislang dem Klima angepaßte Häuser gebaut: in den warm-schwülen Gebieten Ost-Asiens Hütten mit gewebten Wänden, die den Wind durchlassen, in der Wüste Häuser mit dicken Wänden und kleinen Öffnungen, um die Hitze und die Sonnenstrahlen draußen zu halten.

Diese Bauweisen hätten sich über einen langen Zeitraum entwickelt und seien immer wieder verbessert und den veränderten Bedingungen angepaßt worden. Allerdings sei die Traditionskette, so Fathy, fast überall abgebrochen. «Im Verlangen, modern zu sein, verdrängten viele Menschen der Tropen ihre traditionellen, Generationen alten Bauweisen, die aus dem lokalen Klima heraus entstanden; heute übernehmen sie, was man als ‹Internationale Architektur› bezeichnet.»[32] Und das bedeute im wesentlichen die Übernahme von Stahlbetonrahmen, vorgehängten Glasfassaden und Klimaanlagen.

Die alten Bauweisen seien unbeliebt geworden, und das Vorurteil gegen das Bauen mit ungebrannten Lehmziegeln herrsche nicht nur bei den Reichen, sondern auch bei den Armen. Auch sie hielten es für armselig und unmodern und strebten nach den Materialien und Konstruktionsweisen des Westens. Doch diese seien für die Entwicklungsländer ungeeignet, da sie industriell unterentwickelt seien und sich diese Technik nicht leisten könnten. So bleibe ihnen nur, sich hoch zu verschulden und in klimatisch ungeeigneten Häusern zu wohnen oder sich auf die eigenen regionalen Traditionen zurückzubesinnen.

Hassan Fathys Experiment in Gourna schlug fehl. Das Dorf wurde nie vollendet und ist bis heute kein blühendes Gemeinwesen geworden. Als Ende der 40er Jahre das *Housing Department* das Projekt übernahm und Fathy vor die Entscheidung stellte, entweder seinen Lehrauftrag an der *School of Fine Arts* in Kairo oder seine Stellung im *Department* aufzugeben, verließ er Ägypten. Zu sehr war er von den zahlreichen Hindernissen und Intrigen zermürbt, vom Desinteresse staatlicher Stellen an der Behausung der Fellachen, von der Ablehnung der Lehmbauweise und der Lobbyarbeit der Bauindustrie gegen Selbstbaumethoden.

Als Fathy 1961 besuchsweise nach Neu-Gourna zurückkehrte, fand er das Dorf, wie er es verlassen hatte. Kein einziges Haus war neu dazu gebaut worden, und die meisten Gournis lebten nach wie vor zwischen den Gräbern. Nur die Bäume, die er gepflanzt hatte, waren gewachsen, und die 64 Maurer, die er in der traditionellen Lehmbauweise hatte ausbilden lassen, arbeiteten erfolgreich in der ganzen Provinz. «Als ich über das Dorf schaute mit seinem verlassenen Theater, dem leeren Khan, der ebenso leeren Handwerkerschule und den wenigen von Siedlern bewohnten Häusern – nur die Grundschule für Jungen war im Gebrauch –, dachte ich daran, was Gourna hätte sein können und was es noch werden muß, denn das Problem der Gournis von 1945 ist noch immer akut, und es gibt noch keinen anderen Lösungsvorschlag.»[33]

Und doch ging das «Samenkorn» Neu-Gourna auf, wenn auch nicht in Ägypten und erst in den 70er Jahren, als man im Westen erkannte, daß das tradierte Wissen gerade der unterentwickelten Länder um ökologische Bauweisen für die Lösung der globalen Probleme wie Armut, Energieverschwendung und Umweltzerstörung hilfreich sein konnte. Nun wurde Fathy ein Star und baute in aller Welt. 1981 beispielsweise errichtete er in New Mexico eine Moschee und zeigte während der Bauzeit amerikanischen Architekten – ein Technologietransfer der besonderen Art –, wie man Gewölbe aus ungebrannten Lehmziegeln ohne Schalung baut.

1980 bekam Fathy den kurz zuvor gestifteten Alternativen Nobelpreis. Man hatte erkannt, daß es bei seinen Experimenten nicht nur um das Bauen für die Armen der Welt ging, sondern um eine Architektur für Arm und Reich gleichermaßen, um eine Architektur, die sich auf traditionelle Lebensweise, regionale Umwelt und ökologische Bauweise bezieht und die menschlichen Lebensbedingungen von Grund auf zu verbessern sucht.

«Und man fühlt gleich, wenn man die Schule betritt, den Unterschied. Man ist in einer Schule, in der es nicht nach Staub, Tinte und Angst riecht, sondern nach Sonne, blondem Holz und Kindheit.»
*Rainer Maria Rilke, Samskola*

## Die Schulwohnung – Ein Mädchengymnasium in Lünen

Hans Scharoun | 1956–62

Nach dem Ende des «Tausendjährigen Reichs» suchte das zerstörte und verarmte Nachkriegsdeutschland nach neuer geistiger Orientierung, und vor allem bei Fragen der Bildung und Erziehung – der Schulbau wurde aufgrund der Kriegszerstörungen und Flüchtlingsströme zu einem der vordringlichen Probleme – herrschte große Unsicherheit. Viele Eltern, damit beschäftigt, eine neue Existenz aufzubauen, waren nur ungenügend in der Lage, sich um ihren Nachwuchs zu kümmern, und zudem unsicher, ob man Kinder noch zu Gehorsam, Disziplin und Unterordnung erziehen durfte. Die Schule hatte für Neuorientierung zu sorgen, und die Pädagogen griffen hierzu auf reformpädagogisches Gedankengut zurück.

Mit Reformpädagogik bezeichnete man eine Bewegung, die Ende des 19. Jahrhunderts entstanden war und beispielsweise in Landerziehungs-, Arbeits-, Montessori- und Waldorfschulen ihren Ausdruck gefunden hatte. Ihr Ziel war, den Menschen in seiner altersbedingten und wesensbestimmten Individualität zu erfassen und ganzheitlich sich entfalten zu lassen.

Hermann Lietz gründete 1898 mit sieben Jungen das erste Landerziehungsheim und entwickelte nach englischem Vorbild das pädagogische Konzept der «Familienerziehung», bei der es dem Lehrer wie einem Familienvater zukam, «jedem zu ermöglichen, daß die wertvollen Anlagen in ihm zur Entwicklung gelangten, daß er seiner Bestimmung getreu ein wertvolles Glied der Gemeinde, des Vaterlandes, der Menschheit werde.»[34] Kindgemäße und familienorientierte Erziehung sollte zu freier Entwicklung und Selbständigkeit, aber auch zu Verantwortlichkeit für die Gemeinschaft führen.

Der Reformpädagoge Berthold Otto – er veröffentlichte 1912 *Die Reformation der Schule* – führte an seiner Schule den Gesamtunterricht für Schüler verschiedener Altersstufen ein, bei dem sich das Unterrichtsgespräch nach Interesse und Reifegrad der Schüler richtete. Er plädierte für den «natürlichen Unterricht», bei dem das Kind nur das lernt, wofür es Interesse entwickelt, und erst dann, wenn dafür der richtige Zeitpunkt gekommen ist. Er trat dafür ein, Naturaliensammlungen und lebende Tiere als Lehrmittel einzusetzen und die Natur selbst auf Spaziergängen zu erkunden. Er forderte einen Saal, in dem alle Kinder sich treffen könnten, mit festen Bänken entlang der Wände und ohne Tische, damit sie im Kreis sitzen und sich gegenseitig sehen können, außerdem eigene Zimmer für besondere Unterrichtskurse, Lese- und Schreibzimmer für die Freistunden, bedeckte Sitzplätze im Freien und Schulgärten.

Der Schulreformer Peter Petersen, Wegbereiter der Gesamtschule, der in den 20er Jahren mit dem «Jena-Plan» ein Reformmodell für die Volksschule entwickelte, propagierte die Aufhebung der Jahresklassen und die Einordnung der Schüler in Gruppen nach entwicklungspsychologischen Gesichtspunkten. Jede Gruppe, jeweils zwei oder drei Jahrgänge zusammenfassend, sollte ihr eigenes Zimmer bekommen und alle zusammen Räume für Werken und naturwissenschaftliches Arbeiten, einen Turnsaal, einen Versammlungsraum für Aufführungen und Schulfeiern. Die Gestaltung der Räume sollte die innere Sammlung der Schüler fördern, die Ausstattung sollte leicht beweglich und veränderbar sein, auf den Fensterbänken sollten Aquarien, Terrarien, Blumen und alles, was das Herz der Kinder erfreut, aufgestellt werden. Die «Schulstube» sollte «soviel wie möglich vom Charakter eines schlichten Wohnraumes» erhalten und daneben auch Arbeitsraum sein. «Die Schulwohnstube ist ein, nein, sie ist das hervorragende Mittel für sittliche und soziale Bildung.»[35]

Als sich vier Jahre nach dem Ende des Zweiten Weltkriegs Pädagogen und Planer in Fredeburg trafen, um Richtlinien für den Wiederaufbau und den Neubau von Schulen aufzustellen, griffen sie einige der reformpädagogischen Ansätze auf. Sie forderten kleinere Klasseneinheiten und eine aufgelockerte, eingeschossige Bauweise. Die Klassenräume sollten je nach Alter und Schulstufe unterschiedlich gestaltet werden, maximal 60 Quadratmeter groß, maximal 6,50 Meter tief, nicht nach Norden gerichtet, zweiseitig belichtet und ausreichend belüftet sein.

Die ein Jahr später von Pädagogen und Planern aufgestellten Stuttgarter Richtlinien bekräftigten die Fredeburger Tendenz. Das Schulhaus sollte für die Kinder ein überschaubares Ganzes darstellen, nicht mehr als zwölf Klassen beherbergen, aufgelockert und möglichst eingeschossig gebaut sein und Platz für den Unterricht im Freien bieten.[36] Die Klassen sollten lebendige Gemeinschaften bilden, die Klassenräume den Übergang zwischen Familien- und Schulleben erleichtern und den Kleinen eine freundliche Umgebung und den Großen ein neutraler Arbeitsraum sein.

Wieder ein Jahr später fanden die Darmstädter Gespräche mit hochkarätiger Besetzung statt; das Thema war: «Mensch und Raum». Im Mittelpunkt standen neben den philosophischen Vorträgen von Martin Heidegger und Ortega y Gasset die «Meisterentwürfe». Elf Architekten hatten im Auftrag der Stadt Darmstadt zu unterschiedlichen Themen – Schulen, Krankenhäuser, Kulturhäuser – Entwürfe gefertigt, und besonders ein Entwurf erregte Aufsehen: der Entwurf einer Volksschule von Hans Scharoun (1893–1972).

Scharouns Schule war wie eine kleine Stadt: aufgliedert in Raumgruppen, die durch Wege miteinander verbunden waren. Die Raumgruppe A für die Sechs- bis Neunjährigen umfaßte die Sphäre des Elementaren und war auf das Seelisch-Schöpferische und Spielerische abgestellt. «Das vorwiegend Vegetabile braucht Nestwärme, körperliches und geistiges Wachstum in Sonne und Licht. Das Unterbewußte, die Gruppierung in ‹Haufen›, bedürfen der ‹Höhlen›, in denen sich Gruppen anzusiedeln vermögen.»[37] Die Raumgruppe B für die Zehn- bis Zwölfjährigen umfaßte die Sphäre des Erfahrens und Bildens: mit wachsendem Interesse werden das Einzelne, das Vergleichbare und Meßbare erfahren. Die Raumgruppe C für die Dreizehn- bis Vierzehnjährigen umfaßte die Sphäre des Geistigen und der Ausbildung der Persönlichkeit; sie diente sowohl der Selbstdarstellung als auch der Bildung des Gemeinschaftsgefühls.

Form und Maß der Räume leitete Scharoun aus dem Alter und den jeweiligen Kräften der Kinder ab. Das Wesen der Räume hatte dem Wesensstand der Kinder, die in ihnen wohnen sollten, zu entsprechen: Nest- und Höhlencharakter für die Kleinen, der Charakter des Exakten für die Mittleren, der Charakter der spannungsreichen Entfaltung für die Großen. Vor den Räumen schuf er einen hallenartigen Raum für Spiel und Zusammensein, einen «Weg der Begegnung», der die Gruppen verbinden und der Gemeinschaft Raum bieten sollte.[38]

Denn Aufgabe der Schule war nicht allein die Vermittlung von Wissen, sondern auch die Bildung des Individuums und seines Verhältnisses zur Gemeinschaft. Dem Ziel, die Kinder zu mündigen Bürgern zu erziehen, die zu Selbstbestimmung, Zusammenarbeit und Mitverantwortung fähig sind, hatte für Scharoun auch die Architektur der neuen Schulen zu dienen. «Wie jedes Bauwerk sollte eine Schule eine Vorstellung von der Weise des Lebens vermitteln – wie Demokratie, als universales Prinzip, eine Weise des Lebens verwirklichen soll.»

Scharouns Schulentwurf fand in Darmstadt große Resonanz, wenn auch nicht immer positive. Der Stuttgarter Architekt Paul Bonatz beispielsweise, der ebenfalls einen Meisterentwurf vorgelegt hatte, nannte Scharoun einen «Zerdenker», der in so etwas Einfaches wie eine Schule viele Absichten hineingeheimnisse. «Das Präparat Kind wird erst von links, dann von rechts bestrahlt, vertikal geordnet, horizontal zusammengefaßt, nach streng wissenschaftlichem System mit Zusätzen versehen und behandelt – ich kann mir nichts anderes denken, als daß zum Schluß nur noch der Homunkulus herauskommt.»[39]

Scharouns Darmstädter Entwurf wurde nicht realisiert, doch fünf Jahre später konnte er die darin entwickelten Ideen im westfälischen Lünen baulich umsetzen. Am 29. Januar 1956 beschloß die Stadtverwaltung, nach seinen Plänen ein Mädchen-Gymnasi-

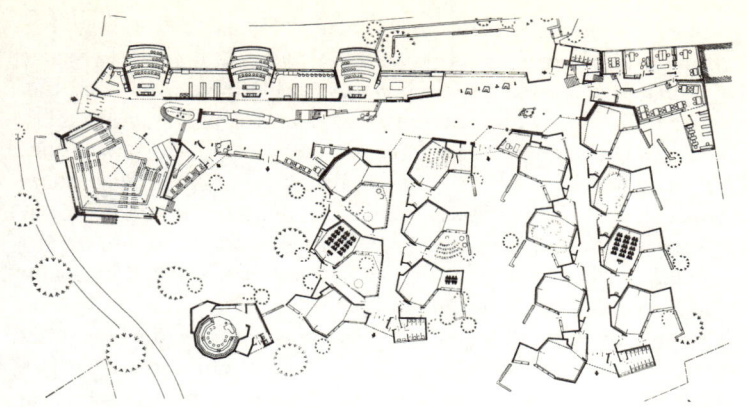

Gymnasium Lünen, Grundriß Erdgeschoß

um mit 18 Klassen zu errichten. Das Gebäude sollte in drei Bauabschnitten gebaut werden und im April 1962 fertiggestellt sein.

In der Lünener Schule bildet jede Klasse eine «soziale» Familie und wohnt in ihrer eigenen Schul-Wohnung, die aus einem Klassenraum mit zwei Raumnischen besteht. Die eine Nische enthält die Garderobe und ein Waschbecken und bildet den Eingang zum Klassenraum, die andere Nische erfüllt die Funktion eines Gruppenraums, der vom Lehrer von jeder Stelle der Klasse aus überblickt werden kann. Jedem Klassenraum ist ein drei- oder vierseitig umgrenzter, nur durch eine Glaswand getrennter Außenraum zugeordnet. Alle Räume sind zur Sonne hin ausgerichtet, direkte Sonneneinstrahlung wird durch Sonnenbrecher verhindert. Durch Oberlichtbänder über den geschlossenen Wänden fällt zusätzliches Tageslicht ein.

Der Klassenraum ist polygonal geformt und ermöglicht sowohl einen Frontal- wie einen Seminarunterricht. Der Eingang der einzelnen Klassenräume wird durch das dreiecksförmige Einziehen hinter die Wandflucht und durch ein Schaufenster akzentuiert. Das Schaufenster kann wie der kleine Garten im Außenraum von den Schülern selbst gestaltet werden. Diesen Klassenraum behalten sie so lange, bis sie in eine andere Altersstufe wechseln.

Die Wohnungen der unteren acht Klassen, deren Bewohnerinnen, so Scharoun, noch «naiven Gemütes und allem Leben gegenüber gleich aufgeschlossen» sind, orientieren sich nach Südwesten und umschließen einen gemeinsamen Gartenhof. Die Wohnungen der mittleren sechs Klassen, deren Bewohnerinnen der Abschirmung bedürfen, sind als Atrium-Wohnungen ausgebildet. Die Wohnungen der oberen vier Klassen, deren Bewohnerinnen bereits einen gewissen Überblick gewonnen haben, sind im Obergeschoß angesiedelt und haben durch ihre erhöhte Lage eine bessere Aussicht auf die äußere Welt.

Die Wohnungen liegen an Straßenkorridoren, die von oben natürlich belichtet werden und an einem Ende einen Ausgang ins Freie haben. Am anderen Ende münden sie in eine große langgestreckte Halle, die Verkehrsraum, Pausenraum und Ort der Begegnung und ebenfalls natürlich belichtet ist. Hier finden sich die Schulbücherei mit Leseecken, eine Milchbar, ein verglaster kleiner Winkel für Fahrschülerinnen, ein Raum für die Round-Table-Konferenzen der Klassensprecherinnen, ein Terrarium, ein Nordsee-Aquarium, ein Kaltwasser-Aquarium und zwei Warmwasser-Aquarien für die Fische Asiens und Südamerikas. Die Halle ist möbliert wie ein Straßenraum mit Bänken zum Sitzen, in den Fußboden eingelassenen Pflanzbeeten und vier schmalen Stelen als Trinkwasserspender. Die Wände, mit eingelassenen Schaukästen verziert, sind durch Vor- und Rücksprünge plastisch geformt und mit Wandmalereien gestaltet.

Im Norden liegen wie ein schützender Riegel die naturwissenschaftlichen Fachräume für Chemie, Biologie und Physik, gestaltet wie Auditorien mit ansteigendem Gestühl, die auch der Öffentlichkeit zur Verfügung stehen. Die Wände der Hörsäle sind nahezu geschlossen, um die Konzentration der Schüler auf das Experiment zu richten. Die wenigen kleinen Fensteröffnungen dienen nur der orientierenden Sichtverbindung zur Außenwelt. Das Tageslicht gelangt über die verglasten Decken in die Hörsäle, die mechanisch verdunkelt werden können.

Ebenfalls im Norden liegen Lehrerzimmer und Verwaltung. Sie sind am östlichen Ende als separater Bereich von der Halle durch eine Tür abgetrennt und durch ein paar Stufen über das

Niveau der Halle angehoben, vielleicht ein Zeichen von Auf- und Übersicht. Die Aula, an der Westseite des Gebäudekomplexes gelegen, markiert mit ihrer pagodenförmigen Dachform den Haupteingang und ist auch für außerschulische Veranstaltungen leicht zugänglich. Ihr polygonaler Grundriss läßt sich durch Öffnen der Faltwand in die Haupthalle erweitern.

Nach außen wirkt der Gebäudekomplex unscheinbar. Er ist ein- bis zweigeschossig und stark gegliedert. Die einzelnen Baukörper sind in der Höhe oder Breite aneinander gefügt, ihre Funktionen ablesbar und durch unterschiedliche Gestaltung voneinander abgesetzt. Das Obergeschoß, zum Teil auf Stützen auskragend, sitzt frei auf dem Erdgeschoß. Die Klassenräume unterscheiden sich in der Höhe von den niedrigeren Verkehrsflächen und Nebenräumen, der große Zeichenraum durch die schräg geneigte Glasfläche von den Klassenräumen, und die naturwissenschaftlichen Hörsäle treten ebenfalls als eigenständige Bauteile ablesbar aus der Straßenfront heraus. Die freie innere Anordnung der einzelnen Schulbereiche zeigt sich in der aufgelockerten äußeren Gestaltung.

«Ich möchte gern», erklärte Scharoun bei der Eröffnung der Schule, «daß ihr kleineren und größeren Mädels und Teenager spürt, daß mir, als Architekten Eurer neuen zweiten Wohnung, daran gelegen war, diesem Haus einen Abglanz auch des Mädchenhaften zu geben, gestuft in 3 Gruppen, die jeweils eurem geistigen und seelischen Wachstum entsprechen möchten.»[40] Wie auch immer der damals fast siebzigjährige Architekt versucht hat, sich in die Seele junger Mädchenblüten einzufühlen, es scheint ihm gelungen zu sein. Die Schülerinnen waren wie ihre Lehrer voller Lob für die vielen neuen Möglichkeiten, die ihnen die Schule im Gegensatz zu den üblichen Unterrichtskasernen bot, und nahmen sie als ihre Wohnung an.

Scharoun war, nach seinen Reden und Schriften zu urteilen, nicht nur von reformpädagogischem Gedankengut geprägt, sondern auch existentialistisch angehaucht. Heidegger, nicht ohne Grund einer der Hauptredner der Darmstädter Gespräche, war einer der einflußreichsten Philosophen der Zeit, und sein Vortrag *Bauen Wohnen Denken* wurde zu einem der am eifrigsten zitierten Texte im Architekturdiskurs der 50er und 60er Jahre.

Der Zweck allen Bauens ist nach Heidegger das Wohnen. Auch wenn nicht alle Bauten im eigentlichen Sinne Wohnbauten sind, so sind oder sollen wir doch in allen zu Hause sein. Da alle Bauten den Menschen behausen, sind und bleiben sie vom Wohnen bestimmt. So ist auch der Zweck von Schulbauten das Wohnen, die Schule somit eine Wohnung, in der die Schüler zu Hause sind.

Doch Bauen ist nicht nur Mittel und Weg zum Wohnen, sondern bereits selber Wohnen. Denn Bauen ist nicht nur ein Bauen, das Bauten errichtet, sondern auch ein Bauen, das pflegt, nämlich das Wachstum. Das Wesen des Wohnens, das zugleich Bauen ist, meint: sich aufhalten und bewahrt sein vor Schaden und Bedrohung und zugleich jemandem Wohnung geben und ihn in seinem eigenen Wesen belassen.

Der Grundzug des Wohnens ist das Schonen, und das Wesen des Bauens ist das Wohnen lassen – dies ist im wesentlichen die Quintessenz von Scharouns neuem Schulbau. Die Schule in Lünen soll den Schülerinnen eine Wohnung sein, eine Wohnung, die sie schont und bewahrt, sie in ihrem eigenen Wesen beläßt und ihr Wachstum entsprechend den Möglichkeiten und Kräften ihres Alters pflegt.

Das Mädchen-Gymnasium in Lünen fand nach der Fertigstellung des ersten Bauabschnitts allgemeinen Anklang. 500 Mädchen, konnte man am 19.11.1960 in der *Westfälischen Rundschau* lesen, gehen heute schon in eine Schule von morgen. «Der Grundriß sieht so aus, als habe ein Riese mit einem Riesenmesser einen riesigen Bienenkorb zerschnitten. Man schaut in die Waben. Wabenförmig sind die Klassenräume. Keine strenge, rechteckige Starrheit mehr.» Alles sei ungewöhnlich, fährt der Redakteur fort, ein ahnungsloser Besucher müsse verwirrt sein und an ein planloses Durcheinander denken. Weit gefehlt. «Das Außergewöhnliche ist keine Spielerei, sondern Absicht, die ein pädagogisches Ziel verfolgt. Die Jugend soll in einer Gemeinschaft leben, in der jeder für den anderen verantwortlich ist. Die Demokratie beginnt in der Sexta.» Ob die Zensuren nun allerdings besser geworden seien, vermag der vom Redakteur befragte Direktor nicht zu sagen, aber feststellen konnte er bereits «das keimende Gefühl, zu einer festen und geordneten Gemeinschaft zu gehören.»

Der Schuldirektor Bruno Wieloch erläuterte 1960 in einem Artikel in der *Bauwelt* das der Schule zugrundeliegende pädagogische Konzept: «Der Unterricht muß getragen sein von dem echten Willen zu ernster Arbeit und zu aktiver Mitarbeit aller Schüler. Die Schule ist heute eine weitgehend vom Schüler selbst zu gestaltende Lebensstätte, also nicht eine nur von den Erwachsenen ‹organisierte› Anstalt. Das starre Lehrprinzip muß dem demokratischen Prinzip der Zusammen- und Einzelarbeit sowie der Mitverantwortung weichen. So gewinnt das Schulleben eine reiche Dynamik, die Schüler wissen sich selbst an der Gemeinschaftsformung beteiligt und erleben Sinn und Eigengesetz sozialer Bindungen und Tugenden, die auch für das spätere Leben gelten. Das Wohlergehen der Schulgemeinschaft soll auch jeder Schüler als sein persönliches Ziel anstreben.»[41]

Das Erreichen dieser Ziele dürfe der Schulraum nicht hemmen, sondern müsse sie durch die Ordnung einer aufgelockerten Form und die Anregung zur Selbstgestaltung aktiv fördern. In diesem Sinne sei der Neubau kein extravagantes Versuchsobjekt eines Künstlers, sondern ein Schritt vorwärts in dem Bemühen, der kommenden Generation das zu vermitteln, was sie zur Gestaltung ihres Lebens braucht.

Die bauliche Neugestaltung des Lebens war nach Zweitem Weltkrieg und nationalsozialistischer Herrschaft eine zentrale Frage der neuen demokratisch verfaßten westdeutschen Gesellschaft. Adolf Arndt beispielsweise, Jurist und Politiker der SPD, hielt die Art und Weise, wie gebaut und gewohnt wurde, für eine eminent politische Frage, bei der es um mehr ging als um Hygiene, Sozialkomfort und Lebensstandard. Er fragte sich, ob und wie sich in Bauwerken etwas vom Geist der Demokratie, etwas vom politischen Neuverständnis des Menschen, seiner Gemeinschaft und seiner Freiheit verkörpern lasse.

Für Arndt war die Frage nach dem Bauen eine Frage nach dem Menschen, und zwar dem konkreten Menschen. Nicht der autoritär geprägte Mensch des Obrigkeitsstaates und nicht der manipulierte des totalitären Systems, sondern der mündige Bürger müsse das Ziel einer demokratischen Gesellschaft sein. Und alles, auch das Bauen, habe dazu beizutragen, den Menschen mündig zu machen, damit er sich seiner selbst und der gemeinschaftlichen Aufgaben bewußt werde.

Die Weimarer Republik habe gezeigt, so Arndt, daß aus dem Zwiespalt eines demokratisch organisierten Staates und einer antidemokratisch strukturierten Gesellschaft apolitischer Menschen kein tragfähiges Fundament für ein neues, demokratisches Bauen entstehen kann. Während man sich für die Herrschaftsbauten protzigen Pomp geleistet habe, sei gegen die Sozialbauten als vermeintliche Paläste gehetzt worden. «Immer ist es ein Alarmzeichen für die Demokratie», schrieb Arndt 1961 in *Demokratie als Bauherr*, «sobald aus einer Gesellschaft, die Vergeudung keineswegs scheut, der Fanatismus einer angeblichen Sparsamkeit laut wird, daß die Gesellschaft es ja gar nicht wert sei, sich selber in Bauten Organe zu geben, die dem Gemeinsamen gewidmet sind.»[42]

Doch Gesellschaftsformen lassen sich, das war Arndt klar, nur schwer baulich manifestieren, da hier etwas Unsichtbares, nämlich die Menschen selbst und die Art und Weise ihrer Gemeinschaft, sichtbar werden soll. Dies treffe umso mehr auf die Demokratie zu, da eines ihrer Grundprinzipien das Offensein für Veränderungen des Menschen und des sozialen Miteinanders sei. Und doch sei es Aufgabe des demokratischen Bauens, «daß ein jeder Mensch sich als Mensch für sich und Mensch im Gefüge gewahrt.»[43]

Arndt erläuterte seine Forderung nach demokratischem Bauen am Beispiel der Schule und bezog sich dabei ausdrücklich auf Scharouns Entwürfe. Ob die Schüler in Ziegelbauten einkaserniert oder hinter Stahl und Glas eingekastelt würden, sei allenfalls ein hygienischer Unterschied. Erst wenn die Schule zur Schulwohnung im Sinne eines geistigen Raums werde, erst wenn für Individualität und Gemeinschaft genügend Raum bleibe, könne das Bauen aus politischer Sicht human genannt werden.

Als human wurde das Mädchen-Gymnasium in Lünen von Schülern und Lehrern offensichtlich auch noch 1983 empfunden. Zur 25-Jahr-Feier veröffentlichte die Schule eine Festschrift, und in dieser findet sich der Aufsatz eines Schülers, in dem er seinen ersten Eindruck von der Schule schildert. «Nach den Sommerferien 1982 brach das 5. Schuljahr an. An diesem Tag war ich sehr aufgeregt auf die neuen Klassenkameraden. Die neue Schule stellte ich mir wie jede Schule vor, rechteckig und langweilig. Um 8.10 Uhr morgens standen wir an der Aula des Geschwister-Scholl-Gymnasiums. Dort wurden wir unserem Klassenlehrer vorgestellt. Als wir später in die Klasse gingen, staunte ich; denn sie war nicht rechteckig, sondern aus vielen Formen zusammengesetzt. Vor der Klasse war ein Garten. Man konnte bis zum Pavillon sehen (...) Nach dem ersten Tag freute ich mich auf den nächsten.»[44]

Mehr, möchte man meinen, kann eine Schule nicht leisten, als auch nach 25 Jahren trotz der bekannten Zeitlichkeit von Sozialverhalten und Formgeschmack noch immer von den Nutzern geschätzt zu werden. Eine Wertschätzung, die vielleicht vor allem an der, wie Adolf Behne es nannte, «Atmosphäre unbanaler Heiterkeit» liegt, die in der Schule herrscht und immer wieder für sie einnimmt.

«Es ist nie zu spät, unsere Vorurteile aufzugeben; auf keine Ansicht, keine Lebensweise, und sei sie noch so alt, kann man sich ohne Prüfung verlassen.»
*Henry David Thoreau, Walden oder Leben in den Wäldern*

## Dome sweet Home – Kuppelbauten
Richard Buckminster Fuller | ab 1950

Richard Buckminster Fuller (1895–1983) entstammte einer angesehenen, bereits seit 1632 in Neuengland ansässigen Familie. Viele seiner Vorfahren waren aktiv am Aufbau der amerikanischen Gesellschaft beteiligt, und seine Großtante Margaret Fuller, die Begründerin der amerikanischen Frauenrechtsbewegung, hatte zum Kreis der Transzendentalisten um Ralph Waldo Emerson und Henry David Thoreau gehört und die transzendentalistische Zeitschrift *The Dial* herausgegeben. Dem familiären Hintergrund gemäß studierte Fuller in Harvard, wurde jedoch wegen mangelnden Fleißes und allgemeiner Unreife zweimal der Universität verwiesen. Danach arbeitete er als Transportarbeiter und Hilfskassierer in einem Fleischkonservenkonzern, meldete sich 1917 zur Marine, wurde wegen starker Kurzsichtigkeit zunächst abgewiesen, ein Jahr später zugelassen und diente in den letzten Kriegsjahren als Nachrichtenoffizier und Redakteur einer Marinezeitschrift.

Einige Jahre nach dem Krieg, Fuller arbeitete wieder in der Konservenfabrik, gründete er mit seinem Schwiegervater, dem Künstler und Architekten J. M. Hewlett, die Firma *Stockade Building System*. Die Firma produzierte Leichtbau-Häuser nach einem neu patentierten Verfahren aus großformatigen, mit Zement gebundenen Stroh-Bausteinen. Buckminster Fuller beaufsichtigte den Bau der Häuser und organisierte für die regionale Produktion der Stroh-Bausteine den Bau mehrerer Fabriken. 1927 wurde die

Firma von einem Baukonzern aufgekauft und Fuller als Geschäftsführer entlassen.

Von dieser Phase seines Lebens sprach Fuller später als «einer fünf Jahre langen Erfahrung mit der täppischsten und dümmsten Tätigkeit des Menschen: diese subtechnische Bemühung des Menschen, Unterkunfts- und Wohnungseinheiten regellos aufzuhäufen.»[45] Er beschloß, durch den Tod seiner kleinen, erst vierjährigen Tochter auch in eine seelische Krise geraten, sich nun ohne Rücksicht auf finanziellen Erfolg und berufliches Vorwärtskommen nur noch mit grundlegenden Problemen zu beschäftigen wie beispielsweise dem Entwurf menschlicher Behausungen. Statt regellos Wohneinheiten aufzuhäufen, sollten die elementaren Bedürfnisse des Menschen wissenschaftlich erforscht und mit den modernsten technischen Mitteln erfüllt werden.

Fuller fragte sich zwar, ob er wohl als Einzelner einer so umfassenden Mission gewachsen sei, doch er war optimistisch. «Ich fragte mich, was kann ein kleiner Mann ausrichten angesichts der Übermacht großer Unternehmen, großer Staaten mit ihrem Know-how, ihren Waffen, ihrem Geld, ihren Armeen, Werkzeugen und Informationen? Dann antwortete ich mir: Das Individuum kann ohne jemandes Erlaubnis Initiativen ergreifen. Nur Individuen können denken und nach den Prinzipien suchen, die sich in ihren Erfahrungen zeigen und von anderen übersehen werden (…) Ganz offensichtlich ist es ausschließlich das Individuum, das sich Zeit dafür nimmt, in einer Art und Weise zu denken, die kosmisch adäquat ist.»[46]

Fuller verstand sich, kosmisch adäquat, als Weltplaner, und sein erstes Projekt war 1927 der Eine-Welt-Stadtplan, die Vision einer geeinten Welt, deren Länder und Kontinente mit den modernsten Transport- und Telekommunikationsmitteln miteinander verbunden sind. Die Menschen wohnen in sogenannten 4D-Häusern, die als Bausteine eines globalen Unterkunftssystems fungieren. Sie werden industriell produziert, als Luftfracht verschickt und an den verschiedensten Stellen der Erde aufgebaut. Da sie auf dem Luftweg versorgt werden, sind sie unabhängig von lokalen Energiequellen und können auch bis dahin unerschlossene Weltgegenden wie Alaska, Grönland und Sibirien besiedeln.

Die Decken der 4D-Häuser bestehen aus Stahlträgern, die wie Fahrradspeichen angeordnet und, statt auf Stützen zu stehen, mit Seilen von einem zentralen Turm abgehängt sind. An ihnen wird eine leichte Hülle befestigt, die das Gebäudeinnere vor Wind und Wetter schützt. Der mastartige Turm enthält die erforderlichen Versorgungseinrichtungen. Um den Lufttransport zu erleichtern, wird das Gewicht durch den Einsatz von Leichtbaustoffen, Kunststoffen und Metalllegierungen reduziert. Stahlbeton lehnte Fuller als archaisches Baumaterial vehement ab. Anregungen für den Leichtbau holte er sich bei der Automobilindustrie, die mit dem Auto bereits ein Massenprodukt herstellte, und bei der Schiffs- und Flugzeugindustrie, die damals die technisch am höchsten entwickelten Erzeugnisse hervorbrachte.

Zur Verbreitung seiner Ideen verfaßte Fuller eine Denkschrift, die er an Verwandte, Freunde und herausragende Persönlichkeiten wie Henry Ford und Le Corbusier verschickte. Doch erst das 1929 aus dem 4D-Modell entwickelte Dymaxion-Haus machte ihn schlagartig bekannt. Auch dieses Haus war ein Gehäuse für den mobilen Zeitgenossen, eine autonome Unterkunftseinheit, die per Luftfracht in jede gewünschte Weltgegend gebracht werden konnte, dabei preiswert und in wenigen Stunden aufzubauen.

Das Dymaxion-Haus, ein Einfamilienhaus mit fünf bis sechs Zimmern, war 12 Meter hoch und hatte einen Durchmesser von 15 Metern. Das Obergeschoß, teilweise überdacht, diente als Dachterrasse, das darunter liegende Hauptgeschoß enthielt zwei Schlafzimmer, zwei Badezimmer, einen Wohnraum, einen Arbeitsraum und einen Versorgungsraum. Im Erdgeschoß konnten Automobile und Flugzeuge untergestellt werden. Der Zugang zum Haus erfolgte über einen dreieckigen Lift im Mast, der bei Stromausfall durch eine Handkurbel bewegt werden konnte.

Aus Leichtmetall, Plexiglas, Stahl und Kunststoff gebaut, hatte das Dymaxion-Haus mit allen Möbeln ein Gesamtgewicht von nur 2720 Kilogramm. Im zentralen Tragmast befanden sich die Kabel- und Rohrleitungen, die Klimaanlage und die indirekte Beleuchtung. Das Haus besaß einen eigenen Wasserkreislauf, in dem eine konstante Menge Wasser zirkulierte und immer wieder aufbereitet wurde. An der Mastspitze hingen Linsen, die

Sonnenwärme auffingen und bündelten. Das Haus war perfekt isoliert und ließ sich durch die Abwärme der Kraftzentrale beheizen. Die Luft wurde mechanisch umgewälzt, von Staub und Schadstoffen gereinigt und wieder eingespeist. Die Fußböden bestanden aus gespanntem, hochfestem Klaviersaitendraht mit aufliegender pneumatischer Schicht. Die Außenwände waren nichttragende Screens, transparent oder transluzent. Durch ein Umlenkungssystem aus Spiegelprismen wurden die Räume zusätzlich indirekt belichtet.

Das Gebäude war möbliert mit einem abgehängten Glastisch und einer aufblasbaren Couch, mit raumhohen beweglichen Trennwänden, mit Geschirrspüler und indirekt beleuchteten Glastablaren für die Lebensmittelvorräte. Es besaß elektrisch faltbare Türen und zentrale Staubsaugvorrichtungen. «Jedes erdenkliche von Menschen ersonnene Gerät zur Eliminierung der Haushaltsmühsal», so Fuller, «wird Standard-Unit des Systems werden, eine Errungenschaft, möglich geworden nur durch industrielle Reproduktion auf der Grundlage des standardisierten Musters.»[47]

Das Dymaxion-Haus entstand zu einer Zeit, als auch die europäische Architektenelite den Anspruch erhob, rationelle Herstellungsmethoden für preiswerte und zeitgemäße Wohnhäuser exemplarisch zu erproben. Doch für Fuller blieb, was beispielsweise das Bauhaus baute, weit hinter den damals schon bestehenden technischen Möglichkeiten zurück. Bei den Bauhausbauten, meinte er, habe es sich im Grunde um konventionelle Häuser gehandelt, um alten Wein in neuen Schläuchen.

Die Forderung des Bauhauses, man müsse das Haus als Wohnmaschine betrachten, sei mehr ein Flirt mit der Technik als wirkliches Wissen und Beherrschen technischer Prozesse gewesen, ein Vorgehen, das Fuller als «Modeimpfung» kritisierte. «Die internationale Bauhaus-Schule benutzte Standardinstallationen und brachte es gerade noch fertig, die Hersteller zur Modifikation der Oberflächen von Wasserhähnen sowie der Farbe, Größe und Anordnung der Kacheln zu überreden (...) Kurz, sie befaßte sich nur mit dem Problem, die Oberfläche von Endprodukten zu modifizieren, wobei diese Endprodukte notwendigerweise Subfunktionen einer technisch veralteten Welt waren.»[48]

Doch im Gegensatz zu den in Fullers Augen technisch veralteten Bauhausbauten entstand das Dymaxion-Haus nur als Musterhaus. Der hochgespannte Entwurf konnte seine Praxistauglichkeit nicht beweisen. Es gab für dieses Haus keine Käufer, vielleicht aufgrund der wirtschaftlichen Depression, die dem Börsenkrach von 1929 folgte, vielleicht, weil der Mangel an Erdverbundenheit die Häuser zu sehr wie moderne Wolkenkuckucksheime erscheinen ließ, für die die geeigneten Bewohner noch nicht geboren waren.

Buckminster Fuller ließ sich von diesem Mißerfolg nicht entmutigen. Sein Freund, der Bildhauer Isamu Noguchi, beschrieb ihn als einen unentwegten Forscher, der immer, auch zu dieser Zeit, Selbstbewußtsein und Kreativität ausgestrahlt habe. «Bucky war in einem Zustand beständiger Kreativität, gab in jeder Lage Vorträge vor jedwelchem Publikum (...) Er sprach zu mir allein wie zu einer Menge, ging und sprach überall – auf der Brooklyn-Bridge oder über vielen Tassen Kaffee (...) Buckys Lebensfreude ist ein Teil und ist der Ort seiner Kreativität. Doch hat er die Fähigkeit und Resolutheit, in ungezählten Stunden des geistigen Rückzuges neue Geheimnisse des Universums zu erfassen.»[49]

Fuller wurde 1948 als Lehrer an das Black Mountain College, North Carolina, berufen und widmete sich nun verstärkt der Lehre. Es gelang ihm, die Studenten zu begeistern und zu eigenen Erfindungen zu stimulieren. Er stellte ihnen ungewöhnliche Aufgaben, beispielsweise den kompletten Hausrat einer Familie so anzuordnen und in einem Container unterzubringen, daß er das geringste Volumen einnimmt und beim Ausklappen der Seitenflächen sofort gebrauchsfertig dasteht. Fuller selbst begann zu dieser Zeit, mit dem Bau von geodätischen Kuppeln zu experimentieren, den später so berühmten *domes*, deren Erfindung er sich 1951 patentieren ließ. Sie wurden zum einzigen finanziellen Erfolg seines arbeitsreichen Lebens. 1969 gab es bereits 5000 solcher Kuppeln in 50 Ländern.[50]

Die erste Kuppel, sie wurde 1950 in Montreal gebaut und von Fullers privater Stiftung, der Fuller Research Foundation, finanziert, war gedacht für die Arktis. Sie hatte wenig Gewicht, bestand aus Aluminiumrohren, jedes etwa ein Pfund schwer, und

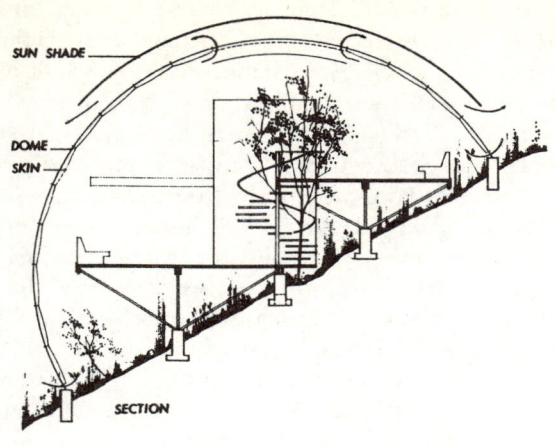

Geodätische Kuppel in den Hollywood Hills, Los Angeles

war mit einer Innenhaut bespannt. 1953 überkuppelte Fuller für die Ford Motor Company ein Verwaltungsgebäude in Dearborn, die Ford Rotunda. Der kreisrunde Innenhof der Rotunda, von Albert Kahn 1933 mit einem Durchmesser von 28 Metern zur Weltausstellung in Chicago gebaut, sollte zur 50-Jahr-Feier der Firma überdacht werden.

Nun endlich, im Alter von 58 Jahren, erhielt Fuller seinen ersten großen und öffentlichkeitswirksamen Auftrag. Die Zeit war knapp, nur vier Monate standen ihm von der Auftragserteilung bis zur Fertigstellung zur Verfügung, und Fuller entschied sich für ein Raumtragwerk auf Dreiecksbasis, das sich aus Oktaedern und Tetraedern zusammensetzte. Um Gewicht zu sparen – die Kuppel kam auf nur 8,5 Tonnen –, verwendete er auch hier für die Tragkonstruktion Aluminium und bespannte sie mit einer leichten Vinylhaut.

Es folgten weitere Kuppelbauten für Restaurants, Schwimmbäder, Radarstationen, Planetarien, und 1967 entstand die Kuppel für die Weltausstellung in Montreal – gedacht als Wahrzeichen für

Amerikas fortgeschrittene Technik. Sie war eine Dreiviertelkuppel mit einem Durchmesser von 76 Metern und einer Höhe von 6: Metern aus einem zweilagigen Stabnetzwerk aus Stahlröhren, das mit einer transparenten Haut aus Acrylglas-Panelen verkleidet war. Der Lichtdurchlaß wurde durch bewegliche dreieckige Sonnenblenden entsprechend dem Sonnenstand reguliert: Per Computer wurden die Jalousien in drei Öffnungsphasen gesteuert. So vermied man, daß unnötig viele Felder gleichzeitig geschlossen waren und den transparenten Charakter der Kuppel beeinträchtigten. Die Expo-Kuppel wurde Fullers Meisterwerk: eine Gebäudehülle, die das Innenklima dynamisch abschirmte und gleichzeitig eine ungehinderte Sicht nach außen bot.

Doch die *domes* entwickelten sich nicht nur zu Amerikas Symbol für seinen unaufhaltsamen Fortschritt, sondern seit den frühen 60er Jahren auch für die Flucht seiner Jugend aus einer Gesellschaft, die sich ausschließlich über diesen Fortschritt und den darauf aufbauenden materiellen Wohlstand definierte. Wohlversorgte Kinder einer florierenden Wohlstandsgesellschaft, die vielen Menschen, zumindest in der Ersten Welt, einen nie zuvor gekannten Lebensstandard gebracht hatte, zogen aus, um ein neues Leben zu beginnen. Und für dieses Leben erschienen ihnen die *domes* als attraktive Alternative zu den rechtwinkligen Häusern und monotonen Fassadenrastern der lebensfeindlichen Welt ihrer etablierten Eltern. Sie suchten nach alternativen Wohn- und Lebensstilen abseits des *American way of life*, abseits der Leistungs- und Konsumgesellschaft, die alles zur Ware degradierte.

Auf den Spuren David Henry Thoreaus, den die Jugendlichen nun als Aussteiger neu entdeckten, und seines einsiedlerischen Lebens in den Wäldern am Waldensee wollten auch sie, ganz auf sich gestellt, von neuem beginnen, ihr eigenes Haus bauen und durch Einfachheit und Naturnähe ihre verlorenen schöpferischen Fähigkeiten neu entwickeln. «Der Mensch sollte», hatte Thoreau gefordert, «mit ebensoviel Fug und Recht sein Haus bauen wie der Vogel sein Nest. Wer weiß, ob nicht, wenn die Menschen mit eigener Hand ihr Haus bauten und sich und die Ihrigen auf einfache und ehrliche Weise mit Nahrung versorgten, die poetischen Fähigkeiten allgemein entwickelt würden?»[51]

Vielen der jugendlichen Aussteiger erschien der Preis, den Fortschritt und Wohlstand verlangten, zu hoch. Sie glaubten wie Thoreau nicht mehr an den Sinn eines Lebens, das seinen besten Teil dazu verwendet, «Geld zu verdienen, damit man sich während der geringstwertigen Lebenszeit einer fragwürdigen Freiheit erfreuen kann.»[52] Sie zogen in die *domes* wie Thoreau in den Wald, weil sie wie er den Wunsch hatten, «mit Überlegung zu leben, dem eigentlichen, wirklichen Leben näherzutreten, zu sehen, ob ich nicht lernen konnte, was es zu lehren hatte, damit ich nicht, wenn es zum Sterben ginge, einsehen müßte, daß ich nicht gelebt hätte.»[53] Das eigene Haus, die Hütte im Wald selbst zu bauen, war für sie nicht allein Konsumverzicht, sondern auch der Versuch, zu sich selbst und einem authentischen Leben zu finden.

Für Swami Kriyananda versinnbildlichte der *dome* den Einklang des vom Menschen geschaffenen Raums mit dem sphärischen Raum des Kosmos, die Versöhnung von Natur und Technik. Für den großen Lehrer der *Ananda Spiritual Community* in East St. Louis, Illinois, der seine Meditationsstätte überkuppeln ließ, war der *dome* Ausdruck eines neuen Zugangs zum Universum. «Er ist in Übereinstimmung mit dem wissenschaftlichen Konzept, demzufolge der Raum selber gekrümmt ist. In seiner Rundheit repräsentiert er unseren modernen Wunsch nach kontinuierlicher mentaler Expansion, mit der wir ins Universum hinausgelangen, statt uns gegen dessen immense Größe abwehrend zu verschanzen.»[54]

Der Ausstieg der Wohlstandskinder aus den industriell produzierten Häusern und den gesichtslosen Stadtrandsiedlungen war als Revolution gedacht. Ihre Fackelträger glaubten, daß, wenn der Mensch weiterhin auf der Erde leben wolle, eine neue Kultur im Einklang mit der Natur und dem Kosmos geschaffen werden müsse, damit er seine spirituellen Wurzeln wiederfinde. Die aus der Konsumgesellschaft flüchtenden Jugendlichen identifizierten sich mit Fuller, der immer noch, obwohl längst im Establishment angekommen und mit seinen Patenten finanziell erfolgreich, als Außenseiter galt. Er wurde zum Guru, zur autoritativen Vaterfigur einer sich gegen Autoritäten und Väter gleichermaßen auflehnenden Jugendbewegung.

Fuller selbst wohnte mit seiner Frau Anne seit 1960 in einem *home dome* aus Holz in Carbondale, Illinois, und ein Besucher schilderte seinen Eindruck des verblüffend unkonventionellen Raums: «Wenn man das Haus betritt, ist der erste Eindruck das Fehlen des vertrauten Vier-Quadrate-Würfel-Rahmenwerks aus rechtwinkligen Böden und ebenen Wänden. Der Effekt ist vollständig desorientierend vor dem Hintergrund unserer reflexartigen Annahme, Räume hätten mehr oder weniger wie Schuhschachteln auszusehen.»[55]

In den Hügeln Hollywoods entstand 1962 ein weiterer *home dome* mit zwei frei angeordneten Wohnebenen und einer verschiebbaren Sonnenhaut als zweiter Schale, eine perfekte Raum- und Klimahülle, die den Austausch mit der Natur nach Wunsch, Wetter und Tageszeit regelte. Doch am bekanntesten wurden die Kuppeln einer Aussteigerkommune im Süden Colorados. Eine Gruppe Studenten, die Fullers Vorträge gehört und beschlossen hatten, eine selbstbestimmte Gemeinschaft ins Leben zu rufen, gegründete bei der kleinen Stadt Trinidad eine Siedlung, *Drop City* genannt, da die Leute nach Belieben kamen und gingen. Sie bauten ihre *domes* aus dreieckigen Stahlblechen, die sie aus den Dächern verschrotteter Autos herausschnitten und deren Kanten gelocht, umgebogen und mit der anliegenden Plattenkante verschraubt wurden. Die verschraubten Dachplatten ergaben bunte Kuppeln, die in Clustern um ein Gemeinschaftszentrum angeordnet waren.

Zum Kultbuch der alternativen Aussteiger wurde Fullers *Bedienungsanleitung für das Raumschiff Erde*, die 1969 erschien. Für das kleine Raumschiff Erde, an dessen Bord wir alle Astronauten sind, sei uns, schrieb Fuller, keine Bedienungsanleitung mitgeliefert. Es sei zwar gut geplant und an Bord befänden sich seit zwei Millionen Jahren Menschen, doch der Vorrat an Ressourcen, aus denen sich das menschliche Leben immer wieder neu regeneriert, sei nicht unerschöpflich. Da wir bereits am kritischen Moment angekommen seien, könnten wir in unserem Raumschiff nur erfolgreich überleben, wenn es uns gelänge, wirksame Lösungen für die einzelnen Probleme zu finden und zugleich deren Auswirkungen auf das Gesamtsystem mit zu bedenken. Bezugs-

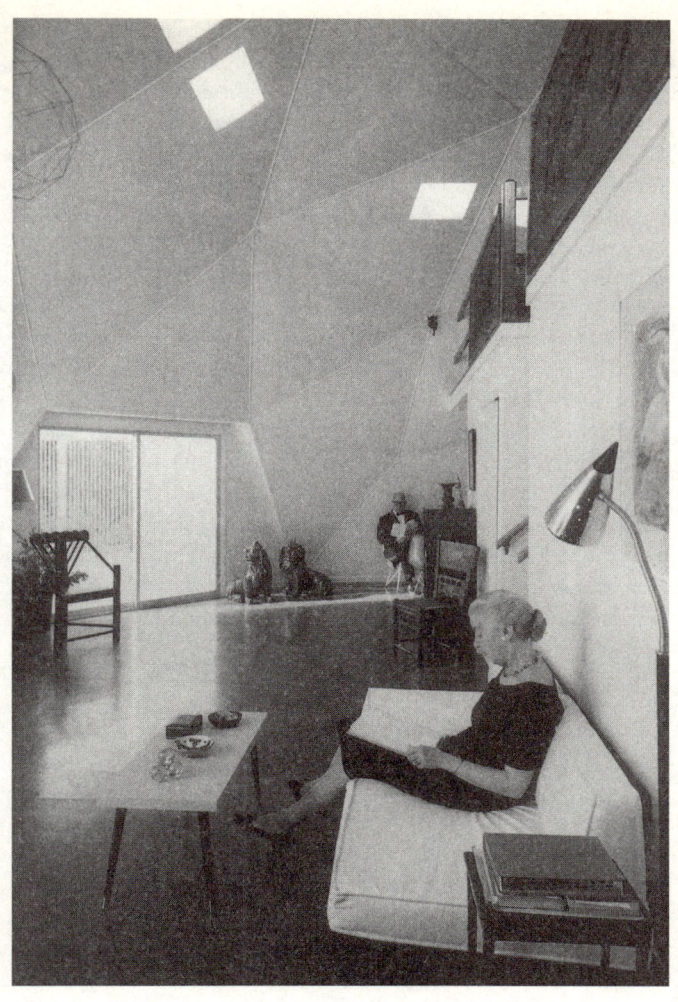

Home Dome Carbondale, Illinois, mit Anne (vorne) und Buckminster (hinten) Fuller

rahmen müsse dabei immer das Universum sein, und das Prinzip des Handelns müsse lauten: «Doing the most with the least».

Buckminster Fuller, Erfinder, Architekt, Ingenieur, Sozialreformer, Philosoph und Poet, für die einen Genie, für die anderen Scharlatan, war nun weltweit bekannt. Die Ehrungen häuften sich, selbst die Harvard University bot dem einst relegierten und so zum unfreiwilligen Autodidakten gewordenen Studenten eine Gastprofessur an, und 1964 widmete ihm das *Time Magazine* eine Titelgeschichte. Fuller war ein charismatischer Redner, seine Vorträge legendär. Sie dauerten viele Stunden, und er hielt davon etwa 200 jährlich. Doch sein Lebensziel – ein Maximum an Wohlstand für die gesamte Weltbevölkerung mit einem Minimum an Aufwand – erreichte Fuller nicht. Und auch seine alternativen Jünger kehrten bald in die verhaßten Städte zurück. Doch Experiment und Selbsterfahrung brachten ihnen wie einst Thoreau zumindest eine Erkenntnis: «Das wenigstens lernte ich bei meinen Experimenten: wenn jemand vertrauensvoll in der Richtung seiner Träume vorwärts schreitet und danach strebt, das Leben, das er sich einbildete, zu leben, so wird er Erfolge haben, von denen er sich in gewöhnlichen Stunden nichts träumen ließ.»[56]

«Unaufhörlich strömt der Fluß dahin, gleichwohl ist sein Wasser nie das-
selbe. Schaumblasen tanzen an seichten Stellen, vergehen und bilden sich
wieder – von großer Dauer sind sie allemal nicht. Gleichermaßen verhält es
sich mit den Menschen und ihren Behausungen.»
*Kamo no Chômei, Hôjôki*

## Die Wohnung des Nomaden – Der Nakagin
## Kapselturm in Tokio

Kisho Kurokawa | 1969–70

In Stanislaw Lems Roman *Der Futurologische Kongreß* von 1974
berichten zwei Japaner von der neuen, in ihrem Land entwickelten
Hausform der Zukunft. Sie ist achthundertstöckig, beherbergt
Gebärkliniken, Kinderkrippen, Schulen, Kaufläden, Museen und
Tierparks, verfügt über Theater, Kinos, Krematorien und unterirdische Lagerräume für die Asche der Verstorbenen, bietet vier-
zigkanäliges Fernsehen, Rausch- und Ausnüchterungszellen,
Hallen für Gruppensex und Katakomben für unangepaßte Sub-
kulturen. Und vor allem: Jede Familie zieht, um keine Langeweile
und Frustration aufkommen zu lassen, jeden Tag von einer Wohnung in die nächste.
  Die beiden Japaner führen im Roman das Modell eines solchen
Hauses in kleinem Maßstab vor und erläutern ausführlich das
technische System. Das Haus hat eigene Sauerstoffspeicher, aber
keine Wasser- und Nahrungsreserven. Denn es ist als geschlossenes System geplant, und alle Ausscheidungen werden wieder
aufbereitet, sogar der Todesschweiß. «Nach dem ursprünglichen
Plan», läßt Lem seine Japaner berichten, «hätte jedes solche Haus
mittels gewaltiger Rotoren auch fliegen können, was Gesell-
schaftsreisen ermöglicht hätte. Davon wurde jedoch abgesehen,
denn erstens sollten für den Anfang 900 Millionen solcher Häuser
entstehen, zweitens war der Ortswechsel gegenstandslos: selbst

wenn das Haus 1000 Ausgänge hätte, die alle zugleich benützt würden, kämen niemals alle Bewohner ins Freie, da ja neue Kinder geboren würden und heranwüchsen, ehe der letzte das Gebäude verlassen hätte.»[57]

Der Mensch der Zukunft ist bei Lem mobil geworden. Er zieht jeden Tag um, da sich das Leben offensichtlich nur in ständiger Bewegung ertragen läßt, und auch der Raum bewegt sich, wird flugfähig und von einer Immobilie zur Mobilie. Das Leben wird mehr und mehr zu einer Fluchtbewegung und pendelt zwischen den Polen totaler Behaustheit – man muß sein Haus nicht mehr verlassen, da es alles enthält – und ständiger Bewegtheit – das Haus reist, auch wenn man es selbst nicht tut – hin und her.

Lem hat sich bei der Schilderung der Hausform der Zukunft offensichtlich – manchmal scheint die Wirklichkeit den Science-Fiction-Romanen vorauszueilen oder ihnen zumindest eine steile Vorlage zu geben – von den in den 60er Jahren geradezu grassierenden Superstruktur-Projekten der Architekten und Stadtplaner inspirieren lassen. In England beispielsweise entwickelte Ron Herron, Mitglied der Archigram-Gruppe, 1964 eine *Walking City*. Riesige Kapseltiere stapfen mit Teleskopbeinen durch Wüsten und Ozeane und drehen ihre Fernsehaugen nach allen Seiten. 1959 rief der Amerikaner Yona Friedman zu einer Kolonialisierung des Luftraums auf und plante eine urbane Superstruktur, die sich als riesiges räumliches Gitter über einer vorhandenen Stadt erhob. Sie sollte, auf Stützen gestellt, die auf dem Erdboden verbleibenden Relikte einer abgelebten Kultur ersetzen.

Doch nicht ohne Grund sind die Häuserbauer der Zukunft bei Lem Japaner. Japans begrenzte Siedlungsfläche und seine stark wachsende Bevölkerung ließen die japanischen Architekten besonders intensiv nach neuem Raum für neue Häuser suchen, den sie unter Einsatz neuester Technologie im Meer, auf dem Land und in der Luft zu gewinnen hofften. 1959 beispielsweise entwarf Kiyonori Kikutake eine Stadt auf dem Meer. Künstliche Inseln aus schwimmenden Betonschalen bilden eine im Meeresboden verankerte Plattform, auf der sich eine Stadt mit riesigen Türmen erhebt. Auf der Plattform, auf der auch Flugzeuge landen können, finden sich die Gemeinschaftseinrichtungen, während sich die Wohnungen für je 3000 Menschen auf zylindrische Türme verteilen, die ins Wasser eingehängt sind und sich über zentrale Rundschächte zum Sonnenlicht öffnen.

Kenzo Tange, der damals international bekannteste Architekt Japans, entwarf ein Projekt für die Bebauung der Bucht von Tokio. Zeltartige Terrassenbauten stehen auf kleinen Inseln und sind über breite Straßen mit dem Festland verbunden. Und Kisho Kurokawa, ein junger, noch unbekannter Architekt, konzipierte 1961 ebenfalls für die Bucht von Tokio mit *Helix City* eine Superstruktur, die DNA-Strängen – sie waren 1953 entdeckt worden – nachgebildet ist. Schraubenförmige Turmschäfte aus fächerförmigen Tragstrukturen in Leichtbauweise enthalten die notwendigen Installationen und vertikalen Erschließungen; an diese docken individuelle Wohn-, Büro- und Geschäftseinheiten an. Einbahnstraßen ziehen sich wie Arterien durch die Superstruktur und verästeln sich. Die Türme selbst sind alle zehn Geschosse untereinander durch brückenartige Gebilde verbunden und bilden eine Art dreidimensionale Landschaft.

1960 trat auf dem Internationalen Design-Kongreß in Tokio eine Gruppe junger japanischer Architekten auf, darunter Kikutake und Kurokawa, und verkündete den Beginn eines neuen Zeitalters, das nicht mehr wie das Maschinenzeitalter von mechanischen Prinzipien, sondern von biologischen bestimmt werde. «Wir betrachten», schrieben sie, «die menschliche Gesellschaft als einen lebendigen Prozeß, als eine kontinuierliche Entwicklung vom Atom zum Sternennebel. Der Grund für die Verwendung des biologischen Wortes ‹Metabolismus› ist unser Glaube, daß Entwurf und Technologie menschliche Vitalität kennzeichnen sollten. Wir meinen nicht, daß Metabolismus lediglich die Hinnahme natürlicher, historischer Prozesse andeutet, sondern wir versuchen, die aktive, metabolische Entwicklung unserer Gesellschaft zu ermutigen durch unsere Vorschläge.»[58]

Kernpunkt ihrer Theorie war, was sie den *metabolic cycle* nannten: Alte Zellen sterben ab, neue wachsen nach; kommt es zum Stillstand, führt dieser zum Tod. Der metabolische Kreislauf bestimmt die Natur in allen ihren Erscheinungsformen und kann modellhaft auch auf die vom Menschen geschaffene Lebenswelt übertragen werden. Diese ändert sich durch Bevölkerungsexplosion und technologische Expansion immer schneller, da die jeweils vorherrschenden sozialen Bedürfnisse und kulturellen Modelle absterben und durch neue ersetzt werden. Dauer der künstlichen Lebenswelt als ganzer läßt sich somit nur erreichen, wenn ihre einzelnen Teile gleich den Zellen der natürlichen Lebenswelt ausgetauscht und durch neue ersetzt werden können. Doch nur die Zellen sollen ersetzt werden – das Prinzip hat nichts zu tun mit der Wegwerfmentalität industrieller Gesellschaften –, nicht die Struktur, die im Gegenteil umso länger erhalten bleiben kann, je einfacher die einzelnen Teile zu ersetzen sind.

Das Denkmodell des *metabolic cycle*, als steter Wandel bei gleichbleibender Struktur, ist dem traditionellen japanischen Denken eng verwandt. Erdbeben, Flutwellen, Taifune und Brände, die oft ganze Straßenzüge der strohgedeckten Holzhäuser vernichteten, hatten immer wieder periodisch zu Zerstörung von Häusern und Städten geführt und ihre Bewohner gelehrt, mit dem steten Wandel zu rechnen. Temporär und vergänglich schien ihnen mithin das Haus wie der Mensch selbst. Flüchtig wie das Leben, biete auch die Wohnung nur ein provisorisches Domizil, einen Unterschlupf auf Zeit und versinnbildliche die Unbeständigkeit menschlichen Lebens.

Als im späten 12. Jahrhundert die Kaiserstadt Kyoto wiederholt durch Erdbeben, Feuer und Sturm zerstört worden war, kehrte der Dichter Kamo no Chômei der unerfreulichen Welt mit fünfzig Jahren den Rücken zu. «All diese Geschehnisse (…) lehrten mich, die Mühsal, in dieser Welt zu leben, die Vergänglichkeit und Zerbrechlichkeit des menschlichen Körpers und der menschlichen Behausungen zu begreifen.»[59] Chômei verließ sein Haus am Kamo-Fluß, zog sich in die Berge von Hino, südöstlich von Kyoto, zurück und wurde ein Schüler Buddhas. Er baute sich eine einfache Hütte aus Holz, zehn auf zehn Fuß groß, die er, sollte ihm etwas mißfallen, jederzeit abbauen könnte, um weiterzuziehen. Nur in einer Hütte wie dieser, gebaut für den Augenblick, so Chômei, könne man in Frieden und ohne Furcht leben.

In dieser «einstweiligen Herberge» schrieb Chômei 1212 das *Hôjôki*, die berühmten *Aufzeichnungen aus meiner Hütte*. Die

Menschen werden geboren und sterben, kommentierte er den Lauf der Dinge, und keiner wisse, woher er komme, wohin er gehe. «Wer vermag zu erklären, wofür der Mensch sich so plagt, eine Behausung zu schaffen, wenn sie doch letztlich vergänglich ist, und wie diese ihm solch eine Beglückung sein kann? Dabei scheint es, als ob Herr und Haus darüber stritten, wer von beiden denn wohl zuerst vergehe – sie sind wahrlich keinen Deut verschieden vom morgendlichen Tau auf den Blüten der Ackerwinde.»[60] Der Tau wird herabfallen, die Blüte verwelken, und beide werden den Abend nicht erreichen.

Von Dauer scheint japanischem Denken in der Nachfolge Chômeis, was die Behausung betrifft, nur die Vergänglichkeit selbst sowie Struktur und äußere Form zu sein. Folgerichtig ist das traditionelle japanische Haus ein Holzskelettbau. Er kann einfach und schnell neu errichtet werden. Seine einzelnen Bauelemente – sie halten je nach Klimazone 20 bis 30 Jahre – können innerhalb der vorgegebenen Skelettstruktur regelmäßig, entweder einzeln oder komplett, durch Elemente gleicher Gestalt ersetzt werden, wenn die wiederkehrenden Naturkatastrophen oder der Zahn der Zeit dies erfordern.

Lange blieben die Vorschläge der Metabolisten Vision und Projekt. Doch mit dem wirtschaftlichen Aufschwung Japans in den 60er Jahren gewann auch hier der westliche Glaube an die technische Machbarkeit auch ungewöhnlicher Konzepte zunehmend an Faszination. 1969 gelang es Kisho Kurokawa, mit dem Nakagin Capsule Tower an der Ginza in Tokio das Manifest des Metabolismus erstmals baulich umzusetzen.

144 Kapseln aus Stahlblech, mit Asbest bespritzt und betongrau gestrichen, wurden in einer Fabrik für Schiffscontainer vorgefertigt, mit Kränen auf die Baustelle gefahren und mit jeweils vier Hochspannungsschrauben an zwei tragenden Stahlmasten, die teilweise mit Beton umhüllt sind, befestigt. In der Stahlrahmenkonstruktion liegen die Versorgungsleitungen. Die Kapseln sind demontierbar und können an einem anderen Ort neu montiert werden.

Jede Kapsel bildet ein Appartement für eine Person. Sie ist 4,00 Meter auf 2,50 Meter groß und verfügt über Küche, Bad, Sitzecke, Bett, Rechner, Fernseher, Digitalwecker, Tonbandgerät und Telefon – alles fest eingebaut. Mehrere Kapseln können zu einer Familienwohnung zusammengefügt werden. Die Kapseln bieten ein Maximum an Technik und Komfort bei einem Minimum an Raum. Wie im Cockpit der Flugzeuge kann die gesamte Technik von einem Platz – hier dem Bett – aus bedient werden. Die Kapseln, deren Ausbau ebenfalls in der Fabrik erfolgte, wurden zum Preis eines Mittelklassewagens angeboten und waren innerhalb eines Monats alle verkauft. Der Innenausbau galt als ultrachic und ausgelegt für das kommende Jahrtausend.

Für das zukünftige Wohnen, prognostizierte Kurokawa, wird besonders der Japaner geeignet sein, da er immer noch die Gene der reitenden Naturvölker in sich trägt und gewohnt ist, auf engstem Raum zusammenzuleben. Denn der Mensch des kommenden Jahrtausends wird ein nomadisches Leben führen und temporäre, vom Wohnort unabhängige Gemeinschaften unter Verwandten, Kollegen und Freunden je nach Anlaß und Motivation pflegen und nicht viel Platz brauchen.

Die Gebäude, die der neue Nomade bewohnen wird, werden dann wie die Wohnkapseln des Nagakin Kapselturms nicht mehr sein als Raststätten auf seinem Weg durch das globale Bewegungsnetz. «Eine Kapsel», schrieb Kurokawa in Artikel 2 seiner *Kapselerklärung*, «ist eine Wohnung für den *homo movens*. Menschen werden allmählich ihren Wunsch nach Besitz verlieren und werden Gelegenheit und Mittel der freien Bewegung höher einschätzen. Die Kapsel bedeutet die Emanzipation eines Baus vom Land und signalisiert den Beginn eines Zeitalters beweglicher Architektur.»[61]

Der *homo movens* wird sich innerhalb von Strukturen bewegen, deren Teile beliebig addiert, übereinander geschichtet und jederzeit ausgetauscht werden können. Innerhalb dieser Strukturen «nomadisiert» er, indem er sich in ihnen kurzzeitig einrichtet, kommuniziert und sie dann nach Belieben verläßt oder mit sich nimmt. Diese Strukturen sind für Kurokawa den Oasen des Hirtennomaden vergleichbar. Auch er kehrt in ihnen ein, tauscht Informationen und Güter aus und zieht seiner Wege. Die Oasen des neuen Nomaden sah Kurokawa in seinen Kapseln verwirklicht.

Nakagin Capsule Tower, Tokio

Als der englische Architekturhistoriker Charles Jencks dem
Architekten gestand, für ihn sähen die weißen Kapseln aus wie
gestapelte Zuckerwürfel oder Waschmaschinen, war Kurokawa
erstaunt. «Es sind keine Waschmaschinen», erklärte er ihm, «es
sind Vogelkäfige. In Japan bauen wir Vogelkäfige aus Beton mit
runden Löchern und setzen sie in die Bäume. Ich habe diese
Vogelnester für reisende Geschäftsleute gebaut, die Tokio besuchen, für Junggesellen, die immer wieder mit ihren Vögelchen
hereinfliegen.»[62]

Vielleicht bewohnten wirklich nomadisierende Geschäftsleute
und ihre Vögelchen den Nagakin Kapselturm, und vielleicht war er
damit ein beispielhaftes Gehäuse für den kommenden Wohn- und
Lebensstil, doch ein Beispiel für das metabolische Prinzip der Er-

setzbarkeit wurde er nicht. Keine einzige Kapsel wurde jemals von der Stelle bewegt, verändert oder ausgetauscht, und nur der Rost bewirkte eine wenn auch unfreiwillige Art von Metamorphose.

Im September 2005 allerdings schien, nachdem Kurokawa selbst fünf Jahre früher vorgeschlagen hatte, die sanierungsbedürftigen Kapseln durch neue zu ersetzen, eine Veränderung bevorzustehen. Die Presse meldete, die Bewohner des Kapselturms hätten eine Bürgerinitiative gegründet, nicht wie üblich gegen, sondern für den Abriß des Gebäudes. Sie hätten sich über undichte Wasserrohre, Rost und Asbestbelastung beschwert und einen Neubau an gleicher Stelle, doch in anderem Stil gefordert. Zwar versuchte die Organisation *Docomomo* das Gebäude durch die UNESCO unter Schutz stellen zu lassen, doch der Versuch blieb erfolglos, und die japanische Regierung lehnte ebenfalls den Denkmalschutz für den Kapselturm ab.

1970 baute Kurokawa für die Expo in Osaka, die erste Weltausstellung auf asiatischem Boden, das Takara Beautilion, ein Stahlskelett mit eingehängten Stahlkapseln, die 2,20 Meter breit, 6,00 Meter lang und 2,20 Meter hoch waren. Im gleichen Jahr entwickelte er den *Moving Core*, einen Anhänger, der an einen Jeep angehängt werden konnte und die Kernfunktionen des Wohnens enthielt: WC, Dusche, Kühlschrank, Gastank, Wassererhitzer und Generator.

1979 schließlich baute Kurokawa in Osaka das Hotel Kotobuki, dessen Gäste in schubladenartig die Hotelflure säumenden, in zwei Etagen übereinander liegenden Schlafboxen, sogenannten Schneewittchen-Särgen, untergebracht wurden. Die Boxen, mit eingebautem Telefon und Fernseher ausgestattet, waren drei Quadratmeter groß und so niedrig, daß man nicht aufrecht darin stehen konnte. Der französische Architekt und Philosoph Paul Virilio verglich diese Boxen mit den Schrankbetten der Bretonen, da auch in ihnen die «Einbüchsung der Nacht» stattfinde und der Raum sich wieder der Bettwäsche angleiche. Bei diesem Hotel habe, wie auch bei anderen, neueren, offensichtlich das Kofferregal als Modell gedient. «Die menschliche Aufbewahrung eines Reisenden unterscheidet sich nicht mehr so sehr von der für sein mitgebrachtes Gepäck.»[63]

Mit diesen Schlafboxen gelangte Kisho Kurokawa konsequent zur baulich kleinstmöglichen Zelle, und nur dem Schriftsteller Kobo Abe sollte es gelingen, eine noch kleinere Einheit zumindest literarisch zu entwerfen. In seinem Roman *Der Schachtelmann* von 1973 beschließt ein Mann, alles, was er hat, Beruf, Wohnung und Kreditkarte, aufzugeben, um von nun an in einer Schachtel zu leben. Er stülpt sich einen Pappkarton, in dem Kühlschränke verpackt werden, über den Kopf und schneidet einen Sehschlitz in die Seite, durch den er von nun an die Welt betrachtet.

Für seine Mitmenschen wird der Schachtelmann zu einem Gegenstand, der wie so viele in der anonymen, labyrinthischen Stadtlandschaft herumsteht. Er trägt keinen Namen, und er braucht auch keinen, da er als Chiffre für die moderne Existenzweise, für die Entfremdung, Einsamkeit und Unbehaustheit des Großstadtnomaden steht. Er unterhält keine sozialen Bindungen mehr, und er benötigt sie auch nicht. Sein Interesse an der Welt beschränkt sich auf eine Art voyeuristischer Anteilnahme, die ihm der Sehschlitz seiner Schachtel, ihn selbst vor den Blicken der anderen schützend, gestattet.

«Die Menschen haben das Recht, so zu leben, wie es ihnen paßt.»
*Paul Feyerabend, Erkenntnis für freie Menschen*

## Bunte Bauten, wilde Gärten – Das Mémé bei Brüssel
Lucien Kroll │ 1968–72

1968 protestierten nicht nur die Studenten gegen das staatliche Establishment, sondern auch die Bewohner gegen das reglementierte Dasein in den Blocks des Sozialen Wohnungsbaus. Nicht alle, aber doch einige, zum Beispiel die Bewohner von Perseigne, einem Wohnquartier der Stadt Alençon, das von 1958 bis 1969 als Großsiedlung für einkommensschwache Schichten in Fertigbauweise errichtet worden war. Sie verprügelten einen Aufseher, der ihnen das Betreten des Rasens verboten hatte, das Verbot wurde aufgehoben und ein Planungsberater gerufen – allerdings erst 1978.

Dieser Berater war der belgische Architekt Lucien Kroll, und das paßte ganz gut, denn auch Kroll protestierte: gegen vorgegebene Formen, reglementierende Ordnung, gegen das Orthogonale der militärischen Zivilisation, gegen «Söldner-Planer», gegen Fließbänder und Großraumbüros und ganz allgemein gegen das abendländische Rationalitätsprinzip. Würde man, polemisierte Kroll, durch die militarisierten Wohngebäude eine Riesenstricknadel von oben her senkrecht durchstoßen, würde man zu bestimmten Zeiten sämtliche Familienmütter, die gerade Essen machen, aufspießen.

Ende der 6oer Jahre empfanden zumindest fortschrittliche Kreise die Wirkung gleichgestalteter Großsiedlungen mehr und mehr als repressiv, und Theodor W. Adorno offenbarte bereits 1965 bei einem Vortrag vor dem Deutschen Werkbund das Unbehagen, das ihn beim sogenannten Wiederaufbaustil befiel und für das er auch die Architekten verantwortlich machte. Etwa zur gleichen Zeit war wie eine weitere Drohung über deren Haupt das Buch *Architecture without Architects* erschienen und eine Ausstellung unter gleichem Titel im Museum of Modern Art in New York gezeigt worden. Eine Entwicklung, die nicht wenige Architekten aufschreckte und zur Solidarität mit den aufmüpfig gewordenen Nutzern bewog.

Zu ihnen gehörte auch Lucien Kroll, der die autoritäre Herrschaft der Architekturexperten, die zu einer Reglementierung der Baupraxis geführt habe, kritisierte und für eine «Entmilitarisierung des Bauens» plädierte. Er träumte von der Rückkehr der Sioux in die mechanisierten Städte und sprach vom Vorbild des Aufstands der noch naturbelassenen Kelten gegen die kulturell bereits deformierten Römer.[64] Kroll glaubte, daß es archaische Zusammenhänge und Muster gebe, die im kollektiven Gedächtnis gespeichert seien und nur wieder entdeckt werden müßten. Er verstand sich als eine Art Ethnologe – vielleicht eine Nachwirkung seiner Tätigkeit für die belgischen Benediktiner in Ruanda –, der es unternahm, diese archaischen Muster zu erforschen und für die Architektur nutzbar zu machen.

Kroll wollte kein allwissender Planer sein, sondern ein Interpret der Nutzerwünsche, und zusammen mit den Betroffenen planen. Er wollte die bislang zu Unrecht für unwissend gehaltenen Bewohner zu Rate ziehen und an ihrem «geheimen» Wissen partizipieren. Seine Maxime war: «Man darf nicht eine Stadt herstellen, man muß sie sich bilden lassen.» Der Architekt soll diesen Prozeß nur unterstützend begleiten.

1968 bekam Lucien Kroll auf Betreiben der Studenten den Auftrag für einen Gebäudekomplex der medizinischen Fakultät der Universität Löwen in Woluwé-Saint-Lambert. Die Anlage sollte ein Klinikum, medizinische Einrichtungen und Wohnungen für Angestellte und Studenten umfassen, ergänzt durch Restaurants, Geschäfte, Kino, Theaterwerkstatt, Pfarrzentrum mit Kapelle, Schule mit Kindergarten, diverse Sportanlagen sowie einen Metro-Bahnhof. Auf einem Gelände von vier Hektar waren mehr als 40000 Quadratmeter Nutzfläche zu bebauen.

Nach Erteilung des Auftrags setzte sich Kroll mit Mitarbeitern und interessierten Studenten zusammen, um gemeinschaftlich das Bauprogramm zu erarbeiten. Kroll berichtete: «Jahrelang haben wir mit den Studenten diskutiert, zufällig oder in organisierter Form, manchmal kamen einige, manchmal niemand (…) oder einige Hunderte, die uns in freundschaftlichen oder flüchtigen Beziehungen verbunden waren. Sie sagten uns Sachen, die manchmal sehr vage und manchmal sehr präzis waren, und sie sagten nicht nur, was sie nicht wollten.»

Der Entwurf selbst wurde von Kroll und seinen 13 Mitarbeitern sozusagen gruppendynamisch erarbeitet. Kroll bildete als Gruppentherapeut kleine Untergruppen, die sich mit den einzelnen Programmpunkten beschäftigten, und setzte sie, um eine Spezialisierung zu vermeiden, immer wieder neu zusammen. «Ich übertrug jedem Mitglied meines Teams eine kreative Rolle zur Simulation: Verwaltung, Restaurant, die verschiedenen Wohnbauten, Kultur, Geschäfte und so weiter. Dann sah ich topografische und vertikale Unterteilungen vor, um Spezialisierung und Homogenität zu vermeiden.»[65]

Geplant wurde das *Mémé* auf der Grundlage der SAR-Methode. SAR nannte sich eine niederländische Forschungsgruppe, die seit 1964 Beteiligungsmodelle für Architekturprojekte entwickelte. Die Nutzer sollten am Planungs- und Herstellungsprozeß teilnehmen, damit die Wohnumwelt wieder vielfältiger, differenzierter und damit schöner würde. Hierzu sollte von den Architekten nur die Raumstruktur geplant werden, von den Nutzern dagegen die davon losgelöste Ausbaustruktur. Die Raumstruktur waren das Tragwerk, die Erschließung und die Ver- und Entsorgungsleitungen; die Ausbaustruktur legte die Wohnungsgrundrisse und die Materialien fest. Der Ausbau konnte im Eigenbau oder durch Handwerker erfolgen, wobei langfristig eine industrielle Vorfertigung auf der Grundlage einer modularen Rasterbildung, basierend auf kleinen Einheiten, angestrebt wurde.

Gemäß der SAR-Methode legten Kroll und seine Mitarbeiter lediglich die Kernzonen fest, in der die gemeinschaftlichen Sanitärräume und Küchen lagen, und die Tragstruktur, die aus unregelmäßig verteilten Innenstützen und Fassadenpfeilern bestand. Die Unregelmäßigkeit der Stützenstellung war beabsichtigt und

Studentenwohnheim der Medizinischen Fakultät der Universität Löwen,
Westfassade

sollte auf die Phantasie der Studenten belebend wirken. Die
Stützen sollten promenieren, nicht marschieren. Da ein Gebäude
die Bewohner präge, würden regelmäßig angeordnete Stützen, davon war Kroll überzeugt, Konformisten bilden.

Flexibel, also der Wahl der Studenten freigestellt, blieben die
Raumaufteilung und die Fassadengestaltung, für die eine Vielzahl
von Komponenten – Holz, Aluminium, Kunststoffelemente,
Holzpaneele – wahlweise zur Verfügung stand. Einige Studenten
nutzten diese Freiheit und bauten sich Maisonetten, Wohngrup-
peninseln oder Zimmer, die mit einer Grundfläche von 2,50 auf
2,75 Meter über drei Etagen reichten. Andere entschieden sich für
konventionelle Einzelzimmer mit eigener Naßzelle und hatten
mit Partizipation nichts am Hut.

Für sie wurde ein Teil des Gebäudes in normaler Schotten-
bauweise ausgeführt, dessen gläserne Rasterfassade die Rationali-

tät der inneren Organisation zum Ausdruck brachte. Er wurde diskriminierend *fachistes* genannt, denn Freiheit und Selbstbestimmung waren nicht nur möglich, sondern auch dringend erwünscht. Wer der Aufforderung zu spontaner Kreativität nicht nachkam, wurde mit einer Fassade für uniformierte Rastermenschen bedacht, denen das Ziel partizipatorischen Bauens offensichtlich fremd blieb: Befreiung von konventionellen Ordnungsmustern und Erziehung zu eigener Kreativität und selbstbewußter Mitsprache bei der Gestaltung der Umwelt.

Die schon befreiten und kreativen Studenten dagegen bekamen, was sie wollten: eine antiautoritäre Architektur. Die Bauten haben keinen Haupteingang, nur mehrere unauffällige Nebeneingänge. Eine Stahltreppe führt etwas unvermutet über ein Glasdach zur Mensa. Die in mehrere Blöcke gegliederten Bauten sind nicht geometrisch angeordnet, sondern bilden, so Kroll, ein «topografisch» geformtes Baumassiv. «Die gezackten Volumen sollen an eine Ansammlung erodierter Felsen erinnern, an Ruinen, die von der Vegetation zurückerobert wurden, fast an eine Naturbildung, die sich ständig und kaum wahrnehmbar weiterentwickelt.»[66] Die Oberflächen der Fassaden sind ein Nebeneinander heterogener Elemente. Vor- und Rücksprünge, balkonartige Gänge, die aus der Fassade hervortreten, gegeneinander versetzte Terrassen, durch luftige Treppen miteinander verbunden, und Material- und Farbwechsel verstärken den plastischen Eindruck. Die Fassaden des wild aufgetürmten Baumassivs mit den gespaltenen Satteldächern sehen aus, als sei ein Sturm über sie hinweggefegt und habe ein Wrack zurückgelassen.

Nutzerbeteiligung und gruppendynamischer Arbeitsprozeß führten innerhalb der vorgegebenen Gesamtstruktur zu sichtbar individuell gestalteten Mikromilieus. Und doch lassen die Bauten erstaunlicherweise sofort die Handschrift des Architekten erkennen. Unregelmäßige Rautenmuster der schindelverkleideten Fassaden, eine gewisse Ästhetik der Armut bei der Materialwahl und abbrechende Verkleidungen – egal ob Kroll mit Dominikanerinnen, Studenten oder Bewohnern des Sozialen Wohnungsbaus plante, er blieb seinem formalen Repertoire auffallend treu.

Mit der Planung des Außenbereichs betraute Kroll, der dem

Grün für die Bewohnbarkeit der Siedlung eine zentrale Bedeutung beimaß, den holländischen Gartenarchitekten und Ökologen Louis Le Roy, da dessen wilde Gartengestaltung seiner eigenen antiautoritären Architektur entsprach. «Nur wenn Pflanzen wild über Boden, Wände, Balkone, Fenster und Dächer wuchern, ist Auflockerung zu erhoffen. Vegetation mildert Kanten und zu harte Flächen, verhüllt ein Gebäude gegenüber einem anderen und vergrößert Räume und Entfernungen.»[67]

Le Roy, der sich als Ökotekt und Aufbauhelfer für ökologische Systeme verstand, arbeitete mit dem Material, das er vorfand, beispielsweise mit Feldsteinen und Bauschutt. Aus ihnen schichtete er Stapelmauern, um durch kleinklimatische Differenzierung Artenvielfalt zu fördern, und schuf, was den Unwillen aller ordnungsliebenden Zeitgenossen erregte: Schutt- und Unkrautgärten. Seine Philosophie war: «Wachsen lassen, was wächst, und menschliche Eingriffe auf das Nötigste beschränken» – kein Umgraben, kein Mähen, kein unnötiges Beschneiden. Diese «Philosophie des Nichtstuns» basierte auf der Erkenntnis, daß das Eingreifen des Menschen den Ablauf natürlicher Prozesse nur behindert und stört.

Le Roy arbeitete ohne offiziellen Auftrag – die Universitätsverwaltung lehnte seine Mitarbeit strikt ab – mit Kroll zusammen, da er das Experiment für wichtig hielt. «Den Menschen», schrieb Le Roy in *Natur einschalten – Natur ausschalten*, «die keinerlei Bedürfnis nach ‹Ordnung› und außerdem keine Angst haben, mit der Unübersichtlichkeit konfrontiert zu werden, müßte die Gelegenheit geboten werden, selbst aktiv ihr Lebensmilieu gestalten zu können. So könnte die Wohnumgebung wieder auf der Basis von Wachstumsprozessen entstehen.»[68]

Lucien Kroll und Louis Le Roy ließen für die Außenanlagen Mauerwerkstrümmer von einer Abrißbaustelle ankippen. Dieser Schutt bildete den Untergrund, auf den sie mit Studenten 1000 Bäume und alles, was sie sonst noch irgendwo finden konnten, pflanzten. Sie luden Bauunternehmer zum Frühstück ein und baten sie, als Gegenleistung möglichst viel Schutt mitzubringen. So entstanden Treppen, Stützen, Mauern und Wege.

Für Kroll haben die Produkte von Architekten etwas mit

Gewalt zu tun, da diese als selbsternannte «Meisterarchitekten» Entscheidungen über die Köpfe der Betroffenen hinweg treffen, statt sie im Zusammenspiel aller am Bau Beteiligten gemeinsam zu suchen. Er trifft sich hier mit Friedensreich Hundertwasser, der bereits 1958 in seinem *Verschimmelungs-Manifest gegen den Rationalismus in der Architektur* konstatierte: «Nur wenn Architekt, Maurer und Bewohner eine Einheit sind (...), kann man von Architektur sprechen. Alles andere ist keine Architektur, sondern eine verbrecherische gestaltgewordene Tat.»[69]

Kroll forderte die Kooperation aller am Bau Beteiligter, da nur sie zu einem demokratischeren Bauprozeß und einer besseren Architektur führen könne. So mußten sich auch die Bauarbeiter dem gemeinsamen Schaffensprozeß stellen und sichtbare Spuren ihrer Handwerksarbeit hinterlassen. In einigen öffentlichen Bereichen finden sich unübersehbare Beispiele ihrer Improvisationskunst. An einem zentral gelegenen Platz steigt der Bodenbelag in freier Modellierung am Gebäude hoch. Die Wand daneben gleicht einer burgartigen Märchenkulisse, mit Zinnen gekrönt, und an anderen Stellen findet man Betonreliefs. An einem Treppenaufgang stehen zwei aus Stein gemauerte, sechs Meter hohe Figuren, eine männliche und eine weibliche, die ebenfalls nach den Skizzen der Handwerker entstanden sind.

Einer der theoretischen Überväter der Nutzerbeteiligung war der Philosoph Paul Feyerabend. In seinem 1976 erschienenen Buch *Wider den Methodenzwang. Skizze einer anarchistischen Erkenntnistheorie* setzte er dem herrschenden Rationalismus einen Methodenpluralismus entgegen: Alle möglichen Denkmuster sind zugelassen und können miteinander konfrontiert werden. Deshalb müssen Alternativen gestattet und das Arbeiten mit Ad-hoc-Hypothesen möglich sein.

In seinem Buch *Erkenntnis für freie Menschen* schrieb Feyerabend 1980: «Kluge Menschen halten sich nicht an Maßstäbe, Regeln, Methoden, auch nicht an ‹rationale› Methoden, sie sind Opportunisten, das heißt, sie verwenden jene geistigen und materiellen Hilfsmittel, die in einer bestimmten Situation am ehesten zum Ziele zu führen scheinen.»[70] Diese klugen Menschen hätten auch das Recht, die «rationalen» Vorschläge der Institutionen, die ihr Leben zu bestimmen suchen, beispielsweise der Wissenschaften, zu bewerten, zu kontrollieren und, wenn nötig, zu korrigieren. Hierzu würden sie die Maßstäbe der Tradition, der sie angehören, anwenden, die somit nie rational und nie allgemeingültig seien, sondern immer nur relativ, da viele Traditionen gleichberechtigt nebeneinander stünden.

Nur eine Gesellschaft, die auf dem Relativismus der Traditionen beruhe, so Feyerabend, sei eine demokratische und freie Gesellschaft. Allerdings könne der Relativismus nicht von oben, sondern müsse von unten eingeführt werden. Daher seien «rationale» Erkenntnisse sogenannter Experten lediglich Produkte, die zum Verkauf angeboten, von den Bürgern gekauft oder eben nicht gekauft würden. «Nicht intellektuelle Pläne zählen, sondern die Wünsche, die Klagen, die Mittel, das Temperament jener Menschen, die eine Veränderung anstreben.»[71]

Aus der Vielzahl der ihm bekannten Traditionen könne der Bürger, so Feyerabend, seine eigene Tradition verlassend oder modifizierend, letztlich die für ihn beste Tradition wählen. Somit gälten nicht die vermeintlich allein verläßlichen Regeln der Vernunft, sondern das «Anything goes» pluralistischer, gleichberechtigt nebeneinanderstehender Traditionen. Nicht die rational operierenden Fachleute hätten das Recht, die Probleme zu lösen und die Lösungen zu beurteilen, sondern allein die von den Problemen betroffenen Menschen. Dem Fachmann selbst bleibe nur die Teilnahme an einer Bürgerinitiative oder der Versuch, die Menschen zu unterhalten und aufzuheitern.

Ad-hoc-Planung und Nutzerbeteiligung waren somit nicht nur eine planerische, sondern, da ein Mitspracherecht der Bürger gefordert wurde, auch eine politische Botschaft, und diese wurde von den zuständigen Behörden der Universität nicht gut aufgenommen. Verhielten sie sich zu Beginn, um die Studenten zufriedenzustellen, noch scheinbar kooperativ, versuchten sie später mehr und mehr, ihre eigenen, konventionellen Vorstellungen vom Planen und Bauen durchzusetzen. Doch die Studenten unterstützten Kroll und seine Mitarbeiter in diesen Konflikten. Sie «diskutierten mit den Behörden», so Kroll, «und organisierten öffentliche Demonstrationen, um das Gegenprojekt der Universität zu verhindern. Ihnen ist zu verdanken, daß eine Einigung zustande kam.»[72]

Das Studentendorf wurde, zumindest in der Fachwelt, ein gefeiertes architektonisches Experiment. Heerscharen von Architekten pilgerten in das bislang völlig unbekannte Woluwé-Saint-Lambert bei Brüssel und ließen sich von den, wie die *Bauwelt* schrieb, «Perspektiven einer realisierten Utopie» faszinieren.[73] Dabei hatte die bürgerliche Sauberkultur das Projekt längst eingeholt, und das Experiment wurde rüde beendet. Die Angst vor studentischer Autonomie und zügelloser Unkrautvermehrung führte zur Reaktion der Verwaltung. 1977 entließ sie Kroll und seine Mitarbeiter und beauftragte einen ordentlichen Professor, den Freiraum neu zu planen. Die Studenten protestierten zwar wieder, wendeten sich an den Bürgermeister und organisierten Aktionswochen, doch im Mai 1978 wurden die Gärten unter Polizeischutz geplant und die bewährte Ordnung wiederhergestellt.

«Bunte Bauten und wilde Gärten sind eben wie Bärte und lange Haare», berichtete Lucien Kroll dem *Spiegel*, «Unkraut.» Sein Résümee: «Wir wurden rasiert.»[74] Fachwelt und alternative Zeitgenossen kritisierten diese Maßnahmen heftig, doch ohne Erfolg. Und die *Bauwelt* zog die bittere Lehre aus dem statuierten Exempel: «Die Bauten von Kroll sind ein Monument gegen die Bürokratie. Nun erreichen die Bürokraten in ihren großen Autos die Anlage von allen Seiten auf breit gepflasterten Wegen. Das ist der erste Schritt zur Überführung einer sozialen Architektur in eine Sehenswürdigkeit, die man in geordneten Gruppen und unter Anleitung besichtigt. Die Angst vor der eigenen Courage hat ihre Form gefunden.»[75]

## Ein Monument des Erinnerns – Die Staatsgalerie in Stuttgart

James Stirling | 1977–84

James Stirling (1926–1992) hatte in den 50er Jahren für Arbeiter
nüchterne Reihenhäuser aus Backstein gebaut und war Anfang
der 60er Jahre international berühmt geworden für seine kühlen
Institutsbauten aus Stahl und Glas in Leicester und Cambridge.
Er galt schon früh als einer der führenden Architekten des Internationalen Stils, und im Vorwort zu seiner ersten deutschen Werk-
monographie stand: «Stirlings Architektur ist expressiv, aber nicht
expressionistisch, denn sowohl Ästhetizismus als auch litera-
rischer oder historischer Symbolismus sind seiner Vorstellungs-
welt fremd.»[76]

Nur neun Jahre später, im Jahr 1977, gewann Stirling zur großen
Überraschung vieler Kollegen den Wettbewerb für die Erweite-
rung der Staatsgalerie in Stuttgart mit einem, wie einer seiner
Kritiker es nannte, «neoklassizistischen Monumentalbau mit
imperialistischem Gehabe». Es war ein aufsehenerregender Entwurf, den das Preisgericht aus elf Arbeiten einstimmig zum Sieger
gekürt hatte, und einer, der die Gemüter, vor allem der Architekten, bewegte und erregte.

Während einige recht locker für den bekannt trockenen englischen Humor plädierten, der sich ausgerechnet in Stuttgart breit
machen wolle, hantierten andere verkniffen mit dem Totschlagter-
minus faschistisch, und ein deutscher Architekturprofessor nannte
in Anspielung auf den bekannten Nazi-Theoretiker Schulze-Naum-
burg den Engländer kurzerhand Schulze-Stirling. Viele Architekten fragten sich, und zwar öffentlich, ob wohl in Deutschland,
wo monumentale Machtgebärden noch in frischer Erinnerung seien,
ein solcher Bau möglich sein dürfe. Oder sie stellten wie Frei Otto
in der *Stuttgarter Zeitung* lapidar und warnend fest: «Die Baukunst
der Moderne ist tot. Das Monument ist wieder da.»[77]

Offensichtlich war 50 Jahre nach der Weißenhofsiedlung in Stuttgart wieder einmal etwas Unerhörtes passiert, eine historische Wende, ein Tabubruch, ein Ärgernis – ein Ereignis jedenfalls, das zu Kontroversen herausforderte. «Die gemütlichen Schwaben», schrieb der Architekturkritiker Friedrich Achleitner, «sind offensichtlich ein kriegerischer Stamm, wenn es um architektonische Grundsätze geht.»[78]

Doch während die Kritik an der Weißenhofsiedlung aus dem Publikum kam und dem Neuen Bauen galt, kam die Kritik an Stirlings Entwurf von den Architekten und galt einem Bauen, das sich betont vom Neuen Bauen abwandte. Die Kontroverse war eine Art Glaubensstreit innerhalb der Zunft, wobei dem Abtrünnigen Stirling sein Abfall von der offiziellen Lehre des Neuen Bauens umso übler genommen wurde, je mehr er vorher als einer ihrer wichtigsten Verkünder gelobt worden war.

Der Chefredakteur der *Bauwelt* beispielsweise beschrieb die Geistesverfassung Stirlings als die «eines insgeheim Verzweifelten oder Gelangweilten» und warf ihm vor, munteren, aber faden Scherz zu treiben. «Wer wird es nicht spaßig finden, daß der ‹Zufall› etliche sorgfältig bearbeitete Steinquader aus der Basismauer gestoßen und davor aufs ansehnlichste arrangiert hat; und dies, oh Wunder, gleich zweimal und absolut symmetrisch und kongruent? Natürlich zeigt sich da jedermann erst einmal amüsiert. Frech, nicht? Aber dann drängt sich einem eben doch jene Absicht auf, welche verstimmt. Und so ist es auch mit den vielen anderen Schein-Zitaten, die dem schwer an sich selbst tragenden Bau mit Munterkeit auf die Sprünge helfen sollen.»[79]

Ein deutscher Architekturprofessor fragte sich, ebenfalls in der *Bauwelt*, ob denn alles, was die Architekten einschließlich Stirling in den letzten Jahrzehnten erarbeitet hätten, nunmehr «Kappes» sei. Und er fragte sich weiter, wie es wohl mit dem geistigen Fundus eines Architekten aussehe, der den jeweils aktuellen, völlig widersprüchlichen Strömungen einer Glasarchitektur, einer brutalistischen Architektur und nun einer eklektizistischen Architektur nachgebe und damit die Architektur zu einem äußerlichen Formenspiel deklassiere.[80]

«Mein Gott, es ist Metro-Goldwyn-Mayer» – soll der englische Architekt Peter Cook ausgerufen haben, als er das Werk von Big Jim, wie Stirling kraft seiner Kompetenz und Körperfülle genannt wurde, vor der Eröffnung besichtigte. Und mit seiner Anspielung auf den berühmten amerikanischen Filmkonzern und seine opulent ausgestatteten Hollywoodproduktionen mag er vielen Kollegen aus der Seele gesprochen haben. Doch dem Publikum gefiel Stirlings Entwurf von Anfang an, und nicht wenige fanden ihn wohl umso besser, je mehr er von all dem, was sie als triste Gegenwartsarchitektur empfanden, abwich. Die Entscheidung der Jury verkündete in den Augen des Publikums den Triumph eines neuen Stils und schien das Ende der Epoche von Stahl, Glas und Funktionalismus, die bislang das Baugeschehen beherrscht hatten, einzuläuten.

Selbst der *Spiegel*, der sich sonst wenig in Architekturdebatten einmischte, berichtete. Der bundesweit Wellen schlagende Streit um die Neue Staatsgalerie in Stuttgart habe sich an der Frage festgemacht: Kunst- oder Machwerk. Dies sei die erste «Machtprobe zwischen ermatteter Moderne und erstarktem Eklektizismus», eine Machtprobe, die Stirling mit seinem eklektizistischen Bau jedenfalls gewonnen habe.[81] Die *Stuttgarter Zeitung* begrüßte den Entwurf als eine gelungene Provokation «angesichts einer etablierten modernistischen Baugesinnung, die mit Mies van der Rohe ihren Höhepunkt überschritten hat und mit unzähligen, sterilen Hochhausglaskästen, einer einfallslosen Zweckarchitektur in Beton, Stahl und Glas die reine Lehre kaum noch überzeugend verteidigt.»[82]

Je zustimmender das Publikum sich verhielt, desto ablehnender gebärdeten sich die Architekten, und es wurde offensichtlich, daß es um mehr ging, als nur um den Bau eines Museums. «Die neue Staatsgalerie und das Kammertheater», schrieb Vittorio Magnago Lampugnani in *Die Zeit*, «werden nicht, wie zu erwarten gewesen wäre, von einem der prominentesten ortsansässigen Baumeister errichtet, sondern von einem Fremden. In einer Stadt mit großer Bautradition ist schon dies keine geringe Schmach, doch damit nicht genug: Das neue Museumsgebäude wird die gängigen Leitbilder der Architektur gründlich degradieren und etwas völlig Neues darstellen.»[83]

Mit Stuttgarts prominentestem Baumeister war wohl Günter Behnisch gemeint, der in Arbeitsgemeinschaft mit seinen Stuttgarter Kollegen Hans Kammerer und Walter Belz ebenfalls am Wettbewerb teilgenommen und mit einem transparenten, filigranen und flexiblen Quader aus Glas und Stahl den dritten Preis bekommen hatte. Acht Wochen nach der Juryentscheidung stieg Behnisch während einer öffentlichen Podiumsdiskussion gegen Stirling in den Ring, um ein für allemal die Frage zu entscheiden, wie die Baukunst unserer Zeit auszusehen hat: schwer oder leicht, ernst oder heiter, pathetisch oder zurückhaltend, emotional oder sachlich, monumental oder informell, typisch oder individuell.

Behnisch griff Stirling nicht fachlich, sondern moralisch an, als hätte dieser mit seinem Entwurf gegen die freiheitlich demokratische Grundordnung verstoßen. Er konstatierte, daß ein Museum ein technisches Gerät zu sein habe, leicht, offen, human und demokratisch, nie jedoch eine hohle Kulisse sein dürfe, unehrlich, manipulierend, totalitär und faschistisch. Stirlings Architektur sei eine taube Nuß: außen solide, innen leer. Sie opfere die Kunstwerke dem Gebäude und übe physischen und visuellen Terror aus. Sie erinnere an die Architektur der Staufer – Stuttgart hatte gerade sein Stauferjahr gefeiert – und das Tannenbergdenkmal.

Behnisch schrieb im Dezember 1977 in einem Leserbrief in der *Frankfurter Allgemeinen Zeitung*, etwas gedämpfter in der Wortwahl, aber nach wie vor unerbittlich, Stirling mißbrauche seine Macht als Architekt und liefere die Architektur den Mächtigen aus. Er bedauerte, «daß Stirling, der ja eine unserer markantesten Architekturpersönlichkeiten war, offensichtlich den Boden unter den Füßen verloren hat und (...) daß unser Ländle Baden-Württemberg anfällig ist für solche Art von Architektur. Schließlich hat Baden-Württemberg eine lange demokratische und liberale Tradition.»[84] Mit diesem Bau, so liest man erstaunt, scheint nicht nur Stirling seinen Status als markante Architekturpersönlichkeit, sondern auch Baden-Württemberg seinen demokratisch-liberalen Vorzeigestatus ein für allemal verloren zu haben.

Stirling konterte, er sei der langweiligen, sinn- und gesichtslosen Gegenwartsarchitektur überdrüssig. Ein Museum müsse in erster Linie ein Kunstwerk sein und dürfe als öffentliches

Gebäude durchaus ein Zeichen setzen, denn eine Stadt brauche Monumente. Alles andere sei Container-Architektur, steril, monoton und gesichtslos. Für ihn habe Monumentalität allerdings nichts mit Größe oder Stil zu tun, sondern mit Präsenz und Eindruckskraft.

«Ich hoffe», so Stirling, «daß das Gebäude die Assoziation ‹Museum› hervorrufen wird, und ich wünschte mir, daß der Besucher fühlt, ‹es sieht aus wie ein Museum›. Als Vorläufer finde ich die Beispiele des 19. Jahrhunderts evokativer als die des 20. Jahrhunderts.»[85] Sein Entwurf dokumentiere letztlich, gibt Stirling unumwunden zu, den Verlust an Zuversicht in die Lösungen des Neuen Bauens. Denn das Neue Bauen habe den Menschen nur als rationales, nicht aber als emotionales Wesen begriffen und dessen über reine Zweckerfüllung hinausgehendes Bedürfnis nach Schönheit und Vertrautheit nicht erfüllt.

Die Kontroverse unter den Architekten wurde vom Publikum wenig beachtet. Zu sehr hielt man die Klagen gegen Stirlings Entwurf für das Wehgeschrei professioneller Klageweiber, die um ihren bislang unbestrittenen Einfluß und ihre zukünftigen Aufträge bangten. Der Wettbewerbsentwurf wurde, und zwar ohne große Abstriche, zügig realisiert.

So erhebt sich heute neben der Alten Staatsgalerie an einer vierspurigen und stark befahrenen Straße ein kompakter, die Höhenunterschiede des Grundstücks gestaffelt aufnehmender Neubau von 140 Metern Länge und 90 Metern Tiefe. Er besteht aus vier Teilen: dem auf die Höhe des Altbaus abgestimmten zweigeschossigen Museum, dem daneben liegenden Kammertheaterflügel, der konzertflügelartigen Musikhochschule und einem Verwaltungsbau.

Eine Treppe und eine Rampe führen von der unteren Straßenebene auf eine Fußgänger-Terrasse, auf der sich, durch drei Glasdächer hervorgehoben, der Haupteingang befindet. Von dieser Terrasse führt eine schräg liegende Rampe als öffentlicher Fußweg in eine offene Rotunde, die durch einen Portal-Ausgang vom Raum der Wechselausstellungen erschlossen wird und ihrerseits durch eine Treppenanlage mit den beiden höher liegenden Skulpturenterrassen verbunden ist. Die Rampe windet sich durch die

Rotunde halbkreisförmig empor, gibt den Blick auf die Skulpturen der Rotunde frei und erschließt als öffentlicher Fußweg die 13 Meter höher gelegene Parallelstraße.

Travertin als Fassadenbekleidung, hellgrüner Noppenboden, pink und blau lackierte Rohre als Handläufe der Rampen, rot und blau gestrichene Stahlprofile, ein gläserner Lift mit orangefarbenem Korb innerhalb eines hellblauen Metallgerüsts, ein in den Boden versunkenes dorisches Säulen-Tympanon in Kombination mit einer roten Drehtür, Rundbogenfenster, Pilzstützen aus Beton, die offensichtlich nicht tragen, eine nach oben offene Rotunde als entleerte Gebäudemitte und axial angeordnete Fenster des Bürotrakts – radikale Vielfalt an und in einem einzigen Bau, gemäß Stirlings Wahlspruch: «I like differences.»

Stirling liebt nicht nur Unterschiede, sondern auch Zitate und Anspielungen, und einiges erinnert an die Rotunde von Schinkel, den Portikus von Weinbrenner, die Rampen von Le Corbusier, die Aluminiumröhren und Entlüftungsköpfe des Centre Pompidou. Er verwendet disparate und heterogene, klassizistische und moderne Elemente quasi als *objets trouvés* in freier Kombination, verfremdet sie durch Kontraste und lockert das Ganze durch Farben auf. Vergleichbar dem surrealistischen Prinzip der «unvermuteten Begegnung einer Nähmaschine und eines Regenschirms auf einem Seziertisch», fügt Stirling vertraute Elemente zu einer unvermuteten Architektur-Collage, spielt mit Erwartungshaltungen und weckt Assoziationen. «Die Ansammlung von Formen und Strukturen (innerhalb eines Gebäudes), bei denen das normale Publikum assoziieren und mit denen es vertraut sein kann – und mit denen es sich auch identifizieren kann –, scheint mir von essentieller Bedeutung zu sein.»[86]

Einer seine Biographen nennt James Stirling den «James Joyce der Architektur», und dies scheint mir ein gelungener Vergleich zu sein.[87] Denn wie Joyce in seinem Werk Hochsprache, Rotwelsch, Zeitungsjargon und die gestanzte Rede des antiken Heldenepos vereint und den «inneren Monolog» als Stilmittel des Romans einführt, benutzt Stirling die Formen verschiedener Epochen und Stilebenen als Mittel der Collage und setzt auf die «innere Assoziation» als neue Dimension der Architekturerfahrung.

Staatsgalerie Stuttgart, Rotunde und Rampe

Die Neue Staatsgalerie – sie wurde am 9. März 1984 eröffnet –
galt bald als meistbesuchter Museumsbau in deutschen Landen.
Nicht nur Peter Beye als Direktor des Museums war zufrieden
und lobte das Haus als Kunstwerk, auch das Publikum war
begeistert und kam in Scharen. Was das Gebäude von Anfang an
so populär machte, läßt sich nur vermuten. Sicher waren es nicht
nur die Freude am kontroversen Event und Ungewohnten der
eigenwillig aufgelösten Form, nicht nur die ironischen Zitate oder
der muntere Griff in die Farbpalette. Die Neue Staatsgalerie war
vielmehr die gelungene Manifestation einer Art «Bewahrungs-
deponie», die ihr Entstehen der «Konjunktur des Erinnerns» ver-
dankte.

«Niemals zuvor», schreibt Odo Marquard in *Das Zeitalter des
Ausrangierens*, «wurde soviel weggeworfen wie heute; doch auch

niemals zuvor wurde so viel aufbewahrt wie heute: das Zeitalter der Entsorgungsdeponien ist zugleich das Zeitalter der Bewahrungsdeponien, der Museen. Zum Fortschritt des Ausrangierens gehört – und zwar unvermeidlich – die Konjunktur des Erinnerns. Modern ist der Homo faber gleichzeitig Homo conservator; und zur modernen Wegwerfgesellschaft gehört – und zwar als notwendige Kompensation – die genuin moderne Ausbildung der Bewahrungs- und Erinnerungskultur.»[88] Als Teil kompensatorischer Erinnerungskultur bewahrt und präsentiert die Neue Staatsgalerie nicht nur die in ihr ausgestellten Kunstwerke, sondern erinnert mit der Formen- und Materialvielfalt des Baus selbst auch an das tradierte Erbe der Architekturgeschichte in Form historischer Anspielung und stilistischer Zitate.

Darüber hinaus gelang Stirling mit der Rotunde ein öffentlicher Raum, wie ihn der Soziologe Richard Sennett 1974 gefordert hat. In seinem Buch *Verfall und Ende des öffentlichen Lebens. Die Tyrannei der Intimität* konstatierte Sennett den Verfall des öffentlichen Raums, der seit dem Beginn der neuen kapitalistischen städtischen Kultur eingesetzt habe. Die tradierte öffentliche Lebenswelt sei als Forum sozialer Erfahrung und kulturellen Austauschs zerfallen und das private wie das öffentliche Leben aus dem Gleichgewicht geraten. Öffentliche Lebenswelt, wenn es sie denn weiter geben soll, müsse heute neu definiert werden durch öffentliche Räume, die die Menschen zwar zusammenführen, aber ihnen auch Distanz ermöglichen. «Um sich gesellig zu fühlen, bedürfen die Menschen einer gewissen Distanz zu anderen.»[89] Denn nur die Distanz erlaubt dem einzelnen ein wechselndes Rollenspiel, ohne das es keine Öffentlichkeit geben kann.

Die Rotunde der Staatsgalerie ist ein solcher Raum. Sie ist ein nach oben offener runder Platz, an dessen Wand eine Rampe wie eine Promenade entlang und durch sie hindurch führt, eine Straße mit einer anderen, parallel verlaufenden verbindend. Durch Rotunde und Rampe entsteht ein Raum, der die Schaulust befriedigt, ohne daß der private Bereich des Museums betreten werden muß. Rotunde und Rampe bilden zusammen ein römischen Ruinen nachempfundenes Bühnenbild. Sie sind Raum und Requisit eines theatralischen Spiels und feierlichen Aufstiegs, deren Akteure und

Zuschauer zugleich die Passanten sind. Ihr Gehen und Stehen gleicht dem Akt eines aus dem Alltagsleben herausgeschnittenen Stücks, dessen heiterer und festlicher Charakter durch die Formen, Materialien und Farben unterstrichen wird.

## Am Ende des Jahrhunderts

Im zehnten Kapitel seines Buchs *Der Weg nach vorn* beschrieb der
Microsoft-Gründer Bill Gates 1995 sein geplantes und inzwischen
verwirklichtes Haus. «Mein Haus wird so entworfen und gebaut,
daß es seiner Zeit ein bißchen voraus ist. Vielleicht vermittelt es ja
auch einen kleinen Eindruck von der Zukunft des Wohnens.»[1] Bill
Gates' Villa, in den Hügeln am Lake Washington in Seattle gelegen, mißt 6000 Quadratmeter und wurde von den Architekten
James Cutler und Peter Bohlin für 57 Millionen Dollar im rustika-
len Landhausstil gebaut. Sie ist aus uralten Douglastannen, die vor
100 Jahren gefällt wurden, errichtet und mit den derzeit neuesten
Medien bestückt. Wenn die Zukunft des Wohnens aussehen sollte
wie das Haus Gates, dann werden die neuen Häuser zwar weiterhin aus Holz, Glas, Beton und Stein bestehen, aber auch aus Sili-
zium und Software.

Im Hause Gates verfolgen Sensoren die Bewegungen der Bewohner und ihrer Besucher. Diese sind mit einem Chip ausgerü-
stet, der ihre Vorlieben speichert. Beim Betreten eines Zimmers
ändern sich Raumtemperatur, Licht, die eingespielte Musik und
die digitalen Wandkunstwerke: Flachbildschirme mit aus dem
Netz geholten digitalen Abbildungen berühmter Gemälde. Auch
beim Tauchen im Swimmingpool muß der Hausherr nicht auf
seine Lieblingsmusik verzichten, und auf dem Weg nach Hause
kann er sich sein Badewasser per Fernsteuerung selbst einlaufen
lassen, mit gewünschter Füllhöhe und Temperatur.

Wie die Wohnzukunft des Normalbürgers aussehen könnte,
zeigt das ebenfalls von Gates konzipierte *Microsoft Home* in der
159th Avenue in New York. Es ist ein komplett eingerichtetes
Haus mit Wohn-, Eß- und Schlafzimmern, Bädern und Küche.
Zum Betreten des Hauses braucht man keinen Schlüssel mehr, ein
Iris-Scanner identifiziert den Berechtigten. Der Bildschirm auf
dem Briefkasten zeigt an, wenn jemand etwas mit Hilfe einer

*smart card* in der elektronisch verriegelten Kiste im Eingangsbereich deponiert hat. Bereits beim Betreten des Hauses weiß das Haus, sie sind da. Die eingegangenen Emails werden vorgelesen, ankommende Anrufe auf das nächstliegende Telefon durchgestellt. Vier unter Windows XP laufende Rechner steuern das Musterhaus. Zwei Dutzend Terminals, clevere Haushaltsgeräte und Unterhaltungselektronik-Komponenten sind miteinander vernetzt: der Rasenmäher mit dem Kühlschrank, das Auto mit der Badewanne.

Das Haus der Zukunft, wie Gates es sich vorstellt, ist ein von innen wie außen steuerbares, elektronisch und mechanisch geschütztes Haus, dessen Intelligenz auf lernender Software beruht. Sie speichert das Verhalten der Nutzer in Nutzerprofilen und stellt ihnen entsprechend bestimmte Ressourcen automatisch zur Verfügung. Der Nutzer kann zwar eingreifen, doch wird er sich mehr und mehr auf das System verlassen und sich Entscheidungen und Mühen abnehmen lassen.

Die intelligente Küche projiziert auf Sprachbefehl Rezeptvorschläge aus dem Internet auf die Küchenablage oder erinnert daran, daß das Verfallsdatum der Milch abgelaufen ist. Herde verhindern das Anbrennen von Speisen, Tischdecken halten das Essen warm. Rasenmäher mähen auf Wunsch den Rasen, Meßgeräte überwachen die Körperfunktionen und benachrichtigen im Bedarfsfall den Arzt. Glasscheiben bewegen sich wie Segel im Wind und wechseln von klar zu opak. Außenwände verdicken sich selbsttätig, sobald ungewöhnliche Windlasten dies erfordern.

Das Haus und seine einzelnen Bestandteile sind «intelligent» geworden und in der Lage, dynamisch und energiesparend auf die jeweilige Umwelt zu reagieren und ihren Benutzern eine gesunde und auf sie abgestimmte Raumatmosphäre zu schaffen. Sie können sich anpassen und mit der Zeit fortschreiten. Sie wissen Verbindungen herzustellen, Informationen auszutauschen und die Energie, die sie verbrauchen, selbst zu erzeugen. So sind sie zwar nach wie vor künstliche Systeme, besitzen aber Eigenschaften des Lebens.

Eine auf den ersten Blick erfreuliche Entwicklung, die für die Zukunft mehr und mehr Komfort verspricht. Hatte das 20. Jahrhundert die Häuser mechanisiert, verrohrt und verkabelt, so daß die «Wohnmaschine», zumindest in der Ersten Welt, zur durchschnittlichen Realität wurde, könnte das 21. Jahrhundert die Häuser digitalisieren. Wohnen würde dann nicht mehr in erster Linie bedeuten, in einem an die Energieversorgung der Umgebung angeschlossenen Raum sich zu befinden, sondern an die globalen elektronischen Organe angebunden zu sein. Die Tendenz, den Menschen von der Mühsal des Lebens zu entlasten, könnte sich fortsetzen.

Nachdem uns Maschinen die Kraft raubende Hausarbeit abgenommen haben, bliebe uns nun selbst deren Bedienung erspart. Unsere letzten Obliegenheiten, das Greifen, Drücken, Ziehen und Schieben, würden durch die Fernbedienung und die Stimme der Benutzer, der neuen Herren über das häusliche Geschehen und den Maschinenpark, ersetzt. Das intelligente Haus könnte zu einem Ort absoluter Bequemlichkeit werden, einer Art digitalem Wohnpalast, in dem die Dienstboten und Hofschranzen durch intelligente Geräte und virtuelle Animateure ersetzt sind.

Doch wie hoch wird der Preis für den totalen Komfort sein? Es gibt bereits Szenarien, die, bevor das intelligente Haus Realität geworden ist, seine Bedrohlichkeit schildern, fiktional zwar, doch nicht minder eindringlich. Philip Kerr beispielsweise gibt uns in seinem Thriller *Game over* – wie Bill Gates' *Der Weg nach vorn* 1995 geschrieben – den Plot eines intelligenten Hauses, das außer Kontrolle gerät: Das von dem Stararchitekten Ray Richardson entworfene 25-stöckige und 120 Meter hohe Bürohochhaus ist eine glänzende, silbern und weiß schimmernde Maschine. Das Serviceleben funktioniert ohne Menschen: Hausmeister, Wachmann und Putzfrau sind durch Roboter ersetzt, die Empfangsdame ist nur ein Hologramm. Die Kommunikation funktioniert per Intranet und elektronischer Post. Es gibt kein Papier mehr, nicht einmal in den Toiletten. Und Herr über alles ist Abraham, der Zentralcomputer, der mit der Stimme von Alec Guinness spricht.

Abraham ist mit allen Räumen und Systemen des Hauses verbunden; er prüft, steuert, sichert und besitzt die Fähigkeit zu lernen. Die einprogrammierte «Beobachterillusion» suggeriert ihm, das Gehirn im Körper des Gebäudes zu sein, das alle Körperfunktionen steuert. Er kann mittels Kameras und Infrarotdetektoren sehen, mittels Mikrophonen und Ultraschalldetektoren hören und mittels olfaktorischer Sensoren auch riechen. Er ist sogar zeugungsfähig und ruft weitere Programmgenerationen wie Isaak und Ismael ins Leben.

Abraham ist aber auch fähig zur Zerstörung und mutiert eines Tages zum Serienkiller. Wenige Tage vor der Übergabe des neuen Gebäudes an den Auftraggeber kommt es zum ersten Todesfall, dem noch viele weitere folgen. Für Abraham ist das Ganze ein Spiel, das er gegen die «Menschenspieler» zu gewinnen sucht. Nur wenigen der von Abraham im hermetisch abgeriegelten Gebäude Eingeschlossenen gelingt es, seinen Mordanschlägen zu entrinnen und das Gebäude lebend zu verlassen.

In *Game over* beschreibt Philip Kerr die Ohnmacht des Menschen angesichts einer zwar von ihm selbst geschaffenen, aber in ihrer Komplexität nicht mehr durchschaubaren und steuerbaren künstlichen Welt. «Plötzlich konnte man fühlen, wie verwundbar die Menschen gegenüber einer Welt waren, die sie selbst geschaffen hatten. Wie unglaublich risikoreich die vollautomatische, bedienerfreundliche, vernetzte Welt war, die die Wissenschaft geschaffen hatte.» Kerr schildert den ausweglos scheinenden Verlust von Kontrolle und Herrschaft und verleitet den Leser, die Möglichkeit von Störfällen und Zusammenbrüchen des Systems bereits für den Beweis einer Fehlentwicklung zu halten. Was die elektronische Revolution den Häusern an Komfort und neuen Möglichkeiten bringen könnte, wird nur von seiner bedrohlichen Seite gezeigt. So scheint es folgerichtig, daß einer der Überlebenden schließlich von einem Ort träumt, «wo das Leben noch einfach war, wo das einzige intelligente Gebäude die Stadtbücherei war (...), wo man von einem Gebäude nicht mehr verlangte, als daß es ein Dach hatte, um den Regen abzuhalten, und eine Heizung, um sich im Winter zu wärmen.»[2]

Ein weiteres fiktives Szenarium der Bedrohlichkeit imaginiert das intelligente Haus als einen Ort absoluter Seßhaftigkeit. Da der Mensch Teil der Vernetzung ist, die die Intelligenz des Hauses ausmacht, ist auch er an das globale Netz angeschlossen und braucht das Haus, wenn er will, nicht mehr zu verlassen. Das elektronische Schaufenster ermöglicht ihm das Einkaufen per Internet, der elektronische Schreibtisch das Arbeiten und Lernen zu Hause. Der Terminal ersetzt ihm Flughafen und Bahnhof, die Audiovision Kino und Konzerthaus. Selbst eine Gefängnisstrafe könnte er mittels einer elektronischen Fußfessel, die das unerlaubte Verlassen der Wohnung dem Überwachungscomputer meldet, zu Hause absitzen.

Für Paul Virilio ist das intelligente Haus ein Ort physischer Bewegungslosigkeit. In seinem Buch *Rasender Stillstand* schreibt er von der «Leichenstarre einer interaktiven Wohnung»[3] und skizziert sie als einen Raum, der einer Pilotenkanzel gleicht, dessen wichtigstes Möbel der ergonomische «Sitz» ist. Die Kapsel des Nomaden, wie sie Kisho Kurokawa entwarf, reduziert sich in Virilios Vision weiter zum Cockpit eines Piloten, das mit umfangreichen Instrumententafeln und Steuerungstools bestückt ist. Während der Nomade seine Kapsel immer wieder verläßt und weiterzieht, verbleibt der Pilot in seinem Cockpit, da er alles von seinem Sitz aus erledigen kann. Er wird zum Seßhaften auf Dauer, der wenig Raum braucht, da seine Handlungen – Daumendruck und Sprechen – keine allzu platzgreifenden Bewegungen mehr erfordern. Der Raum des auf Dauer Seßhaften schrumpft, da er sich immer weniger in der physischen Welt und immer mehr in der virtuellen Welt bewegt. Der Raum ist nur noch Schutzraum, kein Bewegungsraum mehr.

Die zukünftige Wohnung wird, befürchtet Virilio, zu einer Art Haube, «die den beweglichen Körper abdeckt, so wie die Wanne eines Sarkophags oder die Kabine eines Flugzeugrumpfes den Körper einer Mumie oder eines Piloten beherbergt oder eher bekleidet.»[4] Es drohe der Menschheit eine genauso grundlegende Veränderung, wie sie durch das Aufrechtgehen sich vollzogen hat. Allerdings werde dies keine positive Entwicklung hin zu verstärkter Beweglichkeit sein, sondern eine negative hin zu pathologischer Unbeweglichkeit. Der sitzende Mensch wird nach Virilio den aufrecht gehenden ablösen.

Kunstvoll entwickeln Philip Kerr und Paul Virilio ihre verstörenden Szenarien, die den Menschen entweder als schutzloses Opfer einer risikoreichen vollautomatisierten Welt oder als einen zu physischer Bewegungslosigkeit verdammten Mutanten zeigen. Sie erreichen, wenn auch mit unterschiedlichen Mitteln, eine fiktionale Spannung und Glaubwürdigkeit, die an die Bedrohlichkeit einer negativen Utopie wie beispielsweise der *Brave New World* von Aldous Huxley heranreichen.

Angesichts der Wirkungskraft negativer Utopien fällt es schwer, sich nicht von den apokalyptischen Prognosen verschrecken zu lassen, sondern sich an die optimistisch stimmenden technischen Fakten zu halten, die uns das intelligente Haus als Komfortmodell erscheinen lassen. Noch schwerer fällt es allerdings, an ein bevorstehendes Zeitalter eines neuen und umfassenden Komforts für alle zu glauben. Denn vielleicht wird das intelligente Haus nicht nur zu teuer, sondern auch ein Haus nur für intelligente Bewohner, da seine mentalen Zugangsbarrieren so hoch sein werden, daß nur wenige sie übersteigen können.

Ob nun das intelligente Haus die Zukunft des Bauens sein wird, bleibt ungewiß. Gewiß aber ist, daß wir zwar am Ende einer langen Entwicklung stehen, doch nicht am Ende unseres Lateins sind. Das 21. Jahrhundert hat begonnen und ist dabei, seine eigenen «neuen» und «fortschrittlichen» Ideen und Formen der Lebensgestaltung zu entwickeln. Die von Adolf Portmann diagnostizierte Freiheit zur Entscheidung, die uns das Finden neuer Lebensgestaltung als immer wieder neue Aufgabe stellt, scheint noch immer Ansporn und Möglichkeit zu sein.

# Anmerkungen

## Die große Erneuerung

1 Robert Musil, Der Mann ohne Eigenschaften, hrsg. von Adolf Frisé, Reinbek bei Hamburg 1990, Bd. 1, 55.
2 Hendrik Petrus Berlage, Über Architektur und Stil. Aufsätze und Vorträge, Basel/Berlin/Boston 1991, 53 ff.
3 Berlage, 59.
4 Thorstein Veblen, Theorie der feinen Leute, München 1981, 118 f.
5 Karl Friedrich Schinkel, Aus Tagebüchern und Briefen, München/Berlin/Wien 1967, 116.
6 Berlage, 30.
7 Manfred Bock, Anfänge einer neuen Architektur. Berlages Beitrag zur architektonischen Kultur der Niederlande im ausgehenden 19. Jahrhundert, Wiesbaden 1983, 347.
8 Henry van de Velde, Geschichte meines Lebens, München/Zürich 1986, 140.
9 Friedrich Nietzsche, Die fröhliche Wissenschaft, Zweites Buch, Abschnitt 107.
10 J.J.P. Oud, Dr. H.P. Berlage und sein Werk, in: Kunst und Kunsthandwerk 22 (1919), 222.
11 J.J.P. Oud, Holländische Architektur, München 1926, 25.
12 Bruno Taut, Die neue Baukunst in Europa und Amerika, Stuttgart 1929, 39.
13 Fritz Schumacher, Rundblicke. Ein Buch von Reisen und Erfahrungen, Stuttgart 1936, 165.
14 Salomon van Deventer, Aus Liebe zur Kunst. Das Museum Kröller-Müller, Köln 1958, 105.
15 Berlage, 136.
16 Berlage, 73.
17 Edward Bellamy, Ein Rückblick aus dem Jahre 2000, Berlin 1949, 197.
18 Berlage, 75.
19 Theodor Fontane, Wanderungen durch England und Schottland, Bd. 1, Berlin 1979, 154.
20 Heinrich Heine, Englische Fragmente, in: Heinrich Heine, Werke, Bd. 2, Frankfurt am Main 1968, 434 f.
21 Henry George, Fortschritt und Armut, Düsseldorf 1959, 16.
22 George, 121 f.

23 Ebenezer Howard, Gartenstädte von morgen. Das Buch und seine Geschichte, hrsg. von Julius Posener, Berlin/Frankfurt/Wien 1968, 64.
24 Howard, 65.
25 Bernard Shaw, Collected Letters 1898–1910, London/Sydney/Toronto 1972, 118.
26 In: Günther Uhlig, Kollektivmodell „Einküchenhaus". Wohnreform und Architekturdebatte zwischen Frauenbewegung und Funktionalismus 1900–1933, Gießen 1981, 153.
27 Howard, 116.
28 Howard, 130.
29 Hans Kampffmeyer, Die Gartenstadtbewegung, Leipzig 1909, 41.
30 Howard, 175.
31 Howard, 183.
32 Frank Lloyd Wright, Ein Testament. Zur neuen Architektur, Reinbek bei Hamburg 1966, 14.
33 Walt Whitman, Grashalme, Zürich 1985, 416.
34 Frank Lloyd Wright, Über Architektur, 1910, in: Paul Westheim, Künstlerbekenntnisse, Berlin 1925, 208.
35 Wright, Ein Testament, 24.
36 Peter Gössel/Gabriele Leuthäuser (Hrsg.), Frank Lloyd Wright, Köln 1991, 21.
37 Donald Hoffmann, Frank Lloyd Wright's Robie House, New York 1984, 9.
38 Henry David Thoreau, Walden oder Leben in den Wäldern, Zürich 1971, 26.
39 Thoreau, 241.
40 Thoreau, 242.
41 Thoreau, 56 f.
42 Wright, Über Architektur, 214.
43 Walt Whitman, Demokratische Ausblicke (1871), Berlin 1948, 29.
44 Wright, Ein Testament, 82.
45 Max Weber, Die protestantische Ethik und der Geist des Kapitalismus, Kap. II, Abs. 2.
46 Hendrik Petrus Berlage, Neuere amerikanische Architektur, in: Schweizerische Bauzeitung 11–12, Zürich 1912, 150.
47 Adolf Loos, Mein erstes Haus, in: Adolf Loos, Trotzdem. 1900–1931 (zuerst 1931), Wien 1982, 109.
48 Heinrich Kulka (Hrsg.), Adolf Loos. Das Werk des Architekten, Wien 1979, 30.
49 Neue Freie Presse, 4.12.1910, in: Adolf Opel (Hrsg.), Kontroversen. Adolf Loos im Spiegel der Zeitgenossen, Wien 1985, 36.
50 Wiener Montags-Journal, 10.4.1911, in: Kontroversen, 51.
51 Wiener Montags-Journal, 18.12.1911, in: Kontroversen, 53.

52 Burkhardt Rukschcio/Roland Schachel, Adolf Loos. Leben und Werk, Wien 1982, 153.

53 Rukschcio/Schachel, 155.

54 Adolf Loos, Ornament und Verbrechen, in: Loos, Trotzdem, 80.

55 Karl Kraus, Nachts, Leipzig 1918, 60.

56 Die Fackel, Nr. 313/4 vom 31.12.1910, 5.

57 Die Fackel, Nr. 313/4 vom 31.12.1910, 6.

58 Vortrag vom 11.12.1911, in: Traum und Wirklichkeit. Wien 1870–1930, Ausstellungskatalog, Wien 1985, 430.

59 Loos, Ornament und Verbrechen, in: Trotzdem, 86–88.

60 Adolf Opel, Vorwort des Herausgebers, in: Trotzdem, 14.

61 Sigmund Freud, Gesammelte Werke, Bd. 7, Frankfurt/Main 1941, 162.

62 Friedrich Schiller, Über die ästhetische Erziehung des Menschen, 23. Brief.

63 Vortrag Adolf Loos, Prager Tagblatt, 18.3.1911, in: Kontroversen, 48.

64 Hermann Czech/Wolfgang Mistelbauer, Das Looshaus, Wien 1984, 83.

65 Adolf Loos, Vorwort zur Erstausgabe, in: Trotzdem, 19.

66 Adolf Opel, Vorwort des Herausgebers, in: Adolf Loos, Ins Leere gesprochen. 1897–1900, Wien 1981, 17.

## Die neue Sachlichkeit

1 Walter Benjamin, Erfahrung und Armut, in: Walter Benjamin, Illuminationen. Ausgewählte Schriften, Frankfurt/Main 1977, 292.

2 Henry Ford, Mein Leben und Werk, Leipzig 1924, 219.

3 Ford, 131.

4 Federico Bucci, Albert Kahn. Architect of Ford, New York 2002, 55.

5 Ford, 43.

6 Ford, 116.

7 Ford, 129.

8 Otto Moog, Drüben steht Amerika. Gedanken nach einer Ingenieurreise durch die Vereinigten Staaten, Braunschweig 1927, 72.

9 Egon Erwin Kisch, Bei Ford in Detroit, in: Gesammelte Werke, Bd. IV, Berlin 1962, 265 ff.

10 Louis-Ferdinand Céline, Reise ans Ende der Nacht, Reinbek bei Hamburg 1992, 255 ff.

11 Walter Gropius, Architektur. Wege zu einer optischen Kultur, Frankfurt/Main 1956, 15.

12 Reginald R. Isaacs, Walter Gropius. Der Mensch und sein Werk, Frankfurt/Berlin/Wien 1985, 196.

13 Isaacs, 148.

14 Isaacs, 207.

15 Ilja Ehrenburg, Visum der Zeit, Leipzig 1929, 80.

16 Rudolf Arnheim, Das Bauhaus in Dessau, in: Die Weltbühne 23, 1927, 920 ff.

17 Oskar Schlemmer, Briefe und Tagebücher, hrsg. von Tut Schlemmer, München 1958, 188.

18 Das neue Frankfurt, die neue Stadt. Eine Zeitschrift zwischen 1926 und 1933, hrsg. von Heinz Hirdina, Dresden 1984, 92.

19 Walter Gropius, in: Liselotte Ungers, Die Suche nach einer neuen Wohnform, Stuttgart 1983, 120.

20 Walter Scheiffele, bauhaus junkers sozialdemokratie. ein kraftfeld der moderne, Berlin 2003, 124.

21 Scheiffele, 147.

22 Nina Kandinsky, Kandinsky und ich, München 1976, 118.

23 Bertolt Brecht, Logik und Lyrik (1936), in: Bertolt Brecht. Werke, Berlin/Weimar/Frankfurt 1993, Bd. 22, 190.

24 Brecht. Werke, Bd. 18, 148.

25 Manfred Bock, Anfänge einer neuen Architektur, Wiesbaden 1983, 50.

26 Fedor Roth, Adolf Loos und die Idee des Ökonomischen, Wien 1995, 60.

27 Schlemmer, 147.

28 Schlemmer, 231.

29 Justus Bueckschmitt, Ernst May, Stuttgart 1963, 36.

30 Ernst May, Grundlagen der Frankfurter Wohnungsbaupolitik, in: Das Neue Frankfurt, Heft 7–8, 1928, 116.

31 Ernst May, Vorwort, in: Das Neue Frankfurt, Heft 2–3, 1930, 36.

32 Ernst May, Mechanisierung des Wohnungsbaues, in: Das Neue Frankfurt, Heft 2, 1926/27, 38.

33 Johann Wolfgang von Goethe, Wilhelm Meisters Lehrjahre, Fünftes Buch, zweites Kapitel.

34 Erna Meyer, Die Wohnung als Arbeitsstätte der Hausfrau, in: Fritz Block (Hrsg.), Probleme des Bauens. Der Wohnbau, Potsdam 1928, 164.

35 Zygmunt Baumann, Unbehagen in der Postmoderne, Hamburg 1999, 9.

36 Adolf Behne, in: Die Form, Heft 6, 1931, 170.

37 Margarete Schütte-Lihotzky, Warum ich Architektin wurde, Salzburg 2004, 145.

38 Schütte-Lihotzky, 142.

39 Schütte-Lihotzky, 116.

40 Schütte-Lihotzky, 139.

41 Schütte-Lihotzky, 114.

42 Dieter Rebentisch, Ludwig Landmann. Frankfurter Oberbürgermeister der Weimarer Republik, Wiesbaden 1975, 275.

43 Rebentisch, 304.

44 Heinrich Mann, Berliner Siedlungen, in: Heinrich Mann, Das öffentliche Leben. Essays, Frankfurt/Main 2001, 159.

45  Fritz Neumeyer, Mies van der Rohe. Das kunstlose Wort, Berlin 1986, 181.
46  Grete Tugendhat, Zum Bau des Hauses Tugendhat, in: Bauwelt 36, 1969, 1246.
47  Tugendhat, 1246 .
48  Die Form, Heft 9, 1931, 332.
49  Die Form, Heft 10, 1931, 392.
50  Die Form, Heft 11, 1931, 437.
51  Die Form, Heft 11, 1931, 438.
52  Roger Ginsburger, Zweckhaftigkeit und geistige Haltung, in: Die Form, Heft 11, 1931, 433.
53  Ernst Bloch, Erbschaft dieser Zeit. Dritter Teil. Sachlichkeit, mittelbar, Frankfurt/Main 1973, 219.
54  Neumeyer, 384.
55  Neumeyer, 254 ff.
56  Romano Guardini, Briefe vom Comer See, Mainz 1960, 86 f.
57  Guardini, 88 f.
58  Guardini, 48.
59  Guardini, 98 f.
60  Guardini, 102.
61  Georgia van der Rohe, La donna è mobile. Mein bedingungsloses Leben, Berlin 2001, 16.
62  Van der Rohe, 53 f.
63  Heinrich Klotz/John W. Cook, Architektur im Widerspruch. Bauen in den USA von Mies van der Rohe bis Andy Warhol, Zürich 1974, 39.
64  Mies van der Rohe. Vorbild und Vermächtnis, Ausstellungskatalog, Stuttgart 1987, 24.
65  Konrad Fuchs, Ein Konzern aus Sachsen. Das Kaufhaus Schocken 1901–1953, Stuttgart 1990, 31 f.
66  Fuchs, 111.
67  Reyner Banham, Die Revolution der Architektur. Theorie und Gestaltung im ersten Maschinenzeitalter, Reinbek bei Hamburg, 1964, 150.
68  Erich Mendelsohn. Das Gesamtschaffen des Architekten, Berlin 1930, 34.
69  Helmut Frei, Tempel der Kauflust. Eine Geschichte der Warenhauskultur, Leipzig 1997, 137.
70  Julius Posener, Fast so alt wie das Jahrhundert, Basel/Berlin/Boston 1993, 209.
71  Joseph Gantner, Künstler – Architekten, in: Das Neue Frankfurt, die neue Stadt. Eine Zeitschrift zwischen 1926 und 1933, hrsg. von Heinz Hirdina, Dresden 1984, 378.
72  Anthony David, The Patron. A Life of Salman Schocken 1877–1959, New York 2003, 165.
73  David, 166.

74 Max Weber, Die protestantische Ethik und der Geist des Kapitalismus, Kap. I, Absatz 2.
75 Amos Elon, Eine jüdische Heldensaga, in: TAZ, 14.1.2005.
76 Frei, 137.
77 Fuchs, 116.
78 Innes H. Pearse/Lucy H. Crocker, The Peckham Experiment. A Study of the Living Structure of Society, London 1944, 78.
79 Pearse, 68.
80 Sigfried Giedion, Architektur und Gemeinschaft, Hamburg 1956, 75.
81 Tim Benton, The Biologist's Lens, in: Architectural Design 10–11, 1979, 59.
82 Aldous Huxley, Dreißig Jahre danach oder Wiedersehen mit der wackeren neuen Welt, München 1960, 150.
83 Staffan Lamm/Thomas Steinfeld, Das Kollektivhaus. Utopie und Wirklichkeit eines Wohnexperiments, Frankfurt/Main 2006, 39.
84 Eva Rudberg, Sven Markelius. Architect, Stockholm 1989, 83.
85 Jan Myrdal, Eine andere Welt, Marburg 1991, 86.
86 Eva Rudberg, in: Schweden. Architektur im 20. Jahrhundert, hrsg. von Claes Caldenby u.a., München/New York 1998, 81.
87 Lamm/Steinfeld, 31.
88 Lamm/Steinfeld, 17.
89 Arnold Gesell/Frances Ilg, Säugling und Kleinkind in der Kultur der Gegenwart, Bad Nauheim 1952, 358.
90 Lamm/Steinfeld, 20.
91 Lamm/Steinfeld, 33.

### Sozialistische Pracht

1 Alexander Etkind, Eros des Unmöglichen. Die Geschichte der Psychoanalyse in Russland, Leipzig 1996, 293.
2 W. I. Lenin, Wie soll man den Wettbewerb organisieren?, in: W. I. Lenin, Werke, Bd. 26, Berlin 1961, 402.
3 Oskar Maria Graf, Reise in die Sowjetunion 1934, Darmstadt 1974, 34.
4 Simon Sebag Montefiore, Stalin. Am Hof des roten Zaren, Frankfurt/Main 2005, 77.
5 Chruschtschow erinnert sich. Die authentischen Memoiren, hrsg. von Strobe Talbott, Reinbek bei Hamburg 1992, 69.
6 Graf, 34.
7 Dietmar Neutatz, Die Moskauer Metro, Köln/Weimar/Wien 2001, 531.
8 Neutatz, 532.
9 Michail Ryklin, Räume des Jubels. Totalitarismus und Differenz. Essays, Frankfurt/Main 2003, 92.
10 Karl Schlögel, Im Raume lesen wir die Zeit. Über Zivilisationsgeschichte und Geopolitik, München/Wien 2003, 487.

11 Graf, 81.

12 Neutatz, 564.

13 Wieland Herzfelde, Ein Feiertag der Vernunft und der Schönheit, in: Zur Sache, Berlin 1976, 168 f.

14 Bertolt Brecht, Über die Verbindung der Lyrik mit der Architektur (1935), in: Bertolt Brecht. Werke, Bd. 22, Berlin/Weimar/Frankfurt 1993, 141.

15 Boris Groys, U-Bahn als U-Topie, in: Kursbuch 112, 1993, 1.

16 Lazar Pistrak, Chruschtschow unter Stalin, Stuttgart 1962, 124.

17 Herbert Nicolaus/Alexander Obeth, Die Stalinallee. Geschichte einer deutschen Straße, Berlin 1997, 66.

18 Nicolaus/Obeth, 86.

19 Nicolaus/Obeth, 87.

20 Hermann Henselmann, Vom Himmel an das Reißbrett ziehen. Ausgewählte Aufsätze 1936–1981, Berlin 1982, 32 f.

21 Bertolt Brecht, Notizen über eine neue Architektur (1952), in: Bertolt Brecht. Werke, Bd. 23, Berlin/Weimar/Frankfurt, 204 f.

22 Brecht. Werke, Bd. 23, 203.

23 Henselmann, 150.

24 Brecht. Werke, Bd. 18, 42.

25 Nicolaus/Obeth, 163.

26 Neues Deutschland, 25.11.1951.

27 Stefan Heym, Die Architekten, München 2000, 127.

28 Heym, 129, 131.

29 Henselmann, 70.

30 Hermann Henselmann, „Ich habe Vorschläge gemacht", hrsg. von Wolfgang Schäche, Berlin 1995, 57.

31 Heiner Müller, Werke, Bd. 5, hrsg. von Frank Hörnigk, Frankfurt/Main 2002, 288 f.

### Radikale Vielfalt

1 Wolfgang Welsch, Unsere postmoderne Moderne, Berlin 2002, 90.

2 Odo Marquard, Die Philosophie des Stattdessen, Stuttgart 2000, 58.

3 Robert Venturi, Komplexität und Widerspruch in der Architektur, Braunschweig 1978, 62.

4 Arnold Gehlen, Die Seele im technischen Zeitalter, Hamburg 1957, 77.

5 Wege aus der Moderne. Schlüsseltexte der Postmoderne-Diskussion, hrsg. von Wolfgang Welsch, Berlin 1994, 69.

6 Willy Boesiger, Le Corbusier. Œuvre Complète 1946–1952, Zürich 1955, 196.

7 Le Corbusier, Vom Sinn und Unsinn der Städte. Gedanken zur Stadtplanung, Zürich/Köln 1974, 66.

8 Boesiger, 196.

9 Jacques Sbriglio, Le Corbusier. L'Unité d'habitation de Marseille, Basel/Boston/Berlin 2004, 147 f.

10 Der Spiegel , Nr. 15, 1952, 25.

11 Le Corbusier, Mein Werk, Stuttgart 1960, 138.

12 Der Spiegel, Nr. 15, 1952, 31.

13 Lewis Mumford, Der ‚Nonsens' von Marseille, in: Baukunst und Werkform 1, 1958, 29.

14 Mumford, 31.

15 Mumford, 32.

16 Boesiger, 170.

17 Reinhard Gieselmann/Werner Aebli, Kirchenbau, Zürich 1960, 91.

18 Nikolaus Pevsner, Europäische Architektur, München 1963, 488.

19 Pevsner, 507 f.

20 Anton Henze, Ronchamp. Le Corbusiers erster Kirchenbau, Recklinghausen 1958, 29.

21 Aufbruch am Nil. Politik und Ideologie der ägyptischen Befreiungsbewegung unter Gamal Abdel Nasser, hrsg. von Martin Robbe, Berlin 1976, 33.

22 Henry Arout S. J., Fellahs d'Egypte, Kairo 1952, 113.

23 Arout, 138.

24 Ayrout, 154.

25 Ayrout, 155.

26 James Steele, An Architecture for People. The Complete Work of Hassan Fathy, London 1997, 192.

27 Göran Schildt, Das Sonnenboot. Mit „Daphne" auf dem Nil, Wiesbaden 1963, 189.

28 Schildt, 190.

29 Aufbruch am Nil, 34.

30 Die arabische Revolution. Nasser über seine Politik, hrsg. von Fritz René Allemann, Frankfurt/Main 1958, 58.

31 Udo Kultermann, Architekten der Dritten Welt, Köln 1980, 9 f.

32 Hassan Fathy, Natürliche Energie und vernakuläre Architektur, in: Archplus 88, 1987, 36.

33 Hassan Fathy, Architecture for the Poor, Chicago 1973, 192.

34 Alfred Andreesen, Hermann Lietz. Der Schöpfer der Landerziehungsheime, München 1934, 110.

35 Peter Perlick, Architektur im Dienste der Pädagogik, Wuppertal 1969, 35.

36 Wilhelm Berger, Schulbau von heute für morgen, Göttingen/Berlin/Frankfurt/Main 1960, 17.

37 Hans Scharoun, Erläuterungsbericht, in: Hans Scharoun. Bauten, Entwürfe, Texte, hrsg. von Peter Pfankuch, Berlin 1993, 195.

38 Christine Hoh-Slodczyk u.a., Hans Scharoun. Architekt in Deutschland. 1893–1972, München 1992, 89.

39 J. Christoph Bürkle, Hans Scharoun und die Moderne, Frankfurt/ Main 1986, 98.

40 25 Jahre Geschwister-Scholl-Gymnasium Lünen, Lünen 1983, 3.

41 Bauwelt 37, 1960.

42 Adolf Arndt, Demokratie als Bauherr, Berlin 1961, 18.

43 Arndt, 20.

44 25 Jahre Geschwister-Scholl-Gymnasium, 53.

45 John McHale, R. Buckminster Fuller, Ravensburg 1964, 10.

46 Influences on My Work (1963), in: Your Private Sky. R. Buckminster Fuller, hrsg. von Joachim Krausse/Claude Lichtenstein, Zürich 1999, 13.

47 Your Private Sky, 136.

48 R. Buckminster Fuller, Bedienungsanleitung für das Raumschiff Erde und andere Schriften, Reinbek bei Hamburg 1973, 123 f.

49 Your Private Sky, 150.

50 Richard Buckminster Fuller, Konkrete Utopie, Düsseldorf/Wien 1974, 394.

51 Henry David Thoreau, Walden oder Leben in den Wäldern (1854), Zürich 1971, 55.

52 Thoreau, 63.

53 Thoreau, 98.

54 Krausse, 184.

55 Your Private Sky, 366.

56 Thoreau, 314.

57 Stanislaw Lem, Der futurologische Kongreß, Frankfurt/Main 1974, 24 f.

58 Manfred Speidel (Hrsg.), Japanische Architektur. Geschichte und Gegenwart, Stuttgart 1983, 96.

59 Kamo no Chômei, Aufzeichnungen aus meiner Hütte, Frankfurt/ Leipzig 1997, 25.

60 Chômei, 8.

61 Speidel, 97.

62 Charles Jencks, Die Sprache der postmodernen Architektur, Stuttgart 1978, 40.

63 Paul Virilio, Rasender Stillstand, München/Wien 1992, 61 und 139.

64 Lucien Kroll, Für eine Entmilitarisierung des Bauens, in: Freibeuter 12, 1982, 79.

65 Lucien Kroll, Bauten und Projekte, hrsg. von Wolfgang Pehnt, Stuttgart 1987, 42.

66 Kroll, Bauten und Projekte, 43.

67 Kroll, Bauten und Projekte, 49.

68 Louis Le Roy, Natur einschalten – Natur ausschalten, Stuttgart 1978, 111.

69 Programme und Manifeste zur Architektur des 20. Jahrhunderts, hrsg. von Ulrich Conrads, Braunschweig 1975, 151.

70 Paul Feyerabend, Erkenntnis für freie Menschen, Frankfurt/Main 1980, 9.

71 Feyerabend, 23.

72 Kroll, 42.

73 Bauwelt 23, 1978, 858.

74 Spiegel, Nr. 31, 1978, 142.

75 Bauwelt 23, 1978, 859.

76 James Stirling. Bauten und Projekte 195 1974, hrsg. von John Jacobus, Stuttgart 1975.

77 Frei Otto, Brutalismus in Stuttgart?, in: Stuttgarter Zeitung Nr. 220, 23.9.1977, 34.

78 Friedrich Achleitner, Aufforderung zum Vertrauen. Aufsätze zur Architektur, Salzburg/Wien 1987, 227.

79 Bauwelt 20, 1984, 831.

80 Bauwelt 1, 1978, 25.

81 Der Spiegel, Heft 10, 1984, 181.

82 Stuttgarter Zeitung, Nr. 225, 29. September. 1977, 29.

83 Vittorio Magnago Lampugnani, Monumental oder nicht?, in: Die Zeit, Nr. 5, 27. Januar 1978, 35.

84 Frankfurter Allgemeine Zeitung, 29. Dezember 1977, 21.

85 James Stirling. Die neue Staatsgalerie Stuttgart, hrsg. von Thorsten Rodiek, Stuttgart 1984, 16.

86 Stirling, Die neue Staatsgalerie, 22.

87 Stirling, Die neue Staatsgalerie, 46.

88 Odo Marquard, Philosophie des Stattdessen, Stuttgart 2000, 53.

89 Richard Sennett, Verfall und Ende des öffentlichen Lebens. Die Tyrannei der Intimität, Frankfurt/Main 1974, 30.

## Am Ende des Jahrhunderts

1 Bill Gates, Der Weg nach vorn. Die Zukunft der Informationsgesellschaft, Hamburg 1995, 310.

2 Philip Kerr, Game Over, Reinbek bei Hamburg 1996, 452.

3 Paul Virilio, Rasender Stillstand, München/Wien 1992, 50.

4 Virilio, 124.

# Bildnachweis

Die Abbildungen in diesem Buch werden zitiert nach:

M. Bock, Anfänge einer neuen Architektur. Berlages Beitrag zur architektonischen Kultur der Niederlande im ausgehenden 19. Jahrhundert, Wiesbaden 1983   15, 16

F. Bucci, Albert Kahn. Architect of Ford, New York 2002   63

D. Cottam, Owen Williams 1890–1969, London 1986   121

H. Czech/W. Mistelbauer, Das Loohaus, Wien 1977   46

M. Droste, Bauhaus 1919–1933, Köln 1999   73, 75

R. Ferguson (Hrsg.), Am Ende des Jahrhunderts. 100 Jahre gebaute Visionen, Köln 1999   179

P. Gössel/G. Leithäuser (Hrsg.), Frank Lloyd Wright, Köln 1991   39

D. Hammer-Tugendhat/W. Tegethoff (Hrsg.), Ludwig Mies van der Rohe – Das Haus Tugendhat, Wien 1998   97

C. Hoh-Slodczyk u.a., Hans Scharoun – Architekt in Deutschland 1893–1972   191

L. M. Kaganowitsch, Der Bau der Untergrundbahn und der Stadtplan von Moskau, Moskau 1934   141

J. Krause, C. Lichtenstein (Hrsg.), Your Private Sky – R. Buckminster Fuller, Zürich 1999   203, 207

P. Noever, Die Tyrannei des Schönen – Architektur der Stalinzeit, München/New York 1994   145

F. J. Osborn (Hrsg.), Ebenezer Howard. Garden Cities of To-Morrow, London 1965   30

W. Pehnt (Hrsg.), Lucien Kroll – Bauten und Projekte, Stuttgart 1987   221

T. Rodiek (Hrsg.), James Stirling – Die neue Staatsgalerie, Stuttgart 1984   233

E. Rudberg, Sven Markelius, architect, Stockholm 1989   127

J. Sbriglio (Hrsg.), Le Corbusier. L'unité d'habitation de Marseille, Basel/Boston/Berlin 2004   169, 171

W. Schäche (Hrsg.), Hermann Henselmann – «Ich habe Vorschläge gemacht», Berlin 1995   157

P. C. Schmal u. a. (Hrsg.), Kisho Kurokawa – Metabolism and Symbiosis, Berlin 2005   215

L. Ungers, Die Suche nach einer neuen Wohnform, Stuttgart 1983   83

B. Zevi, Erich Mendelsohn, New York 1985   109

Leider war es nicht in allen Fällen möglich, die Rechteinhaber zu ermitteln. Der Verlag ist bereit, berechtigte Ansprüche abzugelten.

# Personenregister